JN111253

現代国際協力論

——学融合による社会科学の試み

柳田辰雄 編著

東信堂

はしがき

柳田辰雄

東京大学大学院の新領域創成科学研究科は、1998年4月に新設された修士・博士課程のみの大学院です。この研究科の国際協力学専攻には、制度設計講座、開発協力講座、資源環境講座の3つの講座があります。

従来、持続的で効率的な経済の成長を目指してきた日本社会において、大学では研究対象の細分化による「専門深化」が追求されてきました。しかしながら、地球環境問題に象徴されるように諸科学の「専門深化」による弊害によって、人類は国際的な諸問題にたじろいでいます。このような国際的な社会状況の中で、国際社会の様々な問題を全体論的に、すなわち、研究対象を総合的および包括的に理解し、人類が直面している諸課題を解決するべく提言を行うために構想されたのが「学融合」を掲げる新領域創成科学研究科です。学融合研究 (transdisciplinary research) は、生活世界の課題を解決、緩和、または防止するための、記述的、規範的で、実践を指向する知識を探求します。

すでに2004年に、東京大学の国際協力学専攻の創成期の教員によって、東京大学出版会から『国際協力学』高木保興編が出版されています。この本においては、経済学、社会学および農学と工学の分野を専門とする研究者達により、領域横断的に国際協力の諸問題が提起され、俯瞰されています。残念ながら、方法論を統一するまでにはほど遠く、現場主義という見方から当時の国際協力の課題を説明することに終始しています。

それから十数年をへて、東京大学大学院新領域創成科学研究科国際協力学専攻で研鑽を積まれた若手の研究者の協力を得て、この『現代国際協力論』の出版に至りました。この本は、現在の論理実証主義に拠ってたつ、法学、経済学および社会学からの諸課題への接近では困難であるために、社会科学

おける「学融合」からの国際協力の課題への取り組みの重要性を改めて提起しています。

　ちなみに、自己の効用を追求する合理的な2人による一回限りの囚人のジレンマゲームでは、犯罪を犯した2人組は警察の取調室においてそれぞれ自白するという行動にでて、服役することになります。男女の争いゲームでは、男子と女子の嗜好の違いから、デートに出かけるときに選択肢が2つあるときには、映画に行くかスポーツ観戦に行くという2つの均衡が導かれます。しかしながら、この2つのゲーム的状況においてもくり返しゲームになると、自己の効用だけを短期に追求しない協力ゲームとすることができます。また、デートを重ねたいと思う一組の男女は、映画鑑賞とスポーツ観戦を交互に繰り返すことにより、デートの回数を重ねることができます。

　社会科学で取り扱う国際間の協力の問題は、言語、文化や宗教を異にする人々からなる諸国家間での繰り返しゲームの中で、どのようにして国際的な政策の協調や協力が可能なのかを考えています。

　ところで、この本では、新型コロナウイルス感染症（COVID-19）に関わる国際協力については検討されていませんが、2点だけを指摘しておきます。1点目は情報の共有と知的財産権に関する問題です。2点目は国際機関のグローバルガバナンスに関わる統治と自治の問題です。

　2019年の後半に新型のウイルス等が発見されたときに、情報の共有が一番優先されるべきだったのですが、現実には相当難しいことになりました。なぜなら、新型の病原菌が発見されると、新薬や新型のワクチンの研究・開発を国家機関や製薬会社が秘密裏に行ないます。現在の資本主義市場経済の下においては、新薬や新型ワクチンに関わるパテントを含む知的財産権は莫大な利益を株式会社にもたらすからです。

　第2に、本部がスイスのジュネーブにあるWHO・世界保健機関は国連の専門機関の一つと見なされますが、2018年現在、年間予算額約20億ドルで8割が任意拠出金で賄われています。したがって、WHO意思決定において

大国や巨大製薬会社の政治的介入を受けやすく、組織運営の透明性も低下しがちになります。

　したがって、WHO が公式に発表する科学的な知見に基づくデータでさえ信頼されないものとみなされるようになり、正確な情報が各国の人々に伝達されなくなってしまいます。

目次／現代国際協力論——学融合による社会科学の試み

現代国際協力論——学融合による社会科学の試み

第1章　社会科学としての国際協力論

柳田辰雄

1　学融合としての国際協力論

　21世紀初頭から、従来の学問の方法では解決できなかった複雑な問題を解決するために、新しい認識の見方と概念的な方法が登場しました。この新しい認識の見方は、学融合と複雑さに関連しており、基本的に知識の分野における全体論の再確認となっています。20世紀に社会が進歩したので、その進化に関連した課題に対応するために、知識の分野で新しい分野が生まれました。この現象は、自然科学、社会科学、そして人文科学に影響を与えました。従来、新分野の研究に関連して、科学的な問題は伝統的に単一の学問分野において研究され理解されてきましたが、これは大学の研究の構成と世界の研究センターの方向性に反映されています。

　現在、社会科学と人文科学の研究は、幅広い観点から取り組む必要がある複雑な社会の問題を解決するために学融合的な接近を熟慮しています。同様に、それはまた、学融合的な接近を行うために大学や高等教育機関、および研究機関の運営の難しさを明らかにしています。

　「学融合」は、transdisciplinary approach の日本語の訳で、この言葉を社会科学で最初に使ったのはカール・グンナー・ミュルダール（1974年ノーベル経済学賞を受賞）です。彼は、発展途上国の社会を総合的および包括的に理解するために「学融合」という言葉を使いました。

　ところで、Wikipedia によると、ドイツ語圏の国々では、Transdisziplinarität

は多様な形態の研究の統合を指し、問題解決における知識を関連付けるための特定の方法を含みます。ゲッティンゲン大学で開催された 2003 年の会議では、多分野、分野間、分野横断性の多様な意味が紹介され、現在の使用法を排除することなくそれらを収束させるための提案が行われています。問題の本質そのものが論争の的となっている場合、学融合は最も関連する問題を特定し、関連する研究の設定に役立ちます。学融合研究は、生活世界の問題を解決、緩和、または防止するために、記述的、規範的、実践指向の知識を探求します。第 1 番目の問題は、現在の課題の原因とその将来の進展に関係しています。第 2 番目の問題は、課題解決プロセスの目標を形成するために使用できる値と規範に関連しています。 第 3 番目の問題は、課題の状況をどのように変換および改善できるかに関連しています。学融合性は、問題の複雑さとそれらの認識の多様性の適切な対処を必要とし、抽象的な知識と課題に固有の知識が関連づけられ、実践が共通の利益を促進することを要求します。

　従来、持続的で効率的な経済の成長を目指した日本社会において、大学においても研究対象の細分化による「専門深化」が追求されてきました。しかしながら、自然環境問題に象徴されるように、現代社会は諸科学の「専門深化」による人類社会へのしっぺ返しという弊害にたじろいでいます。このような国際的な社会状況の中で、国際社会のさまざまな問題を全体論的に、すなわち、研究対象を総合的および包括的に理解し、諸問題を解決するための提言をしようと構想されたのが「学融合」を掲げる東京大学の大学院新領域創成科学研究科でした。

　本書は、より安定した秩序ある持続可能な国際社会を目指した国際協力のあり方を模索しています。取り扱っている問題は、さまざまな国家の相互作用により形成されている秩序ある国際社会の主な問題で、この国際社会を維持管理するために創設されている国際組織の統治と自治の問題、地球環境保全の問題、そして、国際社会の持続可能な発展のために発展途上国の貧困を撲滅しようとする政策にどのように協力できるのかを展望しています。

　その基本的な考え方の枠組みは、学融合的・トランスディシプリナリーな接近により、社会科学の喫緊の課題である国際協力に関わる諸問題をどのように理解し、どのように対応することが可能かを考察しています。そして、この枠組みの理解の方法の中心には、日本で使われている日本語があります。したがって、この本では、学融合的・トランスディシプリナリーな接近により、国際社会の問題を日本語という日常言語を使って全体論的に捉えようとしています。それゆえ、専門用語をできるだけ少なくして日常言語を使うことにより、各専門領域の壁をできるだけ低くしようとしています。それは、個々の人間からなる社会現象は言語を礎として成り立っているという理解によるものです。したがって、個別の社会科学の領域は、現象をどの側面から理解するかということに過ぎず、政治学は社会における権力の問題を通して、経済学は貨幣という媒体を通した社会の現象を、主に専門用語を使って分析していると考えられます。

　しかしながら、国際社会においては、すべての現象が全体論的で、総合的なものです。個別の社会科学の学問は、現象や事実のある一面だけを捉えようとしており、ある一面を説明できる単純な理論を求めることになります。例えば、正統的な経済学と見なされている新古典派経済学においては、合理的な人間を想定し、多くの相似的な人間からなる社会の経済現象を解明しようとしています。このような専門主義に陥った社会科学の閉塞状況を打ち破るために社会科学の一般理論のための基礎理論が求められています。

　西部邁の『私の学問論』(1988)によると、学融合的接近とは、第1に一般的な基礎理論を共有すること、第2に段階論において重複研究をもつこと、第3に、しかし各独自の領域をもつこと、です。

2　実証社会科学から規範的社会科学へ

2-1　実証社会科学

　実証社会科学は体系化された知識の集まりとして定義され、規範的社会科学は、あるべき基準に関する体系化された知識の集まりとして定義できます。

実証科学の目的は、統一性の確立であり、他方、規範科学はあるべき社会の形の決定で、そして応用科学はそのための技術の定式化です。

　論理実証主義とは、公理や公準および仮定を前提として、典型的には数学を使って論理的な演繹を行なって命題を導きます。そして、その後に実験や統計的推論を使って、この演繹によって得られた命題を検証し、事実によって明らかにされれば、命題は結論となり、理論となります。論理実証主義を標榜する社会科学の研究の目標は、仮説・演繹的なモデルによる科学的な真理を導き出すことにあり、事実と公理的な説明による、理論の構築にあります。

　したがって、論理主義の特徴は個々の人間は理性的で、理性による概念の統一的な理解が可能であるという、客観性の存在を前提としています。その結果、言葉に厳密な概念に関する定義を行なって、専門用語や数学を使った科学言語で演繹を展開することになっています。

　論理実証主義を標榜している社会科学において取られている方法論は方法論的個人主義と呼ばれ、独立した要素と見なされる個人の行動に還元して、社会を分析し、社会全体の動きは、類似の合理的な個人の行動の束として説明されます。この結果、理論は、単純明快な演繹の展開によって線形の因果関係を強調しやすくなります。しかしながら、命題の検証に使われている帰納法そのものは、自然の斉一性すなわち「他の要因がない限り、事象は今まで通り動いていく」に基づいており、確率を利用した因果関係の論証は、どこまで行っても蓋然性を高めるだけなのです。

　この結果として、経済学では貨幣、商品やサービスを追い求める快楽主義的に合理的な人間が現れ、政治学では権力を追い求める人間が現れ、社会学では単なる習慣や単なる役割に翻弄されている人間が現れ、精緻な理論を構築しています。

2-2　社会への学融合的接近

　これに対して、学融合的・トランスディシプリナリーな接近の特徴は以下のようになります。社会の理解は、個々の人間が持つ五感に基づく主観的な観察者による社会の理解と解釈にほかなりません。しかしながら、社会には

個々の人々が歴史的な経緯や地理的な環境という時間・空間の試練に耐えて形作られている「常識」という客観性の束である間主観性があり、社会における秩序と安定を保っています。社会の人びとが日常使っている曖昧な概念として規定されている言葉により生活世界で実感される社会問題は議論される必要があり、これにより同じ言語共同体でくらす多くの人びとに、社会問題が共有されることが可能となります。日常言語という曖昧な概念で構成される理論が、究極的には議論の正確さや有用性を高め、複雑な社会の動きをより容易に説明できるようになります。また日常言語によくある社会現象の理解は、誤りがあるときには容易に修正できます。

　学融合の方法論は、個々人の間の相互作用と相互依存としての社会を理解しようとしており、方法論的全体主義・ホーリズムと呼ばれます。したがって、社会は動態的・流動的に進化しており、社会現象の因果関係は、循環的、遡及的および非線形的となります。それゆえに、言語共同体という社会にくらす個々人の意味のある感情の相互作用によって、柔軟で不安定な社会構造が出来上がっているという理解になります。

　いいかえるならば、社会は曖昧で閉じておらず、時の流れのように不可逆であり緩やかに変わっていきます。また、この社会は斉一性がなく、数で表されず、質的に差異のある不完全な動態的な体系です。さらに、この動態的な体系は偶発的で、さまざまに変わりうる相互に依存する要因でなりたち、一部分は全体を含んでいます。この社会において人びとの生活に作用している要因は時間・空間の履歴に拘束された制度であり、これらに基づく人びとの予想は時としてはきまぐれですが、言語をともにする我われが容易に理解できる概念や知的な構造によっています。

　そして、全体論的な視点から個人の動機とその行動に関連する論理と全体としての集団性に関する論理とを分けると、共同社会における生活の秩序と規範や、それらのものが引き起こす人びとへの感情の重要性を理解できるようになります。社会でくらす人びとは異なる階層の心理をもっており、そこでは共同体において交換される個々の信念が不確定な期待と不可分に結びついています。それゆえ、社会にくらす個々人は共同体の慣習・規約に基づい

8

て生きている日々の不確実性に対処しています。

2-3 規範的社会科学

　規範的科学は、一般的にある共同体において、蓄積された暫定的な知識の集まりを含む探究の一種であり、認められた目的や、目的を達成するための良い方法を発見しようとします。多くの政治的な議論は、いくつかの良い方法のうちどれが選ばれるべきかについての議論を中心に展開しています。例えば、科学的な情報として提示された場合、生態系の健康、生物学的な完全性、および環境の悪化などの文言は、それぞれが政策上の選好を前提としており、したがって一種の政策の提案であるため、一般的に規範的社会科学に含まれます。

　応用社会科学は、規範的社会科学において、特定の政策または政策の順序づけのために仮定された、通常は明確に説明されていない選好に基づいて開発、提示、または解釈される情報の一種です。通常のまたは伝統的な科学は政策選好を前提としていませんが、規範的社会科学は定義上そうしています。そのような政策嗜好の一般的な例は、自然のままの生態系が人間に改変された生態系よりも好ましい、在来種が非在来種よりも好ましい、そしてより高い生物多様性がより低い生物多様性より好ましいという主張にも表されています。しかしながら、生物多様性が国際社会にくらす人びとに共有された「常識」になっているとは思えません。ましてや、在来生物のために外来種を駆除しなければならないという見解が日本社会で多数の支持を受けているのか疑問が残ります。

　すでに、1911 年に、マクロ経済学を創始したジョン・メイナード・ケインズの父、ジョン・ネヴィル・ケインズは、経済学を positive economy 経済の仕組みと事実を明らかにする実証経済学と normative economy 経済がどうあるべきかという規範経済学と技術としての経済学、応用経済学に分けました。技術としての経済学は、実証経済学において習得された知識を規範経済学で決められたあるべき経済の目標に関係付けています。

　ある社会または国際社会における規範的な理解においては、どのような社

会的制度が望ましいか、あるいは与えられた目的に対してどのような政策を選択するべきかということが問題となります。望ましさの判断には最終的に先見的な価値判断が関わっています。

　例えば、論理実証主義を標榜している正統的な経済学においては、一般に、よりパレート効率的なものを望ましいと判断します。ある集団が、1つの社会状態、すなわち社会的に効率的な資源配分を選択するとき、集団内の誰かの効用を犠牲にしなければ他の誰かの効用を高めることができない状態を、**パレート効率的**であるとします。誰の効用も犠牲にすることなく、少なくとも一人の効用を高めることができるとき、新しい社会状態は前の社会状態をパレート改善と見なします。いいかえれば、パレート効率的な社会状態とは、どのような社会状態によっても、それ以上のパレート改善ができない社会状態のことです。

　この経済理論によれば、ある自由な社会において、いくら毎年の所得分布がいびつであっても、累進的な所得税ではなく定率の所得税が、さらに、すべての商品やサービスの消費に定率の消費税をかけるのが良いという政策提言になります。ましてや、すでに少数の富裕者が保有している資産への資産課税は論外ということになります。

　その他、通信業界において、いくつかの巨大な会社による世界的な寡占や独占において、どのようにして独占禁止法を適用すれば良いかという競争政策や、公害や地球全体の環境問題への規制政策など、さまざまな分野において規範的な理解が必要となり、どのような政策を提案すれば良いかが課題となります。規範的な理解は、事実の解明と相互に依存しています。例えば、上記の環境問題において、炭素を排出している会社に炭素税を課すことが望ましいと社会的に判断されたとします。このように規範的な理解により実際に導入された場合、炭素税の規模はどの程度で、汚染物質の排出がどの程度抑制されたかや、社会厚生がどの程度向上したかなどをデータの収集によって評価し、その結果に基づいてより望ましい制度はどのようなものかという政策の提案がされることになります。

3　言語ゲームの社会

　言語ははじめから間主観的で公共的であり、さまざまな仕方で我われの生活に連関しています。個々人がくらしている共同体の下で、その実践の中において、相互に批判し受容されることによって言語ゲームの規則そのものが変化しています。

　子どものころに言葉を学ぶときに明らかなように、ルールに従うことは1つの実践です。言語ゲームは、全体のルールも知らないゲームにおいて模倣することから始まります。言語は、人びとの間で共有されたものであり、さまざまな事柄についての自覚があり、それについて話すという活動です。言語において、その使用規則は固定されておらずさまざまに変化しますが、そのことはまさしくそのようにして、言葉や文の意味が変わっていくことを明らかにしています。言語はまた、お互いに異なるさまざまな道具をしまっておく道具箱であり、ある言語共同体においてその道具箱に道具がいつでも使えるよう準備されている状態にあります。そして、この使用規則が文法となります。しかし、名称が、ある人間による特定の状況における使用がなければ、いかなる規則も無意味です。かくして、言語はいつでもそれ自身で完結した人間の自律した意志疎通の体系です。言語を用いて書いたり話したりすることは、1つの活動であり生活様式の一部です。言葉の意味とは、言語体系における言葉の慣用です。すなわち、言葉の使用規則の総体が意味を決めています。

　ある事実を疑ったり検証したりすることができるためには、そうした方法をもっている、つまり技をもっているということが必要です。言語ゲーム論の創始者であるヴィトゲンシュタインによれば、言語ゲームは、共有の行動様式という文脈をすでにもっている人びとによってのみ学ばれ、実行されうるものであり、さまざまな事物についての体験をもち、それについて語るという活動です。言語ゲームは、ルールをもつ点でゲームに類似しており、例えば、色に関する言葉を話せる人が赤いものを青いと呼べば、ルール違反です。ある事実を疑ったり検証したりすることができるのは、そうできる道具

をもっている、すなわち、その技術を習得していることですが、ある事実を疑ったり検証できる人についてのみ、それを知っていると語りうるのです。

　社会とは物によってなりたっているのではなく、言語ゲームによってなりたっており、すでに価値や行為が言語とともに存在しています。さらに意味は、言葉とともに物事を行為するときにのみ明らかとなります。意味することや理解することは、精神の状態ではなく、指示対象、画像や現象学的な実在それ自体では正しい行為に導くことはできません。我われは、訓練と慣れによって正しい使い方を学んでいます。

　言葉の定義は、学んで使う言語の本質です。言語は、自律的で文法は恣意的です。言語は、主観が客観的対象を分節化し、固定し、認識するための道具なのではなく、対象としての世界に向けて意識を志向させる手段であり、事物の世界における道具的な連関の中にあります。

　日常言語の使用の根拠は、理論の単純化が鋭い境界をもたない概念によって前進されるからです。この議論の中心部分は、ヴィトゲンシュタインによってなしとげられ、時を同じくして、社会科学へはケインズによって導入されました。この立場は、社会科学における、曖昧な概念による日常言語での分析とコモンセンスという共通感覚による「常識」という理解を支持しています。

　また、ヴィトゲンシュタインによれば、帰納法は期待し考え行為するという言語ゲームにおいて、規則として学ぶことができない 1 つの行動様式の明らかな例です。言語ゲームにおいては、信頼の根拠となる原理などは必要なく、計算をし、歴史を探究し、持続する現実の対象について語る実際の行為において規則を自分が確信している命題として表現される世界像の一部があります。ある言葉の類型的な使用法を示す命題において、その命題の使用者でなければ、その言葉を知っているとは言えないのです。

　　言語ゲームには、……根拠がない。それは、理性的ではない（また非理性的でもない）。それはそこにある ── 我われの生活と同様に根拠なき行動様式それが終点なのだ。知っていることといささかの疑いもなく、確信的に行動することとはことなる。懐疑主義に陥る必要はない。私が

いかに想像力を駆使しようと、私は懐疑論者の仮説に従って行動することはできないし、私の一般的な能力を、根拠づけを必要とする特殊な能力であると想像することはできない。我われが知っていると主張するところの事柄を単に「信じている」のにすぎないとするのは決して正確な表現とは言えず、むしろより誤解を招く表現である。

---

4 コモンセンス・「常識」に基づく国際社会の共通理解

　同一の言語共同体においては、その共同体にくらす人々の言語を通しての活動による相互作用と個々の肉体における五感を通した直接的な知覚により、コモンセンス・「常識」という客観性の束である間主観性が生まれます。

　すでに、対話と対話の研究は、言語がいかに深く主観的であるかを明らかにしていますが、私たちが話すとき、私たちはいつも彼らの視点を取り、私たちが、彼らが思うと思う対話者に向かって演説します。言語の基礎である個々のサインやシンボルの構造は主観的なもので、自己反省の心理的プロセスは主観的なものであると主張されています。

　問題は、国境や言語共同体を越えて、いかにして客観性の束である間主観的な共通の理解が国際社会に生まれることが可能になるのかということになります。

　アリストテレスは、共通感覚 sensus communis の概念を定式化し、キケロに影響を与え、さらにコモンセンス学派に影響を与えています。彼は五感に共通している感覚があり、それぞれの感覚を同一の対象の感覚として統合するものを共通感覚と呼びました。具体的には、感覚には5つの感覚があり、感覚の間の比較や関係を感覚器官によって感じることができます。その対象は運動、静止、数量、形と大きさの5つです。ついで、自然法思想の起源をなし「自然の光」に照らされた理性的な判断は、「万人の合意 consensus

omnium」をもたらすと説いたストア学派から、sensus communis として現在に
つながる人びとの間で共通する感覚・判断という意味合いが生じました。特
に、それを受けてキケロに代表される言語表現の技術に重きをおく修辞学の
伝統において、この意味における sensus communis が重視されました。した
がって、共通感覚とは五感へ、をまたはそのいずれかを複合的に組み合わせ
て発揮してきた知覚のことですが、コモンセンス学派とは共通感覚に基づく
「常識」派と定義できます。日常言語の言説によるコモンセンスに裏付けら
れた社会における「常識」により制度は設計され緩やかに変化します。コモ
ンセンス学派において、個々人は、自己の存在を直観的に確信し、眺め感じ
ることができる物体があるという確信をもち、道徳や宗教的な信仰が拠って
立つ日常的な経験をもっています。

　イギリス経験論において、主観が個物からなる対象世界を任意に切り取っ
て、そこに外的に付与したものであると考える立場にあるギリシャ哲学の唯
名論を、概念は受け継いでいます。抽象認識は、曖昧な認識であり、真なる
認識の唯一の源は直感であり、認識の対象たる実在はただ物そのものです。
この学派の一部に、コモンセンスという共通感覚に基づく「常識」と日常言
語を、森羅万象を理解する方法とするコモンセンス学派がいます。

　この見方は、バークリーやヒュームにつながる懐疑論へと導く観念の体系
への１つの対抗であり、コモンセンス論者は、懐疑論は愚かであり、個々人
の共通の経験に反しているので放棄すべきものであると考えています。

　人間には知覚の束を離れた自己があり、コモンセンス以外に共に働く基盤
をもちません。この学派において、人びとが共有する本能的な判断能力とい
う意味でのコモンセンスの概念は重要な位置を占めていました。リードは、
そのコモンセンスの概念を提示するにあたって、しばしばキケロの sensus
communis を引用しています。コモンセンスは、社会でくらす人びとが共有し、
前提として疑わない認識のことですから、特定の社会に限定されない普遍性
を条件とする真理とは時として異なります。ある認識が真理として認識され
れば、最終的にはその認識はコモンセンスのなかに組み込まれることになる
といってよいが、その過程は必ずしも平坦ではないし、真理として未だ十分

に検証されていない認識でも、コモンセンスと見なされる場合もあります。

　さらに、コモンセンス・「常識」については、プラグマティズムの創始者の一人であるアメリカ人で、20世紀の前半に活躍したジョン・デューイによる2つの解釈があります。第一はコモンセンス・「常識」とは、特別な知識とか研究によらないで、慎重で健全な判断と多くの人びとが見なす判断であり、人びとが共通にもっていると見なしている知識に依拠しており、日常の事柄を処理する拠り所です。もう1つは、人びとあるいは社会一般に共有されている感覚です。特定の集団においては、この両者は一致します。一般的な賢明さとしての「常識」は、事物や出来事の意義をなすべきことと結びつけて判断し、一般的な感覚としてのコモンセンスは活動や判断を方向づけて正当化するために物事への観念を利用します。

　デューイによれば、知性はその環境に適応してより良い生活を営むための人間の手段であり、道具であり、有機体とその環境の間の相互作用の形態です、疑念から始まり信念に至る探求という過程があり、探求の結果、統一された全体が生まれてくることになる、これが信念です。

　探求とは、不確定な状況を確定した状況に、すなわち元の状況の諸要素を1つの統一された全体に変えてしまうほどに制御され方向づけられた仕方で転化させることです。いいかえるならば、探求とは元の事態の諸要素を1つの統一された全体に転化させるほどに統御的あるいは指示的な事態に変換させることです。

　ある信念が良きものか悪しきのものかが分かるのは、その信念をもつ有機体に、その信念をもたらしたもろもろの行為が、その有機体において満足するものかどうかという道具主義的な有用性によっています。信念には、満足すべきものと不満足なものがあります。この立場によると、探求のためには共同体における制度としての概念が成立する必要があります。真理とは、探求するすべての人びとによって究極的に同意されるべき意見です。

　この見解からすると、科学は古い見方を常に投げ捨てる用意をしておかなければならないのですが、認識論には決してそのような同意はありません。社会科学における実証主義者は、あまりに容易に、概念の枠組みから独立し

た感覚データを識別できると信じています。

　しかしながら、この上述のプラグマティストのデューイの見解は、国境を超え、言語共同体を超えた国際社会にくらす人びととの間に、国際社会の問題や地球環境問題に関する共通の理解やコモンセンス・「常識」を醸成することの難しさを示唆しています。

　なぜなら、ある 1 つの言語共同体にくらす人々が共有している集合的同一性・アイデンティティは、また、風土における時間・空間の履歴によっても彫琢されるからです。

　1935 年に発表された『風土―人間学的考察』によると、和辻哲郎は主客二元論を超えて人間存在を問い、ハイデガーの解釈学的現象学の立場から「人間は風土において自己了解している」としました。すなわち、ある土地の気候、気象、地質、地味、地形、景観の総称である風土は単なる自然現象ではなく、その中で人間が自己を見出すところの対象であり、宗教、風習や伝統など文化のあらゆる人間生活の表現が見出される人間の「自己了解」の方法であるとしました。人間は風土の中に自分自身を見出しているのです。

　したがって、異なる風土において異なる言語を使ってくらしている人々は、異なる意識をもっているので、自然現象である同じ地球環境問題においてもその理解の仕方はさまざまであり、さらに、抽象的な言葉で、異なる言語で議論される国際的な社会問題において共通の理解や、国際的に共通な「常識」をもつことは相当に難しいことなのです。

　さらに、ある研究者が、研究者自身のものとは文化的には異なる社会現象を理解しようとする場合には、自分がくらしている社会で生まれた概念を無反省に適用することはできなくなります。

　それゆえ、この本では、第 2 章以降、国際協力に必要な国際的な「常識」を醸成するための国際社会の現状を理解した後に、秩序ある国際システムを維持管理する国際組織のより良い統治と自治、地球環境保全、そして、国際

社会の持続可能な発展のために発展途上国の貧困を撲滅しようとする政策を
考察しています。

第2章　揺らぐ国際システムの中の国家

柳田辰雄

1　国際システムの成立と変容

　国際法は、国家間の関係で一般に受け入れられている規則、規範、および標準の束です。それは、戦争、外交、貿易、そして人権を含む広い分野にわたって各々の国家が従うべき規範的な指針と共通の概念的枠組みを提供しています。したがって、国際法は、国家がより安定し、一貫性のある、組織化された国際関係を実践するための手段をもたらしています。

　国際法の根源には、法律として認められている一般的な国家慣行、条約、および国内法制度で認められている一般的な法則の原則があります。国際法は、国際的な誠実性、外国船の旗の敬礼や外国においてなされた判決の執行など、良好な関係と相互承認を維持するために1つの国家において普及している慣習や慣習も反映されています。

　国際法は、排他的ではなく、個人ではなく国家に適用され、主権国にそれを強制するための普遍的に認められた権限がないため、主に同意によって運営されるということが国内法とは異なります。その結果、ある国家は国際法を遵守しないどころか、条約を破ることすら選択するかもしれません。

　国内法制度と国際法の関係と相互作用は複雑で変化しやすいもので、条約が欧州人権裁判所や国際刑事裁判所などの超国家的な裁判に管轄権を認めるとき、国内法は国際法になるかもしれません。ジュネーブ条約などの条約は、条約の規定に準拠することを国内法に要求する条項があります。国内法また

は憲法においては、国際法の義務を国内法でも使えるように組み込むこと、または統合も規定されています。

　しかしながら、司法制度に裏付けられた強制力がないということから、国際法は法であるかという問題が生じます。国際法は、その強制力という視点から見ると、国内法と比較して組織化の点で未発達で、強制力を伴わない実定法的な道徳に過ぎないという見解もあります。

　今日の国際システムの原型は、神聖ローマ帝国を解体に導いた戦争を終結させるために、ウェストファリア条約が締結された17世紀半ば頃、ヨーロッパに出現した主権国家の国際関係に見出すことができます。19世紀までにはヨーロッパ大陸とアメリカ大陸のほぼ全域とアジアの一部、20世紀には世界のほとんど全体をこのシステムが包含するようになりました。このシステムの特徴は、諸国家がお互いの主権、つまり各々の領土内での排他的支配権を認めることにあります。

　この国際システムは、基本的には、国際河川や公海および陸上交通を通じた、国際間の人びとの自由な往来や、商品およびサービスの自由な取引の拡大に貢献してきました。しがしながら、さまざまな商品やサービスやその生産に必要である資本や労働の国際的な移動によって、相互に依存する国際的な経済環境が出現し、このことがウェストファリア条約によって出現した「国家」の主権を侵害するようになっています。ウェストファリア条約のうえでの国家主権の侵害は、地球規模での市場の同一化が進展した現代において、元に戻すことは困難です。しかしながら、この主権の侵害の進展によって、先進国では国民一人一人の幸せが小さくなったわけではありませんが、発展途上国の一部の人びとにおいては生存権が脅かされるようになっています。

　公共財という、共同で利用され使用者を排除できない財・サービスがあり、その例は国際通貨や貿易制度です。制度の設立と維持管理は二段階のゲームと見なされます。すなわち、第一段階ではゲームの規則が決められ、第二段階でその規則の下での制度の維持管理が実行されるのです。この場合には、国際的な安全保障の枠組みが、どのようにして維持管理されるかに制度の安

定性が依存しています。

　国際政治学においては、諸国家の間における権力の配分、富の配分状況により国家の行動を観察し、目的論に陥らないようにするために、当事者の行為、目的と制度の機能が合致しているかどうかが注意深く吟味されてきました。国際社会は、ホッブズの描いたリバイアサンの囚人のジレンマ状態にあり、共通利益の存在は必ずしも協力を保証せず、対立によって特徴付けられていることが示唆されています。現在、超越した軍事力と経済力をもつ覇権国家が国益のみを追求する非協力ゲームにより、国際システムは不安定化の方向への道を辿っています。

　ある1つの国家は自国の利益を追求する合理的な意思決定の主体とも見なされますが、国家の意思決定が常に合理的なのか定かではありません。特に国家の外交政策は、さまざまな圧力団体やロビイストによる政策決定過程における介入によって、国民の大多数の反対も関わらず、特定の少数の意見が反映されたものになる可能性があります。

2　国家とは

　人はまず生命の安全を求め、次に経済利益や社会的名誉を求めます。このために人びとは集団化し、その集団の中に安全を保障する機関が出現します。しかも、その機関は階層化し、国家は個人に対して権力をもつことになります。

　国家は、一定の領土と住民を治める排他的な権力をもつ組織と統治権をもつ政治社会です。国家は運命共同体としての最大のもので、その国民または民族は帰属意識に関わるアイデンティティ、すなわち人格における存在証明または同一性を持っています。その結果として、他国との格差が強調され固有の宗教、文化・言語および風土がそのアイデンティティを形成する主要な要素となっています。しかしながら、これは状況依存的で、多民族や国家との対抗関係において変容し、ときとしてより強固なものとなります。国民は個人からなり、個人は各々の権益と自己アイデンティティをもち、権益は階

級や政治的な圧力団体をなし、これによって宗教団体や文化集団に属していま
す。国家は国際舞台では国益を追い求め、それは生存、自律、経済厚生およ
び集合的な自尊心に関わっています。

　さまざまな権益をもつ個人が、合理的に行動することによって社会がどう
変化するかは部分的には説明できますが、利他的な行動や政治的目的のため
に、投獄されたり死に至ったりする個人や集団の行動は説明できません。

　また、なぜ人びとは、自己の便益のためには守らないほうがよい場合にも
社会的なルールを守るのでしょうか。労働組合や医師会などの政治的な団体
が社会に存在するのは、政治的な行動からえられるその団体に所属する個々
人の名声をふくめた便益が、その団体を組織し維持する費用を上回っている
からです。所属する組合員や会員に排他的な便益がないときには、これらの
団体は自然に消滅してしまいます。

　社会契約論によれば、国家は社会の富を最大化するために、その役割を果
たしますが、最終の意思決定の場を権力の支配をめぐる政治的闘争にしてし
まいます。あらゆる団体が自分の利益のために富や所得を再分配するように
政治的に行動します。人びとは生命と財産に関する権利保障を目的とする国
家を、集まって建設しなければなりません。どのような財産権の構造の下で
も安全や平和を達成できるとしても、平和という共通の利害が国家における
重要な要素となります。

　アリストテレスは『政治論』で以下のように述べています。「あらゆる人間
は生まれながらにして社会的本能が備わっているにしても、国家を最初につ
くりあげた者は最大の恩人であった。というのは、人間は完成した場合には
最善の動物であるが、法と正義を持たない場合には最悪のものになるからで
ある」。

　ローマ人の最大の業績はローマ法をつくったことです。民法や刑法の体系
はローマに始まります。市民法は最初の成文法であり、元老院や民会の決議
や裁判の判例を加えて整備されていきました。その後、帝政時代に、さまざ
まな民族、ローマ市民でない人びとに適用される万民法が作られました。最

終的には、ローマ市民権が全属州に適用されるようになり、万民法が自然の理にかなった自然法とみなされるようになりました。6世紀になると皇帝によってこの万民法からローマ法大全が集大成され、1804年公布のナポレオン法典・フランス民法典に大きな影響を与えました。この法典において初めて、個人の自由、法の下の平等や私有財産の不可侵の立場がとられたのです。

　1981年に『文明史の経済学―財産権・国家・イデオロギー』を発表したダグラス・ノースは、ロックの思想を受け継いでおり、「国家とは暴力に比較優位を持つ組織であって、成員に課税する権力によってその境界線が定まるところの地理的範囲をその広がりとして持つものである」と述べます。この著作は、また、財産権をはじめとする法体系の整備がいかに人類の経済発展に貢献してきたかを克明に解き明かしています。

3　国民と集合的アイデンティティ

　従来、政治学は国家に関わる問題を、政治過程や行政過程に押し込むことに勤しんできました。国家とは権力を合法的に行使する形式化された機関で、国家の意味はその合法的な権力を行使する過程、具体的には政治的な意思決定過程と行政過程であり、その分析に力が注がれてきたのです。

　ところが、アンソニー・スミス『国民とエスニシティ―歴史社会学的考察』によると「すべての国民は、領域的構成要素とエスニックな構成要素の双方の刻印を帯び、社会的・文化的組織のより新しい「市民」モデルとより古い「血統」モデルの不安定な集合」となっています。領域的な要素とは、市民権、領土、共通の法、共通の政府、政治的文化と市民精神を基礎とする連帯であり、集合的アイデンティティは、歴史的記憶をともにもつ連帯であり、国家は根深く共同性のなかに埋め込まれています。

　多くの国家は国民に求心性を醸成しようとし、その求心性の手段として集合的アイデンティティを利用します。国家に対する集合的アイデンティティであるナショナリズムを分析したベネディクト・アンダーソンが指摘するように「ナショナリティーはナショナリズムと同様に特殊な文化的人造物」で

す。これは自然に発生し、消滅する場合もあれば、意図的に創り出され消滅
させられる場合もあるのです。

　それではアイデンティティはどのように醸成されるのでしょうか。柴田寿
子著、「スピノザ主義は「自由主義」の何を批判するのか―「自由な」自己の
アイデンティティと社会的権力」『自由な社会の条件』を参考にすると、自己
アイデンティティは日常的習慣という場で形成されます。「性差にかぎらず
人間は格差あるものとして生まれ、格差ある環境に直面し、自己内部の格差
を抱えながら生活します。自己内部にある数々の欲望や感情相互の間に存在
する格差あるいは同一の意向を持つように見える国家、民族といった集団内
部にいる人の意向の格差が必然的に存在しています」。

　その結果として、自己アイデンティティは、必然的に格差あるものとして
設定された「私」の「身体＝精神」の日常的習慣という場で形成されます。

　さらに、「人間が自分の経験からいわば主観化して過去や未来を見ること
によって、人間的な時間という形式の中で、感情の対象が拡大されるととも
に、感情そのものは同一化と格差化の両方の変容をこうむる」としています。
また「空間という形式も独自に主観化された枠組みであり」同じような変容
が生じます。

　集合的アイデンティティも同様に形成されます。スピノザは言います。「も
しある人が自分と異なった階級ないし、民族に属する者から、その階級ない
し民族の一般的名称のもとにあるその者を原因として意識した喜びまたは悲
しみに刺激されたならば、彼はたんにその者だけでなく、さらにその同じ階
級ないし民族に属するすべてのものを愛しあるいは憎むであろう」と。

　集合的アイデンティティはまた、風土における時間・空間の履歴によって
も彫琢されるという指摘は、和辻哲郎の『風土―人間学的考察』にもみられ
ます。彼は1935年にこの著作を出版し、主客二元論を超えて人間存在を問い、
ハイデガーの解釈学的現象学の立場から「人間は風土において自己了解して
いる」としました。すなわち、人間は風土の中に自分自身を見出しているの
です。風土とは「ある土地の気候、気象、地質、地味、地形、景観の総称で

あり、坂部恵著『和辻哲郎』によれば「主体的な人間存在の表現として、主―客体の明確な分離以前の基層的な（時間―）空間体験において、親密性（またはときにその裏面の敵体性）の相貌を帯びて立ち現れてくる自然環境の謂いにほかならない」のです。さらにつづけて、「ひとつ間違えば、その方向の本質からして、まさに幼児的な独断と偏見にみちた個人的印象の羅列と、その不当な一般化に堕す危険と紙一重のこの生き方が、半面で、つねに生き生きとした直感的印象に裏打ちされた叙述の生彩を生んで、この書物のなかば秘められた魅力の中核を形づくっていることは、否定できないようにおもわれる」と和辻の独創性を評価しています。

　和辻は人間の「存在の仕方」としての風土を、モンスーン的風土、砂漠的風土、牧場的風土として捉え、東アジア沿岸のモンスーン的風土における人間存在の仕方を「受容的・忍従的」、砂漠的風土におけるそれを、「服従的・戦闘的」、ヨーロッパの牧場的風土におけるそれを「自然的・合理的」としました。モンスーン的風土の特徴は、暑熱と湿気の結合としての〈湿潤〉であり、それに対する人間の構造は、自然の恵みと暴威への〈受容的忍従的〉というあり方です。砂漠的風土の特徴は、〈乾燥〉であり、それに対する人間の構造は対抗的戦闘的関係または同一集団内での絶対的服従を特徴とします。

　ヨーロッパの牧草的風土において、自然の従順を見出し、自然が暴威を振るわないところでは自然は合理的な姿に己を現すのです。キリスト教においては、「砂漠にみるをえない『潤い』がヨーロッパ的キリスト教の特徴となり、愛の宗教としての優しみというごときものが力強く育てられていきます。マリア崇拝のごときは砂漠的であるより多くをモンスーン的であると言ってよい」のです。

　しかしながら、国家はまた、歴史を恣意的に切り取って、国民の集合的アイデンティティを鼓舞しようともします。

　1927年末に芥川龍之介は『侏儒の言葉』を公刊しています。この著作の「武器」と題する節に、東京九段にある靖国神社の遊就館という博物館について、以下のような文章があります。

24

　わたしは歴史を翻えす度に、遊就館を思うことを禁じ得ない。過去の廊下には薄暗い中にさまざまの正義が陳列してある。青竜刀に似ているのは儒教の教える正義であろう。騎士の槍に似ているのは基督教の教える正義であろう。ここに太い棍棒がある。これは社会主義の正義であろう。彼処に房のついた長剣がある。あれは国家主義者の正義であろう。わたしはそういう武器を見ながら、幾多の戦いを想像し、おのずから心悸の高まることがある。しかし、まだ幸か不幸か、わたし自身その武器の一つを執りたいと思った記憶はない。

4　社会契約か、歴史のなかの国家か

4-1　社会契約説

　社会契約説によれば、人びとは集まって生命と財産に関する権利保障を目的とする国家を建設しなければなりません。国家は社会の富を最大化するために、その役割を果たしますが、最終の意思決定の場を、権力をめぐる政治的闘争にしてしまいます。あらゆる団体が、自分の利益のために富や所得を再分配するよう、政治的に行動するようになるのです。どのような財産権の構造の下においても、平和に関わる利害が国家における重要な要素となります。

　歴史的にみると、近代国家の進歩性を主張する社会契約論を提唱したのは、ホッブズ、ロック、ルソーであり、彼らに共通する点は自由で合理的な個人からなる国家社会を事後的に理論的に構成したことにあります。社会を構成するのは、個々の人間であり、その意味において、さまざまな共同体や集団、階級などは解体されてしまいます。こうして構成された社会はあくまで技術によって作り出されたものであり、自らの意思と力によって行動する個人からなる社会は、自らを統治する主権もしくは政府をもつことになります。人びとが彼らすべてを威圧する共通の力なく生活している時には、人びとは闘争と呼ばれる状態にあります。無秩序な状態にあった人びとが、はじめて共通の主権の下に「国民」として組織された社会を創るのです。社会契約に基

づく法に従うことが、正義であり、正義を客観的に保障する主体こそ、主権となるのです。

　ホッブズによれば、人間は能力において生まれつき平等であり、自然状態においては「万人の万人に対する闘争」の状態となってしまいます。社会のないところに平和はなく、平和を求め、理性によって社会を構成するときにはじめて、道徳が生まれます。人は生命の維持のために主権に服従しますが、この主権は全知全能ではないのですから、人民の生存権を脅かす場合には、人民は主権者に抵抗する権利をもつことになりました。ホッブズの『リバイアサン』においては、お互いに相手を恐れるという状態から逃れるために、国家を形成することを承認する契約を結び、人は王の権力によって弱肉強食の世界を超克するために、その契約を承認したのです。すなわち、彼は国家が、人びとの利益になることから、個人と個人の間の契約から生じるとしているのです。

　ロックの『市民政府論』「政治社会の発生について」によれば、以下のようになります。「……、本来、万人が自由平等独立であるから、何人も、自己の同意なしこの状態を離れて他人の政治的権力の服従されることはない。人が自分の自然の自由を棄てて市民社会の絆のもとにおかれるようになる唯一の道は、他の人と結んで協同体を作ることに同意することによってである。……、もし幾人かの人びとが一つの協同体あるいは政府を作るのに同意したとすれば、これによって彼らは直ちに一体をなして一個の政治体を形成するのであり、そこでは多数を占めたものが決議をし、他の者を拘束する権利をもつのである」となります。人には、自己の有限性に自身をもって立つ人間愛の悟性があります。人間は身体をもち、身体の労働が生み出す産物を所有します。人間は労働によって生計をなしているのですから、平和に共存して日々暮らしています。この労働する人間は相互に合意を交わして、財産権を利用するための社会を形成することになります。財の保護や安全保障の確保のために、人民は統治機関である政府を信託し、国民となるのです。これは、1688 年の名誉革命の思想の表明となっており、近代の市民社会を誕生させた新たな人間学なのです。

　ルソーの『社会契約論』が最初に出版されたのは1789年に勃発したフランス革命の後です。革命の大義は、つい最近まで流通していたフランスフランの硬貨に刻印されていた自由、平等、博愛であることに留意しておく必要があります。人間は、いかにしてすべての人びとに自由と平等を保障しうる国家を作ることができるのでしょうか。その答えは「全体的な意志」を礎とする直接民主主義に他なりません。個人の意志でありながら同時に共同の意志であるような意志、「全体的な意志」があると想定しなくてはなりません。すべての契約に参加する者が、共同の意志をもつとすると、この共同意志においてあらゆる人は完全に一致し、共同の意志の表現である国家たる政治的主権は、個々人の意志をそのまま実現させます。共同の自我を実現すべく構成された国家は、共和国の国民によって形づけられることになるのです。国家との契約を可能とする「全体的な意志」があることにより、すなわち社会の構成員は自らを共同体に譲りわたすのと同時に、自らが主権者となります。「全体的な意志」とは、その定義からして、同時に個人の利益を実現するはずのものであり、主権者はそれを構成する個々人からのみなるのであり、その利益に反するものはありません。

　法と共同での防衛があってはじめて、人びとが「全体的な意志」の名の下に、生命や財産のすべてを共同体の主権者に委ねることが可能となるのです。また、主権者は共同防衛体を組織する限りで、絶対的な権力を持たねばなりません。社会契約によって構成された国家は「国家への自発的な服従」を要求します。個人は平等と自由のために働く、「全体的な意志」にすべてを委ねます。契約によって1つの国家を形成するという行為が明らかにすることは、人間性に根拠をもつ共同性への信頼であり、権力を執行する機関への信託です。国家の合法性は民主主義とかけ離れて存立せず、国家は個人の生活や内面には関わらないことになります。国家とは個人に「サービス」を提供する機構なのです。

　ルソーにおいて政治過程は、人びとの選好を満足させることによって人びとの役に立つ単なる手段ではなく、それは人びとの選考を変化させる過程でもあるのです。民主主義社会においては、人びとはより忍耐強く、協力的で、

よりよい教育をおさめ、啓蒙の時代の新しい価値を享受することのできる能力を持つ、新たな人間を生み出すのです。

ところで、スピノザの『国家論』によれば、「国家の安全にとっては、いかなる精神によって人間が正しい政治に導かれるかということはたいして問題ではない。要はただ正しい政治が行われさえすればよいのである。なぜなら、精神の自由あるいは強さは個人としての徳であるが、国家の徳はこれに反して安全の中にのみ存するからである」となります。

スピノザは、政治は道徳や宗教から切り離されて行なわれており、冷酷な力の法則が作用しているというマキャヴェリの見方に同意しています。権利とは自分の好きなことができる力に他なりません。これが自然権です。ところで、人間は欲望と感情に流されやすく、各々本性に流されるので「人間は本性からして敵である」という地獄の闘争に陥ってしまいます。したがって、スピノザは、臣民を隷属状態にせず、理性的に善悪を決めて平和と安全を確保する最高権力の国家の下でこそ最も望ましい状態が成立すると説いています。したがって、スピノザは、権力の集中と腐敗を避ける理想の君主政治・貴族政治を追及しました。

それでは個人の自由を保障する市民社会を成立させるために、個人の権利や利益はどう保障されるのでしょうか。モンテスキューはロックの思想を受け継ぎ、立憲君主制および三権分立をフランスにもたらしました。権力は常に腐敗の危険に晒されています。「政治的自由は制限された政体においてのみ見いだされます。しかしそれは、かならずしも、制限政体のうちにあるわけではありません。権力は権力が濫用されないときにのみ、そこにあるのです。しかし、永遠の経験が示すところでは、権力をもつものはいずれもそれを濫用しがちなのです。……権力が権力を抑制するようにあんばいしなければなりません」。「権力が権力を抑制する」装置、すなわち、「対抗力」を国家機構の中に埋め込むことをモンテスキューは「法の精神」において考え出しました。権力分立の概念には、立法府の権限の制限が暗黙のうちに含まれており、いかなる主権的な権力をも拒否するのです。これは、組織的な権力の制

限は、世論が忠誠を拒むことによって達成されることを明らかにしています。

4-2　歴史の中の国家

　国家は、強者による弱者の征服とか、弱者による自発的な権利放棄によって成立するという見方があります。物理的な力、継続性および市民の利益という立場から国家を見るべきだとするヒュームや、世襲によってのみ正当性が保持されると考えるバークは「歴史の中の国家」の立場です。

　ヒュームの国家論によると歴史に断絶はなく、継続性の中に国家は存在します。人びとの自由の範囲は拡大しましたが、それは歴史的な過程のなかにあり、社会契約など歴史上は存在しません。国家や政府は特別な正統化を必要としないのです。なぜなら、国家や政府の起源とは征服によって、古い政府を消滅させられる力だったからです。1つの統治に従うのは、あくまでその権力によって社会秩序が保たれることにより、人びとの一般的利益が守られているにほかなりません。社会契約のような理性的な判断や合意でなく、具体的で実際的な利益の観察や権力の作用があり、その結果に対する人びとの黙認があるだけなのです。ハイエクの言葉をかりると、ヒュームは「人間が服従する規則と、結果として形成される秩序の関係を明確に認識したごく少数の社会理論家のひとり」となります。

　ちなみに、ヒュームの求める政治的自由は、市民の社会活動おける「状態としての自由」を目指しており、「統治の起原について」では以下のようになります。

　　あらゆる統治には、「権威」と「自由」の、公然たる、もしくは隠然とした不断の内部闘争がある。しかも、その経緯においては、権威と自由のどちらもが絶対的な勝利を得ることはまず不可能である。自由の大きな犠牲はどの統治においても必然的に行われるに違いない。……統治の通常の過程では、それらのメンバーは前もってすべてのメンバーとすべての被治者とに知られている一般的で平等な法によって行動しなければならない。この意味で、自由は文明社会の完成であることを認めなけれ

ばならない、と言うべきだが、にも関わらず、その文明社会の存在そのものにとって、しかしそれでもなお、権威は政治社会の存続そのものにとっての不可欠であると認めなければならない。

　ところで、マルクスの『共産党宣言』に比して、「保守主義の宣言」ともいわれる、エドモンド・バークの『フランス革命の省察』は1790年に出版されています。変化に対する不機嫌な態度を受け継ぐ保守主義者バークにとって、フランス革命はどうしても容認できないことでした。バークはこの本によって、この革命が周辺諸国の既存の政治体制にとっていかに危険であるかを警告すると共に、「自由」を標榜する革命は社会に無秩序以外のなにものももたらさず、「牢獄を破った盗賊の自由」に他ならなかったことを明らかにしました。冷静で慎重なイギリス人の国民性のおかげで、徳と知恵がイギリスにおいては受け継がれるとバークは考えます。イギリスにおいて、統治の原理は世襲によって正統性を保ってきました。「個人主義的な自由」は自然権という形で与えられるのでなく、世襲の経験という歴史的な産物であり、イギリス人がその固有の歴史のなかで獲得し、保持し、具体的なものとして行使してきたものなのです。バークが憧れたのは、革命によってもたらされる市民社会などではなく、教会、王権、貴族および市民の階層的な秩序が維持された社会でした。

　19世紀に民主主義はフランスで生まれ、イギリスの伝統である個人主義的自由主義が加わり、近代社会の自由主義思想は成立しました。ハイエクによれば、「人格的自由という自由主義的理念はイギリスではじめて定式化されたのであって、イギリスは十八世紀を通じて羨望の的となった自由の国であったし、イギリスの政治制度と政治学説は他国の理論家にとってモデル」となったのでした。

5　代理機関としての国家

　社会契約理論は、経済学のエージェンシー、代理人問題からもその合理的

根拠を見出すこともできます。エージェンシー理論とはある個人が意思を決定する権限を代理人に委譲し、この代理人がその人の代わりになって行動を選択することを代理人関係として捉え、市場における契約や取引に関する人びとの行動を分析しようとする理論です。本来、なんらかの権利を持つものをプリンシパル・依頼人、そしてそれを代行して行う機関のことをエージェント・代理人と呼びます。各依頼人が個別に権限の行使を行うよりも権限を一部委譲し、代理人が統括して行った場合の方がより費用が安く抑えられる場合には、依頼人が代理人に権限を委譲する誘因があります。このときに重要な点は、代理人すなわち機関が大きければ大きいほど一人一人が負担しなければならない費用が下がる可能性が高いということです。経済学では商品の生産量をふやせばふやすほどに、1単位あたりの生産費用が下がる場合には規模の経済があるといいます。

　古代文明でも国家はすでにこの規模の経済性を追及していました。ダグラス・ノース『文明史の経済学―財産権・国家・イデオロギー』において、以下の記述があります。「内部構造を秩序づけるルール体系をもち、それらのルールの施行と他国家との競争のために強制力を有する国家が出現したことは、古代世界の最も根本的な業績だった。……メソポタミアでは、規模の経済性が疑いなく単一の都市国家を越えた併合を促した。だが、その規模の経済性は、第一急湍（きゅうたん）から下の全ナイル流域が自然単位をなすエジプトに比べるとはるかに限られていた」。この急湍とは、特に流れの速くなっている場所のことです。ナイル河の上流には急湍が六箇所あり、下流側から第一急湍がアスワン付近に、第二急湍がアブ・シンベル付近にありました。

　代理人と依頼人はそれぞれ独立した主体であり、代理人と依頼人がそれぞれもつ誘因が必ずしも一致するとは限りません。また代理人と依頼人の間では情報が共有されないので、代理人は依頼人の権限代行を常に適切な形で果たすとも限りません。したがって、依頼人が常に代理人に適切な形で権限の代行を行わせるためには監視費用がかかり、この費用のことを代理人費用といいます。

　ある1つの国家が提唱する安全保障は、その国民を誰一人として排除する

ことはできず、また他の機関や国が提供できるものでもありません。また、ロックが想定するような自然状態であっても、各人が武装するのでは、ホッブズが言うように「万人の万人による闘争状態」になる可能性があるのです。つまり依頼人である個人が、別々に安全を確保しようとするための費用は極めて高く、代理人ないしは機関が新しく依頼人からの権限の委譲を受ける際の限界費用は極めて低いと考えることができます。そのため自然状態において徒党を組み、集団になって安全を人びとに保障する代理機関となる国家が出現するのです。

　安全保障を提供する国家にとっては、国民の一人一人の求心性が非常に重要になり、国家が十分大きくなります。そして、一定領域の中で暴力を独占するようになると、個人にまで国家への求心性を求めようとします。というのも国家の存在は、人びとにとって最も重要である安全の保障に関わっているからです。そのために他国との紛争などによって国家自体の存続が脅威にさらされ、平時における国家の治安では足りなくなった場合には、個々人も治安要員として組み込まれてしまいます。

　国家は直接の暴力機関をもっていてそれによる保護の代わりに、個人は主に経済的な利益の一部を租税という形で国家に市民としての会費を払います。安全保障を提供する国家は経済利益を指向し、個人は安全の保障を指向するが、経済的誘因よりも安全保障の誘因のほうが常に人の欲望として上位にあるため、そのサービスに対する価格の決定権およびそれを提供するか否かの決定権も、国家側に属する場合が多いのです。

　それでは国民は、各々どれくらいの会費を払えばよいのでしょうか。現在、先進諸国では、徴税費用を少なくし、市場機構をできるだけ円滑に機能させるために、所得税から消費税への依存度が高まっています。

　しかるべき会費の問題に答えるには、まず国民全体が望む公共サービスの量を決める必要がありますが、残念ながら不可能です。何故ならただ乗り問題があるからです。ノース『文明史の経済学』「イデオロギーとフリーライダー問題」において、社会における多くの人びとのただ乗り行動が、「特殊副次便益がなんら存在しないところでの大集団の不安定性、人びとが投票に行こ

うとしない傾向、匿名の献血では病院に血液が十分に供給されない」ことを説明しているとしています。公共サービスの水準を国民に問うたところで、ただ乗りする人びとがいる限り、国民が必要としている公共サービスの水準は分からないというわけです。

　それでは、公共サービスの水準を現状のままとし、政府の歳出を一定としたときには、誰がどれだけの会費を払うのでしょうか。これにも経済学は明瞭な答えを出すことができません。まず、すべての歳入は消費税とし、すべての商品に一律に十パーセントの税率をかけてみましょう。すべての商品の価格はすべて一割増しになるので、それぞれの商品の相対価格は元のままで、市場への攪乱はなく、市場の資源配分にも問題がないように一見思われます。しかし、問題があるのです。いま米のような商品があり、低所得者と高所得者がいるとします。消費税がかかると、人びとはその分だけそれぞれの消費をへらすことになります。このとき、社会全体の厚生はどうなるでしょうか。経済学ではある消費から得られる効用という考え方を利用しています。この効用は消費量とともに少しずつふえますが、消費量が一単位ずつふえても、その効用の増分は少しずつへっていきます。具体には、ご飯の三杯目を食べることによる効用の増分は、二杯目より小さくなります。この前提の下で消費税が課されると二杯しか食べていなかった低所得者の効用の低下は、六杯から少しだけ消費をへらされた高所得者の効用の低下を大きく上回ります。金額では同じ負担ですが、効用で見ると同じ負担にはならないのです。

　それでは、所得税ではどうでしょうか。一割の所得税をすべての所得者にかけるとすると一千万の所得の人は百万円、百万円の人は十万円、税金を納めることになります。高所得の人は多くの税金を払うことになりますが、その所得を稼ぐために、そうでない人に比べてより多くの公共サービスの恩恵を受けているとすると然るべき対価を払っていることになります。この税率で、人びとの労働意欲がそれほど低下しなければ経済学的にはあまり問題がないのですが、残念なことに所得税の徴収には、個々の人びとの所得を税務署が正確に把握することを含めて、消費税に比べて高い費用がかかります。

　さらに、相続税についてもふれておきましょう。ハイエクによれば、人は

生まれながらにして能力において平等ではないのであるから、相続税によって、資産の保有量を調整しようというのは誤りであるとしています。資本主義社会においては、偶然や運によって大金をつかむ人もいれば、汗水たらして働き社会的に成功する人もいるのですが、所得の再分配はできるだけ家族や、親族または血縁者の中で行われるのがよいからです。そうでなくて、政府が社会保障のために税や年金を強制的に徴収して、所得の再分配を行えば、政府は肥大化し、非効率的な資金の運用がふえ、資本主義のダイナミズムは喪失してしまうと考えられるからです。

　現実には、国の税体系は歴史的に決まっています。

6　政治的自由論の系譜

　アイザリア・バーリンは 1969 年に『自由論』を発表し、自由という概念を積極的自由 positive liberty と消極的自由 negative liberty に分け、以後の『自由論』の議論に多大なる影響を与え、ロールズの正義論にも影響を与えました。

　近代の政治哲学において自由とは市民革命の理念に基づいた市民的な自由であり、各個人は法にのみ従えば、虐待や拘束を受けず、自らの意見や職業を選択し、さらに自らの財産を処分することができます。このような市民的な自由はイギリスにおける自由主義的な政治思想の系譜においてベンサムやジョン・スチュアート・ミル、ハーバート・スペンサーなどにより繰り返し論じられてきました。バーリンはこのような市民的な自由を消極的自由として概念化しています。

　ヒュームの自由論に影響されて、ジョン・スチュアート・ミルは、『自由について』を執筆し、19 世紀後半において自由主義と功利主義に基づいて社会の進歩を構想しました。彼は精神科学 moral science を唱導し、経験論の観点から社会問題を分析し、社会にくらす個人の意志が真に自由であるかという問題ではなく、市民としての自由や社会における自由を考えました。すなわち、ミルは国家ならびに社会が正当に行使しうる権力の性質および限界を明らかにしようとしました。

　「自治」とか「人民による人民のための政治」などの民主主義の標語は民主主義の真の姿を表わしておらず、実際に生じるのは多数者による支配という、トクヴィルがアメリカの民主主義の実態から学んだ「多数の専制」の正当性と限界を論じたのです。

　ミルの自由主義は、ヒュームと同じく、思想と言論の自由を主張しましたが、彼の精神科学の方法論は帰納法であり、人間の行動様式を分析し、経験的な様式に基づいて予測することでした。帰納法は正確さにおいて劣るとしても、演繹に劣るものではありませんでした。具体的には、自然の斉一性の原理の導入により、ヒュームの帰納法の否定を排除しました。この原理により経験的データ・統計を利用した実証研究が展開されていきました。

　ミルは自然法的な思想に抗したベンサム流の功利主義を修正し、人びとが快楽を求め、苦痛を避ける生き方を正しいとしているわけではなく、「最大多数の最大幸福」の理念の下に、功利主義を立法や道徳の規準にしようとしました。したがって、これは単なる快楽主義などではなく、ミルは「満足した愚か者ではなく、不満足のソクラテスたれ」と書きました。さらに、ミルは快楽の質の相違から客観的基準を示しました。ミルは人びとの快楽や苦の量的な換算や計算を可能であると考えていました。この立場によれば、法律と社会の枠組みを各個人の幸福や利益と社会の利益が調和するようにしなければならず、さらに、教育や世論により各個人の幸福と公共善が一致するように、各個人が行動するように誘うことが必要となります。

　また、所得の分配に関して、ミルは『経済学原理』において「私有財産の原理はこれまでどの国においても公正な吟味を受けたことは一度もない」と述べています。また、租税に関しては、所得に応じて同一の税率をかける比例所得税を提案し、所得が高くなるにつれて税率があがる累進課税は、労働者や会社経営者の勤労意欲を減退させるとしていますが、自由放任主義からは距離をおいています。功利主義とは制度やルールを改善していくことであり、ミルの経済学においては実証性と規範性が共存しています。そして、富の公平性、女性の権利や教育を受ける権利が、ミルにとっての重要な社会問題でした。

　ところで、法と道徳との関係をめぐる問題や、必要条件であるかどうかは別として法には強制力を伴う点から、法が個人の行動に対して干渉できるのはどのような根拠に基づくのかという問題が生じます。

　この問題でよく引用される考え方の1つとして、ミルが提唱した危害原理があります。すなわち、ある個人の行動の自由を制限する際に、唯一可能なのは、その個人が他人に対して危害を加えることに抵抗することだけです。いいかえるなら、個人の意思に反してその行動に干渉できるのは、個人が他者に対して何らかの侵害を加えることを防止するためであるからです。

　しかし、古典的な自由な社会であればともかく、社会における経済的な弱者を保護するという観点が強調される福祉国家の思想が広まった社会では、このような根拠だけで説明し切れないという問題点があります。

　これに対し、法と道徳とが全く無関係でないことを前提に、法が行動に干渉する根拠について社会道徳それ自体の維持を強調する見解があり、**法的道徳** *legal moralism* と呼ばれます。この見解を貫くと、法理論とそれを保持する法律の哲学は、それが道徳的であるかどうかについての社会の集合的な判断に基づいて行動を禁止または要求するために利用されることになります。具体的には、個人の行為が他者に対する侵害を伴わない場合であっても、反倫理的という理由により干渉することが可能になるため、個人の自由な領域の確保という問題が生じます。さらに、強い立場にある者が、弱い立場にある者の利益のためだとして、本人の意志を問わずに介入・干渉・支援することを正当化する**父性主義** *paternalism* の考え方があり、一般論としてこの根拠を肯定できる場合がありうるとしても、細かな点につきさまざまな問題があります。特に、それが肯定されるのは、法によって介入や干渉を受ける個人が自らの行動につき適切な判断能力を欠いている場合に限るか否か、ということが問題となります。また、この見解を徹底すると、自分の生き方や生活について他者からの干渉を受けることなく自らの事について決定を下すことができるという自己決定権を侵害していないかという問題が生じます。

　バーリンが言う消極的自由とは各個人による活動が他人によって干渉されない状態であり、また自分のありたいようにある状態です。個人の自由を最

大化することと同時に政府の権力を最小化することを主張するリバタリアニズムの立場はこの消極的自由の原理を重要視しています。この思想の前提には自己責任の考え方があり、個人は自らの身体から生み出される労働や財産の所有者であるために自由にそれらを処分できます。

　一方、積極的自由の積極性とは自分自身を自分の意思的行為の道具でありたいという願望に起因します。この積極的自由は民主主義における政治参加に結びつきます。すべての各人が自身の主人であるならば、政府は各個人を奴隷に貶めることは許されません。つまり、ルソーの社会契約論に基づいて再解釈すれば、積極的自由の規範は共同体の公共善を優先する一般意志に基づいて各個人が政治参加することを意味しています。

　バーリンは民主主義において多数者が積極的自由に基づいて専制的になり、結果として消極的自由を侵害する危険性を危惧しており、消極的自由を権利として保障する意義を主張したのです。

　また、スミスの自由論は、想像力により立場を置き換えてみる立場の交換という視点からなされています。この立場の交換からの共感により公平な観察者の共感に至ることが可能となり、正義の根拠はこの公平な観察者の同意と自己規制によって与えられることになります。

　これらの消極的自由の社会思想に対して、20世紀も半ばを過ぎてジョン・ロールズにより社会契約理論は、道徳的および政治的理論としての勢いを取り戻しました。

　ジョン・ロールズは1971年に発表した『正義論』において、社会における社会的に公正な物の分配という分配的正義の問題に取り組んでおり、カント哲学と従来の社会契約理論を応用しています。ロールズの正義論は、他の分野で論じられている形式の正義とは対照的に、政治的な正義論です。結果として得られた理論は、最初の出版の後、何十年もの間に、挑戦され洗練されてきました。1985年の論文「正義としての公正」において、ロールズは彼の2つの原則をさらに発展させました。

　原則1、彼らは社会がその構成員に最大限の自由の量が与えられるように構成されるべきであると命じ、ただ一人の構成員の自由が他の構成員の自由

を侵害してはならないという概念によって制限されます。原則 2、社会的ま
たは経済的な不平等性は、最悪の利益が平等な分布の下にある可能性よりも
有利である場合にのみ認められるべきです。最後に、そのような有益な不平
等があるならば、この不平等が資源をもたない人びとにとって権力の地位、
例えば公職などを占めることを難しくするべきではないのです。

　ロールズは自由と平等の原則的な和解を、秩序ある社会の基本構造に適用
するべきであると主張しています。この取り組みの中心となるのは、ヒュー
ムに触発された正義の状況と、そのような状況に直面している政党のための
公正な選択です。正義の原則は、当事者の行動を導くために求められていま
す。これらの当事者はある程度の希少性に直面していると考えられてお
り、彼らは通常、利他的でも純粋に利己的でもありません。彼らは前進しよ
うとする目的を持っていますが、相互に受け入れられる条件で他の人びとと
の協力を通してそれらを前進させることを望んでいます。ロールズは、当事
者が相互に容認される正義の原則を仮想的に選択するという公正な「無知の
ベール」を伴う「元の立場」のモデルを提供しています。そのような制約の下
で、ロールズは「善意」の正義原則が、功利主義者と右翼ならびに自由主義
者の主張を含むさまざまな代替案より優れていて、魅力的であると見なして
います。

　ロールズは社会契約の伝統に属していますが、彼は以前の思想家のそれと
は異なる見方をしており、彼が「元の位置」と呼ぶ人為的な装置の利用を通
して、正義原則を展開しています。その中で、誰もが「無知のベール」の後
ろから正義原則を決定します。この「無知のベール」は本質的に自分自身に
関するすべての事実に人びとを盲目にするものであるので、彼らは自身の利
得に原則を合わせることができません。ロールズによると、自分自身に関す
るこれらの詳細を知らないことは、誰にとっても公平な原則につながります。
個人が自分の想像した社会にどうやって行き着くか分からないのであれば、
彼はおそらくある階層の人びとに特権を与えるつもりはないが、むしろすべ
てを公正に扱う正義の体系を発展させるだろうとロールズは考えます。特に、
彼は、「元の立場」にいる人びとはすべて、最も裕福でない人の期待利得を

最大にするマキシミン戦略をとると主張しています。「元の立場」から原則を導き出した後に、ロールズは善の完全な理論を展開します。彼は、「元の立場」にある当事者はそのような2つの原則を採用し、それが権利と義務の割り当てを管理し、社会全体を貫く社会的および経済的利得の分配を規制すると主張しています。格差原則は、それらの不平等が社会の最悪の構成員に利益をもたらす場合にのみ、商品の分配における不平等を許容します。ロールズは、この原則は「元の立場」にある代表的な個人にとって合理的な選択であると次のような理由で説明します。すなわち、社会の各々の構成員は彼らの社会の財に対して同等であると主張します。自然の属性がこの主張に影響を与えるべきではないので、それ以上のことが考慮される前に、どんな個人の基本的な権利も物質的な富の等しい分け前になるに違いありません。

「元の立場」に由来する合意は、仮想的で歴史に拘束されていないものです。派生する原則は、特定の正当な条件の下で両当事者が同意するものではなく、同意するものであるという意味で仮想的です。

ロールズは、正義の原則によって人びとが「元の立場」の仮説の状況にあった場合に合意されるものであり、その結果として、それらの原則が道徳的な意味をもつという議論を展開しようとしています。これは、合意が制限された実験的な演習の外の現実の世界で導き出されたこと、または実際に導き出されたことが想定されていないという意味で歴史に拘束されていないのです。

ロールズの『正議論』は、普遍的な正義を演繹しようとしているように見られますが、よく考えるとアメリカ社会にくらす人びとの道徳的な感情を前提としており、共有されている正義の感覚を洗練させているに過ぎません。ロールズは、実際にどのような社会環境に生まれるか分からない「無知のベール」を仮定し、合理的な判断を下すという社会制度を選択するというモデルを提示しています。そして、そのモデル分析から、2つの原理を導き出しています。しかしながら、この結論の妥当性は、現在のアメリカ社会にくらす人びとがもつ「常識」を反映しています。なぜならば、「無知のベール」に覆われていても、判断する人びとに共有されている一般的な事実についての情報において解釈が異なるとすれば、合理的な選択が導かれる保証はなくなる

からです。さらに、正義を公正性から解釈することは、行為や制度の社会的な望ましさは、その結果として生じる有用性によって決定されるとする功利主義における効率としての正義の概念と対立しています。効率としての正義の問題点とは、社会の成員をすべて同一視してその個性を排除し、また充足させる欲求の性質も効率的であれば区分されません。

　格差原理に対する功利主義者の反論は、それが効用を最大化しないということです。正義論において、ロールズは功利主義を彼自身のものとの比較のための主な理論として使っているので、彼はこの功利主義の反対に長々と答え、功利主義に優先して彼自身の福祉主義の理論を展開しています。

　リバタリアンは、格差原則が自由に対する容認できない侵害をふくむことに反対しています。例えば、格差主義は貧しい人びとへの再分配課税を要求するかもしれず、そのような課税は公正な持ち株の不道徳な奪取をふくむと一般的に反対しています。

　格差原則は、人びとが自分たちの行動に照らして特定の経済的利益に値するという主張をほとんど無視しているという理由で、主要な分配原則としても批判されています。

　砂漠にくらす人びとは、たとえ彼らの不平等な報酬もまた、最も恵まれない人びとの立場を改善するように機能しないとしても、彼らの勤勉さや貢献のためにより高いレベルの財に値すると主張するかもしれません。彼らはまた、格差原則は、人びとが多かれ少なかれ有利なグループに入るようになった方法についての説明がこれらの立場の公正さに関連する場合にはその説明を無視すると主張しています。さらに、「元の立場」と「無知のベール」の設定によると地理的な環境の度外視によって、道徳的に関連のある情報が除外されてしまっています。

　また、資源に基づく原則の支持者は、それが個々人のもっている大望や野心を配慮していない、すなわち人びとの選択の結果を配慮してはないという根拠に基づいて格差原理を批判します。彼らは、また、それらは、十分に富裕層の「寄付」を斟酌していないと主張します。さらに、理論を実践に適用することも困難です。マクスミン原則によって彼らにどのような行動が要求

されるかを定式化するために、人びとが「無知のベール」の元の立場に立つ
ことは不可能ではないにしても困難です。ある人びとは、人びとが「無知の
ベール」を仮定し、2つの原則の下で活動するのに十分に合理的であるかど
うかについて疑問を投げかけます。さらに、この理論は社会の内部の問題に
対処するために生み出されたものであり、特定の他者を含む個人の意思決定
にその原則を適用することは困難です。

　上述の原則を批判して、これらの2つの原則が恩恵を最小にするために不
平等と苦しみを許容または要求することができる限り、功利主義に類似して
いると主張している人もいます。

　法や文化は経済構造に規定されていると主張するマルクスならば、社会契
約理論は資本家階級・ブルジョアジーの上昇にとって良い政治理論であると
付け加えるかもしれません。社会契約論は、政府と個人の権利に関する契約
に基づいて構築された社会を生み出すからです。そして、特に経済活動にお
いて、幅広い自由な選択範囲を個人に保証します。

　しかしながら、その法律に基づいた、権利に基づいた社会は、ルソーを例
外として、共同体の成立とその持続性を困難にし、共同体における秩序ある
安定を非常に困難にします。個人は社会契約に署名したことは一度もないが、
彼は彼が住んでいる地域の政府によって統治されることに同意しているとい
うロックの理論は、「暗黙の同意」によって機能することになります。彼は
ある国に住んでいてその法律に従い、その権利と財産権を承認していると、
ロックは暗黙のうちに同意し、ホッブズの理論においては、個人が政府の法
に従う限り、個人は社会契約に署名していることを明らかにしています。

　ところで、リベラリズムやリバタリアニズムが個人を優先するのに対し、
歴史的に形成されてきた共同体の伝統の中でこそ個人は人間として完成され
生きているという、共同体主義者・コミュニタリアンの立場からは、ある共
同体のなかに共通する善き生き方と切り離された形で正義を考えることはで
きないという反論があります。ノージックなどリバタリアニズムの立場か
らは、個人の能力の違いを制度によって矯正することは個人の権利を侵害す
ると反論が行われ、平等主義的な再分配の原理に批判が加えられました。

　これら批判に対してロールズは、1993年に『政治的リベラリズム』を発表しています。

　人びとがくらす社会においては、公共的ルール下での強制的な秩序が必要であり、法と道徳との関係という観点からも問題になりますが、法を法たらしめている要素として、規範が正義に合致することが必要であるか、「悪法もまた法」であるかという問題があります。

　自然法の立場によれば、正義に合致していることが法を法たらしめている根拠であるために、実効的に成立した実定法は、自然法が求める正義に合致しないときには無効になります。一方、法実証主義の立場によれば、人為的に定められた法、またはある社会で実効的に使われている法である実定法は、その内容に関わらず法であり、それゆえ「悪法もまた法である」ということになります。

　ヨーロッパ大陸において、道徳判断から帰納的に求める『正義論』を探求する試みもあり、この手法はカント的構成主義と呼ばれています。カント的な構成主義において人びとは自由に正義の構想を形成する道徳的な人格であり、社会は当事者の合意によって成り立っています。法実証主義に見られる方法二元論をカントから引き継いだのがケルゼンで、新カント派に属するケルゼンは方法論上、法の認識における、事実と規範の徹底した分離を主張しています。これによって、事実とは完全に切り離された、純粋な規範の体系の探求としての純粋法学を誕生させています。

　ところで、ヒュームから事実と価値の分離論を引き継ぎ、功利主義の立場から自然法の思想および慣習法を批判したベンサムの理論は、オースティンの法または道徳は究極的には主権者の命令に他ならないという主権者命令説に引き継がれ、分析法学の基礎を築くものとなりました。このため、分析法学の学統を受け継ぎそれを再興したハート以来の英米系の法哲学では、法とは、刑罰という脅威によって裏付けられた主権者による命令となります。人の行為に対する公的な支配である「一次的ルール」と、その発生、変更、消

滅の権限を付与する「二次的ルール」、さらに、法的妥当性のある規範とそうでない規範とを峻別する社会的ルールを提唱しました。

　英米系の法実証主義は、法の存在条件を社会的事実に求め、価値の問題を「あるべき法」を探求する正義論へと留保しています。この立場の法実証主義では、それが正義や善といった価値から法を切り離してしまう「悪法も法なり」であるので、悪法に対する批判的な態度を失わせてしまいます。しかし、法実証主義は、法の認識と法の評価という法の価値の**峻別**を主張しているだけであり、法における価値論の**放棄**を説くものではありません。

　一方、カントを引き継ぐ大陸系の法実証主義は、ケルゼンに見られるように法の体系内において、法の「事実とは切り離されるべき規範性」を強調します。この見解によれば、法と道徳は、相互に独立した2つの価値体系で、正義とは道徳の一側面であり、学問的厳密性に堪えない非合理的な理想となります。

　現代の法実証主義の一般的な考え方によると、法律は人間の命令であり、法と道徳の間、すなわち、法とそれが本来あるべき姿との間に必要な関係はない。また、法的な概念の分析または意味の研究は価値があり、法の歴史や社会学、ならびにその倫理的な価値または社会的な目的または機能に関する批判または法の評価とは、区別されるべきであるとしています。そのため法制度は、社会的な配慮を行うことなく、事前に決められた法的規則から正しい決定を導き出す閉じた論理的な制度です。道徳的な判断は、事実の陳述とは異なり、合理的な議論、証拠、または証明によって確立または擁護することはできない、となっています。

　他方、法と道徳との間には重なり合う部分があるとして、法を法たらしめるためには、違反した者に対して制裁を加えることにより強制できる建前になっていることが要求されるかという問題があります。法は一定の行動がある場合には刑罰、司法上および行政上の強制執行などの刑罰が発動されるべきということが法命題として定められている必要があります。これに対し、法の強制的な性質を承認するとしても、強制的手段を伴うことは必ずしも必要ではないとする見解もあります。なぜなら、強制が法の要素であることを

肯定した場合、一般的には法と呼ばれない規範であっても、その違反に対する制裁が、いわゆる村八分やある団体における内部規定などがあるため、このようなものを法の概念から排除する必要が生じます。そのため、強制が組織化されていることを要求する考え方があります。

　また、強制との関連で、国際法は法であるかという問題が生じます。国際法は、その強制という点では、国内法と比較して組織化において未発達で、強制力を伴わない実定法的な道徳に過ぎないという考え方もあります。もっとも、第二次世界大戦後には国際連合や欧州議会といった国際組織の整備が進むことにより、国際法の法的な性格が強まっているとも言えます。

第3章　市場経済

柳田辰雄

　2018年1月、発展途上国の商品を適正価格で取引しようとするフェアト
レード運動を促進している国際非政府組織 NGO オックスファム・Oxfam
International は、次のような報告書を発表しました。

　世界において1年間に生み出された富のうち82パーセントを最も豊かな
1パーセントが独占し、経済的に恵まれない37億人は財産がふえなかった、
というのです。

　資本主義市場経済においては、富の偏在によってさまざまな商品やサービ
スへの需要が不足し、世界経済の停滞と多くの人びとが働きたくても雇用さ
れない経済環境にあり、国際社会が不安定化しています。

　現在、人類の経験と叡智によって生み出された市場を、人類のさらなる幸
福にいざなえるように、それにふさわしい思想、宗教や文化からの新たなる
国際社会における「常識」の創造が待望されています。国際社会において資
本主義市場への懐疑が、社会主義における私有財産への先見的な忌避、禁欲
主義からの物質的な繁栄そのものへの軽蔑、自由な市場を通してのごく少数
の資産家への富の集中に対する平等主義からの反感などにより、権威主義的
な指令経済が、経済的な利益をより良く分配できるという主張が再び声高に
叫ばれるようになってきました。

　以下では、先進諸国における自由主義思想の変遷や、市場の働きを理解することによって、これからの社会における市場の役割を展望します。

1　消極的自由としての自由放任

　近代社会の自由主義は、17世紀にフランスで生まれた民主主義にイギリスの伝統である個人主義的な自由が加わって成立しました。自由や平等は人間における生まれながらの権利であり、国家の秩序はこの基本的な人権に基づいて維持されなければならないというフランス革命の思想は、人間の魂は神の前で自由で平等であるというキリスト教の信仰を離れてはありえません。

　人格的な自由という自由主義の理念はイギリスにおいてはじめて表明されており、イギリスは18世紀を通じて羨望の的となった自由の国でした。

　18世紀初期の自由主義は、宗教的な寛容に代表され、宗教戦争を狂信による愚行と見なしました。この時代の自由主義は通商と産業を高く評価し、勃興しつつあった中産階級である産業資本家を支援しつつ、財産が所有者自身の労働によるものとして、財産権の確立に力を注ぎました。このような社会状況が1694年の英国銀行の設立や1709年の東インド株式会社の創設の背景にあります。

　ところで、資本主義社会の礎である市場や貨幣は、もともと国家の枠組みなしでも機能しますが、国家の下でその力をいっそう発揮してきました。市場とはいうまでもなく人びとが商品を交換するところで、物と物を交換する場として成立したのですが、貨幣が登場することにより物と貨幣を交換する場へと発展しました。

2　資本主義

　資本主義とは利潤を永続的に追求していく経済活動です。商業資本主義の時代には、気候風土をふくめた地理的な差異から異なる商品の取引を行うこ

とによって超過利潤が生み出されました。イギリス人ウイリアム・シェイクスピアが、『ベニスの商人』において中世のベニスを舞台にユダヤ人、シャイロックの貿易商人への金貸しにまつわる悲喜劇を著したのは16世紀末です。オランダの東インド会社は1602年に設立された世界初の共同出資方式の会社で、当初は航海ごとの利益分配方式をとっていました。この時代における資本蓄積により、産業革命をともなって産業資本主義の時代が到来しました。この時代には労働の一人当たりの生産性と実質賃金率の差異から、超過利潤が生み出されていました。この実質賃金率とは、会社から労働者に支払われる1時間あたりの名目賃金を物価水準で割ったものです。

　18世紀後半に出版された『国富論』において、アダム・スミスはすでに、労働こそが富の源泉であることを的確に捉えています。さらに、社会全体における分業と協業による取引の利益を明らかにしています。

　現代のポスト産業資本主義の時代においては、差異性を意識的に作り出して超過利潤を生み出しています。差異性を意識的に作り続けられる産業とは、映画、音楽、テレビゲーム、服飾に関わるブランド商品やアニメなどの産業です。そして、19世紀の世紀末にヴェブレンは、『有閑階級の理論』において「消費」は、見せびらかしの余暇とブランド品などの浪費としました。この「消費」こそが、他者の消費との差異もたらし、そのことによって効用が人間にもたらされることを明らかにしました。他者との差異を求める欲望には限界がありません。

3　市場機構

　資本主義社会の基盤である市場や貨幣は、もともと国家の枠組みなしでも機能しますが、国家の下でその力をいっそう発揮してきました。市場はもともと、物と物を交換する場として成立したのですが、貨幣が登場することによって、物と貨幣を交換するつなぐネットワークであり、地球規模まで無限に拡大する性質をもっているのです。

　市場が自生的に発生したものでなければ、人類史上最も偉大な発明といえ

48

ます。ハイエクは市場を自生的な秩序の1つであると見なしており、この自生的な秩序とは、人類のある集団が自然発生的に採用し、試行錯誤を長年繰り返すことによって定着させてきた行動規範の体系のことです。この見方によると、法や道徳は、言語や貨幣という媒体を通して生成し、進化している秩序です。

　市場経済においては、人びとが消費する商品・サービスか、生産する会社のための資本財かを問わず、生産量や消費量と、その結果としての所得の決定は基本的に市場原理によって行われています。組織化された市場では、さまざまな商品やサービスの価格が上下に緩やかに変動することによって、個々の売り手と買い手が払わなければならない情報の費用を大きく節約しています。この価格メカニズムを使う市場は、社会全体において多様な商品の適切な生産量と消費量を決める情報を節約し、計画のための莫大な費用を低下させています。奴隷制および封建制社会においても、主として資本制ではない様式で生産された商品を、これらの共同体の内部またはそれらの共同体どうしで、市場を通じて商品の交換を行なっていました。

　市場経済では、まず財産権の下私有財産をもつ権利が保障され、それに基づいて分権的な形で生産と消費が行われています。分権的というのは、政府の計画に基づいて行動するのではなく、政府から独立して会社や個々の家族や個人が自由に意思決定を行っているということです。私有財産が保障されていることにより、個人や会社がもっている財産が他人によって不法に奪われたり、また没収されたりすることはありません。ましてや、政府によって、不法に土地を接収されてしまうようなこともありません。財産を自由に処分する個人の権利が制限されることがない私有財産制の下では、さまざまな商品の生産への特化により分業が発達し、商品の交換が活発になります。分業によって個々の職人の専門的知識が深化し、生産の効率がよくなることで、商品の交換からえられる利益が高まります。このような市場の発達と拡大は、さらに分業や専門化を促してきました。どの程度の分業が進むかは、市場がどのぐらい大きいかに依存しています。

　もし市場を使わないで無数の商品の価格を決めようとすれば、政府は人々

が必要とする多くの商品・サービスにおいて、価格をさまざまに変えた場合の需要量を調べ、コンピュータを用いて連立方程式を解かなければなりません。政府がすべての商品の生産量と消費量を決めようとすれば、過去に旧ソビエトや東欧の社会主義政府がそうしたように、ごく限られた情報に基づいて政府が決めた消費量や生産量を会社や国民に押しつけることになります。そうなると供給を上回る需要がある商品を売る店には人々の長蛇の列が、そうでない商品を売る店には閑古鳥がなき、在庫が積み上がることになります。

　市場機構のもう1つの特徴は、多数の会社や個人の間の動態的な競争です。市場における競争は、利己的な動機に基づいて行動する人びとを目覚めさせ、市場の動向を観察することによって、人びとがほしがるものを、その人たちがほしがる量だけ、市場で取引されるであろう価格をつけて販売することになります。別な見方をすれば、市場とはお金による投票制度で、人びとの欲求に応えかつ品質の良い商品に、人びとは多くの貨幣を投入することになります。ある人が一票を入れることにより、その商品の価格はあがり、生産者にはより多くの収入がもたらされます。価格があがると収入がその費用をこえ利潤をもたらしますから、生産者に生産を拡大するように信号を送ることになります。生産者は利潤をふやして自分の所得をふやしたいので、この信号に素早く対応します。もしこの生産者の対応が遅れれば、他の多くの生産者がより早く対応して、類似の商品やサービスの生産量をふやしてしまうことによって、対応の遅い生産者を市場から退出させてしまいます。

　もし商品の品質を一定にし、数も制限するとすれば、社会主義の計画経済においても適切な価格が決定され、それにみあう生産量と消費量を決めることが可能となるでしょう。商品の品質と種類が一定ならば、政府が毎年少しずつ情報を集めていくと、いつかは必要な情報の大部分を入手できるからです。しかし商品の品質と数が一定という前提は、現実の高度に発達した社会においては現実的ではありません。なぜなら現代では毎日のように新製品が開発、発売され、また多くの種類の商品が時代遅れとなり、泡のように消えていきます。これは市場経済において新製品や既存の商品の販売をめぐって激しい競争が行われているからです。

　市場におけるさまざまな商品の価格は、単なる抽象的な数字に過ぎませんが、消費者の貨幣による毎日の投票によって絶えず変動します。こうして、市場はその変動を通じて適切な量の生産と消費が行われるように絶えず微調整を行っています。市場は、先に述べた連立方程式を一挙に解くことはないのですが、生産者と消費者のフィードバックを通じて適正な価格に限りなく近づいていきます。市場経済においては、社会主義国における計画当局のように膨大な情報を集めて、誰かが全体として正しい価格や生産・消費量を決定する必要がなくなります。例えば、生産者はある商品の価格とこの商品の生産に必要な原材料の価格や賃金さえ分かれば、基本的に生産をふやすべきか、へらすべきかが分かるのです。価格の変動が小さい場合には、会社がもつ原材料や商品の在庫の変動が需要と供給の差を調整しています。

4　中央銀行の出現と管理通貨

　17世紀末にはイギリスにおいて多くの銀行が裁量的に発行する金や銀と交換できる兌換銀行券が現れ、1930年ごろまでには先進国では、中央銀行券という紙幣による管理通貨制度が成立しました。しかしながら、市場に安定した貨幣を供給し、市場参加者に貨幣共同体への永続性への信頼を維持するためには、安定した短期金利の変動の下での安定した銀行経営と、情報の非対称性の下での第三者機関による銀行業の監視・監督が不可欠となっています。

　物としての金や銀が貨幣であった時代において、マルクスは『資本論』の「世界貨幣」において以下のように述べています。

　　17世紀中頃、貨幣は、国内から海外に出るとともに、その国での価値尺度としての鋳貨、補助貨幣の形態を脱ぎ捨て、貴金属の本来の地金形態にかえることになる。世界貿易においては、商品はその価値を世界的に展開しなければならない。したがって、それらの商品の独立した価

値形態は、商品として、世界貨幣として、また対峙することになる。世界市場ではじめて、貨幣は充分な範囲で商品として機能する。そしてこの商品の自然形態が、人間労働の社会的な実現形態である。国内の流通においては、価値尺度、したがって貨幣として用いられうるのは、ある一つの商品だけである。世界市場においては二重の価値尺度である金と銀が支配的となる。

　1844年イギリスでは、銀行条例により国内で貨幣として機能する貴金属だけを流通させようとし、イングランド銀行に銀行券を銀地金に基づいて発行することを許しました。このとき、通貨の発行銀行としてのイングランド銀行の地位が確立しました。金本位制を採っていた国はすべて通貨の価値を金で規定していたので、ある通貨と他の通貨との間の交換比率である為替レートは固定されていました。

　ところが、1930年代以降に金融市場が整備され、世界の先進諸国においては、管理通貨制度が採用されるようになりました。この制度においては、ある1つの国の経済圏において、商品・サービスの取引のために利用される通貨・貨幣は、中央銀行券すなわち紙幣となったのです。したがって貨幣の供給は各国の中央銀行によって管理されることになりました。貨幣はようやくそれ自体が希少性という価値をもつ金銀から解放されて、取引相手の誰もが受け取ってくれるという一般受容性を、国家という権威によって与えられた紙幣となったのです。この一般受容性が、ある国の司法・行政制度に支えられたものであることはいうまでもありません。通貨発行権をもつ人が振り出した紙幣を他人が受け取ってくれるのならば、富の蓄積が可能になることは容易に理解されますが、他方で通貨・貨幣発行権の掌握によって生じる富と、その分配に関する権力関係はベールの下に隠されることになりました。

　管理通貨制度が最初に完成したイギリスにおいては、民間銀行による自由な貨幣発行から生じる金融混乱を避けるために、法律によってイングランド銀行による貨幣の発行の独占が実現しました。ちなみに、イングランド銀行は、1946年に労働党の政権下で国営化されました。

しかしながら、イギリスにおいて、イングランド銀行は1998年に独立した公的機関となり、政府に代わって法務大臣の所有に変更されてしまいました。現在、イングランド銀行は、金融政策の決定において独立性を維持していると見なされています。また、ロンドンのシティの自由化にともなって1997年に設立された、投資規制機関、生保・投信規制機関、金融仲介・管理・ブローカ規制協会の3つの金融機関が統合されていた金融庁は2013年4月に廃止され、権限は金融政策委員会に委譲されています。この解体には、2008年にリーマンショックに端を発する世界的な金融危機に、上述の3つの金融機関が首尾よく対処できなかったことが影響しています。

5　スミスの政治経済学

1776年にイギリスのスコットランドにおいてアダム・スミスは『国富論、諸国民の富の性質と原因に関する研究』を出版して、経済における自由な商品の取引において市場を通じた「みえざる手」により社会の調和がもたらされることを主張しました。注意すべきことは、スミスはこの本の中で「自由放任」については直接には言及していないことです。

自由放任 laissez-faire とは、制限的法律、租税、関税や政府の独占をふくみ、個人や会社間の取引に国家からの介入がない状況を表しています。歴史的には、自由放任の思想は、18世紀後半における重商主義を批判した重農主義から始まっています。

アダム・スミスは、『国富論』において「あらゆる国民の年々の労働は、その国民が年々に消費する一切の生活必需品および便益品を本源的に供給する資源であって、この必需品および便益品は、常にその労働の直接の生産物か、またはその生産物でほかの諸国民から購買されたものかのいずれかである」と書き、政府の介入をともなう重商主義政策を批判して、産業資本家の権限を強めるべく自由貿易を提唱しました。このスミスの分析には重農主義の影響がみられ、労働こそが富の源泉であることが的確に捉えられており、社会全体における分業と協業による取引の利益も明らかにしています。すなわち、

彼は市場における価格機構を通じた情報のフィードバックによって社会における分業と協業を説明したのです。

またアダム・スミスが『国富論』において「みえざる手」と呼んだものは、この市場機構そのものであり、社会の予定調和・ハーモニーはさまざまな商品やサービスの価格が需要と供給に応じて上下に伸縮的に変動することによって達成されます。すなわち、人びとが自己の欲望にしたがって、社会においてさまざまな商品を生産し消費を行う社会が、思いやりをもつ利他主義的な共同体における経済システムより生産量と社会調和において優れていると主張したのです。

スミスはまた国家が行うべきことを、防衛や司法と交通、通信や教育などの社会資本の整備・維持に限ることを提唱しました。スミスの重商主義政策への批判は、貨幣政策、関税政策、租税改革および国債の発行等について展開されています。重商主義は絶対王政の下で貿易により財貨をえることで一国の富を増大させようとしたが、その政策の結果として、逆に貨幣である金が大量に国外に流出し、軍事支出の増大とともにイギリス経済を疲弊させました。批判の対象としたのは金の改鋳であり、スミスは、政府の介入という関税の撤廃、そして、租税改革と戦費の調達のための国債の発行の停止を求めたのでした。

スミスは社会が権威と功利の原理によって形成されているとし、法は社会にとって重要であり社会の主柱であるとみなしましたが、他方で法はさらに根底において共感を必要とします。この共感こそが社会にとって重要なのです。市民社会を分業と協業による市場の発達に求めたスミスは、市場における交換に共感の働きを見ていたのです。いいかえると、『道徳感情論』も出版しているスミスは、共感の原理を利己心と利己心をつなぐ原理と考えていたのです。

6　マルクスの政治経済学

19世紀の中頃にマルクスとエンゲルスは『共産党宣言』を公刊して、新た

54

な社会の秩序は、労働者階級の資本家階級への闘争によって達成されるとする革命論を展開しました。さらに、マルクスは、「経済システムは必然的に資本主義から社会主義に移行する」とするマルクス経済学の聖典となる『資本論』の第1巻を公刊しました。彼は『資本論』において、古典派の経済学を受け継ぎ、経済の動きは物質という財・商品の生産と消費という流れで捉え、政治や文化という上部構造は、資本制生産様式からなる下部構造によって規定されているという唯物史観を提唱しました。また、この資本論はリカードの1時間の労働がもたらす価値はすべての労働者において同等であるとする投下労働価値説に基づいて、労働が投入されて生産される商品の価値を測りました。したがって、会社によって商品の生産のために使われる労働に支払われる賃金が、その労働により生産された商品の取引価格より低い場合に、その差額の利潤が、資本家による労働者の搾取になっているとマルクスは主張しました。

　そして、20世紀の前半には、ロシアの革命家レーニンによる『帝国主義論』がチューリヒで刊行されました。自由な競争段階にあった資本主義において生産の集積がおこり、銀行が産業を支配するようになります。銀行と産業が融合した金融資本が成立し、経済だけでなく政治や社会のすみずみを支配する独占体制が出現しました。巨大な生産力を獲得した体制に対し、大衆は貧困な状態におかれたままになり「過剰な資本」は国外へ輸出されることになりました。この資本輸出先をめぐり欧米列強の間での激しい、競争が行われ、やがてこれは世界のすみずみを列強が分割することになり、世界に辺境はなくなりました。資本主義の発展は各国ごとに不均等であり、新興の国家独占資本主義国が旧来の資本主義国の利権を打ち破るために再分割の闘争を行うことにもなり、第一次世界大戦を引き起こす要因となりました。

7　ケインズの政治経済学

　ジョン・メイナード・ケインズは、世界が大恐慌からの脱却にあえいでいた1936年に『雇用・利子および貨幣の一般理論』を出版し、経済学において

金融市場を体系的に分析することを初めて可能にしました。この本は、1917年にロシアのプロレタリアート革命が勃発し、その足音がヨーロッパ世界に近づいていた時代に、ヨーロッパの自由主義を守るために書かれた福音の書でもあったのです。

トインビーは『試練立つ文明』の「文明と文明との遭遇戦」において以下のように述べています。

　　ロシア人は一個の西欧産の世俗的社会理論、マルキシズムを採りあげました。考え方によって諸君は、マルキシズムとはキリスト教の一個の異端、キリスト教という一巻の書物から引き裂かれた一頁、しかもそれが福音全体であるかのごとく取り扱われた一頁とよんでも同じであります。ロシア人たちはこの西欧産の異端的宗教をとりあげ、これをともかく自家の薬籠中にまるめこみ、こんどは逆にわれわれに向かってこれをしきりに投げつけているのであります。これが反西欧的な逆攻勢の第一撃であります。

　すでに株式会社が全盛となっていた時代には、多くの独立した農民が自立して農業を営み、投資される資本のほとんどが銀行からの融資や自己資本で賄われる中小企業の経営者を中心とした経済を描き出すだけでは、もはや不十分になっていました。

　株式会社とは未来に投げ出されている資本において、投資リスクを株主の間で分散させ、経営者に無限の責任を追及しないという制度です。株式会社は株式を市場において売り資金をあつめて、才能をもった経営者が経営を行うことによって会社の資本を所有する株主との分離が行われました。さらに、所有者である株主は経営者同様に、会社の負債に対しては有限責任ですむようになりました。この株式会社の登場は、金融市場の革新をもたらし、資金の提供者と需要者、黒字主体と赤字主体の乖離をつなぐ証券市場の発達を促しました。

　倹約、健全な精神、公共への義務と規律などのヴィクトリア王朝の気風を
もったケインズは、資本主義の危機を超克するために、古典派の経済学を包
括する新たな経済理論を創設することによって、自由放任を拒絶しつつ、資
本主義体制の新たな制度設計を提示しました。マルクスは、恐慌と不平等ゆ
えに資本主義を否定し、プロレタリア革命による新たな社会を目指したので
すが、ケインズは財政・金融という経済政策によって、労働者の完全雇用を
達成しつつ、より豊かで自由な社会を実現することを目指しました。いいか
えるならばケインズは『雇用・利子および貨幣の一般理論』を刊行すること
によって、自由放任主義の終焉を宣言するとともに、財政・金融政策によっ
て、社会システムを緩やかに管理する経済理論の再構築を試みたのです。

　マクロ経済モデルの特徴は以下のようになります。財市場においては、需
要と供給の差の調整は、アダム・スミスが想定したような価格調整ではなく、
ケインズの師であるマーシャルが考えた数量調整によって達成されます。具
体的には、さまざまな商品の需要量と供給量との差は、主に在庫水準の変動
によって調整されます。また、金融市場においては、人々が与えられた所得
の下で、貨幣と債券に金融資産の保有量を決めることから金利が決定されま
す。さらに、労働市場においては、名目賃金率を所与として、実質賃金率が
労働の限界生産力と等しくなるように各々の企業の経営者が雇用量を決め、
同時に、一般物価水準が決まっています。この経済体系の中で決まるのは、
国民総生産・所得、利子、一般物価水準と経済全体での雇用量です。ある水
準に雇用量が決まると同時に、歴史的に与えられている技術によってこの経
済全体の生産・所得が決まる構造になっています。

　ケインズが描き出した世界は、アダム・スミスが説明した予定調和からは
かけ離れて、常に失業者がうらびれた街角をさまよう社会でした。マルクス
が資本論で物語ったように、過度の資本蓄積によって生産能力が常に商品へ
の需要を上回り、有効需要の不足から経済が常に停滞する社会でした。西部

邁によると「自由と計画の折衷は、ケインズにあって、かつてなく緊張をはらむものであった」となります。

　しかしながら、名目賃金率が労働の団体と経営者側との交渉などによって変化しはじめると、この経済システムは奇妙な動きをすることになります。ケインズ経済政策の中期の有効性は、すでに雇用されていた労働者が、失業している労働者にどの程度の実質的な所得再分配を行う用意があるかに関わっていました。すなわち、ケインズが考案したマクロ経済体系においては、政策の結果、やや物価が上昇したにも関わらず、それ以下の名目賃金率の上昇しか労働組合が要求しないということが暗黙裡に前提されていました。

8　ハイエクの政府による強制からの自由

　慣習や習慣を含む制度の安定的進化への信頼が、自生的秩序としての市場であり、言語なのです。

　ハイエクは、社会のルールの多くは人間の意図的な制作物ではないが、ルールに従うことが公正であり正義となると言います。人間の自由はルールの制約のなかにあります。人びとの行為を動機づける感覚的な属性の安定した諸観念から出発し、これらの諸観念を構成して自生的秩序なる社会構造を解明しようとしたハイエクは、「真の個人主義と偽りの個人主義」で以下のように述べています。

　　　自由主義の社会観は、個人主義にもとづいており、「いかなる人も、他人が所有しているか、もしくは行為することを許さるべき諸能力について、最終的判断をくだす資格をもたない」

　自由な社会において、人間に利益をもたらす知識や規則は、時間・空間の履歴をへて習慣とか伝統になっています。この社会観は進化論的な自由主義と呼べるものです。歴史の中で緩やかに変化する慣習や伝統という知識は、実践において習得され、世代をこえて伝えられていきます。それらは、社会

において人びとが秩序の中にくらす際のルールでもあります。

　市場における競争は、自己の利益を目指す人びとを目覚めさせ、自分ではなく他の人びとが望む物を原材料から生産します。自分が決める数量ではなく、他の人びとが決める数量が市場では生産され、自分がつけたい価格ではなく、他の人びとが自分の作った物を評価してつける価格で市場では商品が取引されます。

　ハイエクによれば「市場というのは特定の商品に関心を持つすべての人びとに対して、この商品に関連する要約され凝縮された形の情報を伝達する一つの手段」です。彼は、市場機構を広大な社会に広く分散している個々人や団体にある知識や技術が相互に効率的に伝達され、社会的に利用できる形に変えていく1つの体系であるとみなしています。いいかえると、市場におけるさまざまな行為者による自由に創意・工夫された競争によって、ある特定の場所における固有な状況における知識や未知の法則の発見が、社会全般に共有されるようになります。倫理・道徳や法は、この市場と共存し、市場をよりよく機能させる自生的な秩序です。さらに、伝統、言語や宗教も、より基本的な自生的秩序です。この自生的秩序とは、人類のある一部の人びとが採用し、歴史の彫琢をへて次第に定着させてきた行動規範の体系です。

　政府による統制に反対し競争的な市場の原理を多くの人びとが受け入れる、より自由な社会体制を望んだハイエクは、「自由のユートピアン」と見なせます。そして、『個人主義と経済秩序』「自由企業と競争的秩序」において、ケインズの有名な「よかれ悪かれ危険であるものは、既得利権ではなくて、思想である」を引用した後に、以下のようにハイエクは主張します。

　　もし自由社会が維持され、あるいは再興されるべきものであるとするならば、我われが広めなければならないのは信念なのであり、関心をもつべきことは当面なにが実現可能かということではないのである。

　ハイエクは、一貫して自由主義の市場社会を擁護し、「誤って自然科学の方法と信じたものを社会科学者が模倣している」と主張して、理性による社

会管理を主張するマルクス主義や、技術官僚が財政・金融政策によって経済を調整しようとするケインズ主義を設計主義と批判しました。

ところで、ハイエクはまた専門用語など人工言語は設計主義の一部と見なし、日常言語を使うことが「暗黙のルール」に従うことになると考えていました。さらに、ハイエクの社会科学の方法論は解釈学に類似しています。彼は、社会を構成している個々人の行為は、感覚的性質と概念の体系に基づく事物や事象の分類に従っており、この体系は共通の構造をもっていて、我われもまた人間であるが故にこの体系を知っていると考えました。さらに、彼は、さまざまな個人がもっている具体的知識が重要な点で相違しており、外部の対象に対する人間の働きかけばかりでなく人びとの間のあらゆる関係そしてあらゆる社会制度もまた、それらについて、人びとが考えていることによってのみ理解できると考えていました。

社会は言うなれば、人びとが抱いている概念とか観念によって作り上げられており、社会現象は人間の意識の中で反省されることによってのみ認知され、意味をもちうるのです。

9 欧州連合の単一市場

欧州連合・EU の前身であった欧州共同体は平和状態を維持するため、経済的な面から欧州における単一の市場の形成を促しました。すなわち、国民国家の壁をこえて、ヒト・モノ・カネが自由に流通する単一市場を創設しました。この方針から、欧州連合は、1993 年 11 月 1 日に誕生し、共通の安全保障および外交政策を目指している人類史上初めての諸国家の連合体であり、運命共同体を目指しています。しかしながら、イギリスはこの欧州連合から 2020 年 1 月末に正式に離脱し、同年年末までに欧州連合と自由貿易協定を締結することを目指しています。

2020 年 2 月 1 日時点で、人口はおよそ 4 億 4,500 万人、一人当たり国内総生産は約 31,000 ドルで、東西統一をなしたドイツを中心に欧州連合の政治的な統一が進められています。貿易では、域内貿易が 2005 年に全貿易額の

6割超えており、2017年イギリスをふくめてその割合が64パーセントでした。

　欧州連合は共通市場を創設し、多くの地域で共通通貨ユーロが流通しており、欧州共同体をこえて共通外交・安全保障政策を志向する国家連合です。欧州連合の基本法のニース条約は各国の投票数や議員の数で27カ国しか想定していませんでしたが、2013年7月にクロアチアが加盟したことにより28ヵ国が欧州連合に加わっています。しかしながら、2016年5月にイギリスが2019年3月頃までに脱会することを国民投票で決めました。当初の加盟国は6ヵ国でベルギー、フランス、ドイツ、イタリア、ルクセンブルク、オランダでした。1973年に加盟したのはイギリス、デンマーク、アイルランドであり、81年にギリシャ、86年にスペインとポルトガルが加盟しました。93年に欧州連合と改称した後に、95年にオーストリア、スウェーデンとフィンランドが、2004年にポーランド、ハンガリー、チェコ、スロベニア、エストニア、ラトビア、リトアニア、キプロスとマルタが、さらに2007年にブルガリアとルーマニアが加盟して27ヶ国、さらにクロアチアが加盟して28カ国になりました。

　ところで、欧州議会は2016年11月末に、イスラム教徒が多く住むトルコの欧州連合への加盟交渉の中断を欧州委員会と加盟各国に求める決議を採択しました。この決議は、同年7月に起きたクーデター未遂事件以降にトルコ当局がとった弾圧的対応を強く非難して、11年続いている交渉に中断を求めたものです。

　平和的に多くの主権国家を統一するという試みは、大きな政治的実験でしたが、欧州連合はすでに世界経済において強力な存在となりました。東欧から西欧諸国への移民の急増による雇用不安により労働移動の制限が強化されつつあります。イギリスは当初から参加していませんが、共通通貨ユーロは国際的な通貨としての地位を高めています。欧州連合は、2006年末に首脳会議を開き、拡大のスピードを緩める方針を確認しています。

　欧州経済共同体が発足する前に、1948年にはベルギー、オランダおよびルクセンブルクからなるベネルクス三国によって関税同盟が結成されていました。より大きな枠組みでヨーロッパに共通の市場を創設しようとした試み

は、第1次世界大戦後にケインズが提案したルール地方の石炭と鉄鋼の国際管理に端を発して、1951年に欧州石炭鉄鋼共同体の創設に合意したときからはじまります。欧州経済共同体は基本的には1957年のローマ条約を出発点としており、2017年3月末に60周年を祝っています。

1958年に関税引き下げを開始し、1970年ごろまでにはほとんどの品目の引き下げが実現しました。当初の加盟国は、ベルギー、オランダ、ルクセンブルク、フランス、西ドイツとイタリアで、ベルギーの首都ブリュッセルに本部がありました。この共同体は自由貿易地域として発足し、関税同盟の設立を目指しました。欧州石炭鉄鋼共同体、経済共同体および原子力共同体も同時に設立され、この三つの共同体が統合され、1967年に欧州共同体となり、68年には関税同盟に発展し、ほどなく共同体内で労働者の自由な移動が保障されるようになりました。このようにして欧州共同体は、60年代の繁栄を促進させる主要な原動力となりました。

意思決定方式に関しては、特定過重多数決という案が加盟国の激しい反対のために放棄され、政策は各国の政府において決定されるという原則、すなわち全会一致制度が1966年に閣僚理事会で決まり、これが欧州共同体を統治する最高意思決定機関である欧州理事会での中心的な原則となっています。統一に向かって、経済・金融、外交・安全保障、社会政策という3つの分野での共通化が進められていきました。これらの目標に関しては、加盟国間でそれぞれ基本的な相違がありましたが、過半数の国によって受け入れられました。各分野において加盟国における政府の役割は異なっていたので、統合の過程は政治的に容易な問題から段階的により複雑な分野へと展開されていきました。1958年に発効したローマ条約は、工業製品と農産物の共同市場に関する基本的な設計図であり、工業製品に関する関税同盟を10年の移行期間をへて設立することを規定しました。その結果、加盟諸国における従来の平均的な関税率の下で、工業製品と農産物の共同市場を創設しました。農産物においては、毎年共同体が最低支持価格を設定して、その価格で余った生産物の買い手となり、他方、他の地域の生産者がこの支持価格から利益を得ないようにするために、共同体への輸入に際して外国の供給価格と支持価

格との差に等しい関税を課しました。農業の圧力団体によって支持価格が共同体の供給の過剰を生み出すほど高く定められたときには、バターの山やワインの湖と表現されるほどの過剰な在庫が積み上がりました。この過剰な農産物は、最後には価格を度外視して世界市場で投げ売りされました。

　一方、工業製品における共同市場は偉大な成功をおさめました。ジョン・ウィリアムソン著「欧州経済共同体」『世界経済とマクロ理論』によれば、世界貿易が実質で年に8パーセント成長していたときに、共同体における工業製品の域内貿易はローマ条約に続く10年の間に、そのような共同市場がなかった場合に比較して、およそ5割以上も速く成長したと推計されています。

　イギリスは当初欧州経済共同体に加盟しませんでした。1960年代に二度目の加盟を申請し、ドゴール政権のフランスによって却下され、ドゴールが没した後に提出された三度目の申請でようやく承認されました。1972年イギリス、デンマークそしてアイルランドが加盟したことにより欧州共同体は拡大しました。1970年代になると、当初の加盟諸国間での域内貿易の拡大の速度は低下したものの、新加盟諸国を含めた貿易は急速に成長しました。しかしながら、その利益は1973年の石油危機に端を発する景気後退をともなう物価上昇というスタグフレーションと、さらに農業補助金に使われた共同体の予算への支払いをめぐる争いにより損なわれてしまいました。そのため欧州共同体は、当初の10年間ほどの活力を発揮することはできなくなりました。にもかかわらず、共同体への加盟を希望する国はふえ、理事会で承認されました。81年にはギリシャが、86年にはスペインとポルトガルが、95年にはオーストリア、スウェーデンとフィンランドが加盟し、総数は15カ国になりました。

　1979年の欧州通貨制度（EMS）創設は、共通通貨ユーロへ向けた重要な契機でした。この通貨制度の目的は西欧内の通貨価値を安定させ、ドルが乱高下することから生じる域内における商品や金融サービスの取引に関わる費用の変動をできるだけ小さくすることでした。1986年に「商品やサービスはいうにおよばず生産要素の資本や労働が自由に移動できるような、すべての障壁を取り除いた」統一欧州市場を1992年までに達成するという具体的な目標を

もつ欧州議定書が署名され、この後、欧州統一へ向けた動きは加速化してい
きました。

　1990 年に欧州連合に加盟している国々において、資本の移動が完全に自
由化され、1992 年までに統一され欧州市場が成立しました。1993 年にマー
ストリヒト条約が発効し、共通通貨ユーロ導入の道筋が提示され、11 月に
は欧州通貨単位、ECU のバスケットにおけるウエイトが固定化されました。
1994 年に欧州通貨機関が設立されると、経済政策の微調整が強化され、短
期金利の変動を安定化させるために、加盟国が過剰な財政赤字の縮減に一層
努力することが要請されました。1995 年には共通通貨移行へのシナリオが
公表され、98 年には欧州中央銀行が設立されたのです。1999 年に共通通貨
のユーロがベルギー、フランス、ドイツ、イタリア、ルクセンブルク、オラ
ンダ、アイルランド、オーストリア、スペイン、ポルトガルとフィンランド
の 11 カ国で導入され、2001 年にはギリシャが、2007 年 1 月にはスロベニア
が加わり 13 カ国においてユーロが単一の法定通貨となりました。

　1989 年末にはベルリンの壁が崩壊し、第二次世界大戦後に東西に分断さ
れていたドイツの統一という政治統合が達成されました。その 2 年後の 1991
年末にはオランダのマーストリヒトの欧州理事会でマーストリヒト条約が承
認され、さらに、その 2 年後に欧州連合が誕生しました。このマーストリヒ
ト条約は欧州連合条約といい、統一された欧州を創設しようとするドイツと
フランスの発意によるものでした。この条約は、自国以外に住む欧州市民に
選挙権を認めるなどの市民権の新設、欧州通貨単位の運用および共通市場の
条件を整えることを目標としました。単なる為替レート水準の調整にとどま
らず、固定相場制度から共通通貨ユーロを目指したものでした。そのために、
共通通貨ユーロの供給を管理する欧州中央銀行を創設し、共通市場の創設を
目指したのです。共通市場の創設のために、加盟国は商品やサービス、さら
に労働や資本の自由な移動を妨げるさまざまな要因を取り除きました。

　マーストリヒト条約の究極の目的は、共通市場の創設をこえて、共通の外
交・安全保障に関する政策をもつ欧州の連邦政治システムの創設です。通商
問題など経済分野に関する事項、対外交渉権および決定権に関するものなど

市民生活の広範な領域がふくまれる共同体事項において、欧州委員会の主要な役割は、共通市場を作り、さらに経済的統一が達成される政策を実施することでした。しかしながら、ユーロと欧州中央銀行についての最終決定は、加盟国政府を代表する理事会に委ねられました。理事会の決定は、複雑な多数決に基づくものですが、この表決制度は問題の重要性によって変化し、ときにはより小さい加盟国の投票に不相応な比重を容認しました。

　1993年に発効したマーストリヒト条約（欧州連合条約）において、欧州連合は従来の政府間協力という枠組みを維持しつつ、共通外交・安全保障政策を導入しました。この政策は共通の価値、独立性の擁護、安全保障の強化、国際安全保障の強化、国際協力の推進、民主主義、人権と基本的自由の発展・強化を目的としています。この共通外交・安全保障政策は、あくまで政府間協力制度であり、策定・実施される政策は、「共同行動」、「共通の立場」、「宣言」、「政治対話」のいずれかの形態をとります。欧州域外への軍隊の派遣は、人道支援・救援活動、平和維持活動、危機管理における平和構築をふくむ戦闘任務を対象としています。マーストリヒト条約もアムステルダム条約も、欧州連合自体が常設軍隊をふくむ軍事力を備えることは規定していません。軍事的支援を行う場合は、北大西洋条約機構NATOもしくは西欧同盟の軍備や軍隊を利用することとなっています。

　したがって、外交・安全保障政策では、主要国間で深刻な利害の対立があり進展はほとんどありません。2003年イラク戦争をめぐって、欧州連合の国々の間でアメリカ支援のイギリスとスペイン、アメリカ非難のフランスとドイツの二極に分裂したのは記憶に新しいところです。さらに、安全保障に関してドイツとフランスは欧州連合軍を創設することで合意していますが、他の加盟国は北大西洋条約機構軍の存在だけで十分であると見なしています。

　労働移動に関する政策は、国内政策における移民と社会政策に関係しています。東欧および地中海に接する地方からの西欧への移民は西欧のどの国においても社会問題となっています。社会政策という用語は福祉国家と労働組合へ向けた政策とをふくんでおり、この問題では社会民主政党と保守政党との対立は大きいものがあります。イギリスの労働党政権はこの問題に対して

態度を留保し、保守党と労働党ともに移民を管理する権利について最終的な
見解は表明していません。社会政策は最終的な決定権は各国政府が握ってお
り、政府間主義に依拠しているのです。2004 年の東方拡大により、ポーラ
ンドなどの賃金が比較的安い国の労働者がフランス、ドイツやイギリスに移
動し、雇用不安を引き起こしています。特に、ドイツには 2015 年におよそ
110 万人の移民・難民が入国しました。ドイツの自治体では、定住者がふえ
るのに対処するために就学・就労支援に力を入れていましたが、2015 年末
にケルン市で移民系の人びとによる集団暴行事件がおき、世論は一気に硬化
してしまいました。ちなみに、2015 年 3 月に欧州連合はトルコと「違法な移民」
を抑制する政策で合意しました。

10　独占禁止法

　商品の取引や、サービスの提供が少数の巨大な会社に集中しないように、
市場における競争を促進するために、各国に独占禁止法があります。
　アメリカにおいて独占禁止法は、一般に消費者の利益のために競争を促進
するために、会社の行動および組織を規制する連邦政府および州政府の法律
の集まりです。主な法令は、1890 年のシャーマン法、1914 年のクレイトン法、
および 1914 年の連邦取引委員会法です。これらの法は、3 つの主要な機能
を果たしています。第 1 に、シャーマン法第 1 条は、取引を制限するすべて
の契約、共謀を禁止しており、価格の固定とカルテルの運営を禁じ、取引を
不当に制限するその他の共謀的な慣行を禁じています。第 2 に、クレイトン
法の第 2 条では価格差別を禁止しており、ある独占企業が、異なる市場にお
いて需要弾力性が異なることから、同一製品であっても市場ごとに異なる価
格を設定することを禁止しています。通常、ある製品において、価格を上げ
てもあまり需要が減らないという価格弾力性が小さい市場においては、大き
い市場よりも価格が高く設定されます。国際的な巨大会社は国ごとの価格弾
力性に応じて価格に差をつけています。この営業方針は、裁定取引を不可能
として、市場の競争を制限するような効果をもつので、禁止されています。

第7条は、競争を大幅に減少させる可能性のある組織の合併や買収を制限しています。第3に、シャーマン法第2条は、独占権の乱用を禁じています。

アメリカにおいて、連邦取引委員会、司法省、州政府および民間団体はすべて、独占禁止法を適用するための訴訟を起こす可能性があります。独占禁止法の範囲、およびそれらが会社の営業の自由を妨げるべきか、または中小企業、地域社会および消費者を保護するためにどの程度妨げるべきかについては、議論が続けられています。ある見解においては、独占や寡占を規制する反トラスト法は公益のための消費者の利益と全体的な効率性に焦点を当てるべきであると主張しています。

欧州連合における競争法は、会社の反競争的な行為を規制し、社会の利益を損なうようなカルテルや独占を引き起こさないようにすることで、欧州単一市場内での競争の維持を促進しています。欧州競争法は、以下の主な4つの政策分野を規制しています。1. カルテル、または共謀およびその他の反競争的行為の管理、2. 会社の支配的な市場地位の乱用の防止、および欧州連合の合併法に基づく合併、3. 申請された合併の管理、買収および域内で一定の決まった売上高を持つ会社の共同事業、4. 国家からの特定の会社への間接的な支援です。欧州連合内で競争法を適用するための主な権限は、欧州委員会およびその競争総局にありますが、農業などの一部の分野における国家の支援は他の総局によって処理されます。

上述の競争法に違反して、市場における支配的な地位を濫用しているとして、欧州委員会はマイクロソフト社を処分しました。すなわち、1993年にノベル社から出されたマイクロソフトのライセンシング規定についての告発により、欧州委員会はマイクロソフト社に対して、同社のサーバー製品についての情報の公開とメディアプレイヤーを抱き合わせないウィンドウズの販売を命じました。また、欧州委員会は通信会社グーグル対して、2017年にショッピングサービスに関する不正、2018年にスマートフォンのアンドロイドをめぐる端末メーカーとの契約、2019年に広告をめぐる支配的な利用に関して累計82億ユーロの制裁金を課しています。

　2017年3月末には、欧州委員会は、声明において、ドイツ株式取引所によるロンドン株式取引所の買収を承認しないと発表しました。誕生する巨大な取引所は債券と現先取引の決済業務を事実上独占することになり、競争が阻害されると欧州員会は説明しました。

　2019年2月には、EU欧州委員会はEU競争法の違反と判断して、ドイツ電機大手シーメンスとフランスのアルストムによる鉄道事業の合併を承認しないと発表しました。当初この合併により世界2位の鉄道車両会社が誕生し、世界トップの中国中車に対抗できると期待されていました。

　日本においては、公正取引委員会が独占禁止法を適用して、国民の生活に影響のある価格カルテル・入札談合・受注調整、小事業者等に不当に不利益をもたらす優越的地位の濫用や不当廉売などに対処しています。また、IT・デジタル関連分野、農業分野、公益事業の自由化分野において参入制限などを監視し、独占禁止法の違反行為に関して排除措置命令を行っています。

第4章　相互依存

関山　健

　今や世界の大半の国々は、国境を越える活発な人の往来、経済取引、情報伝達によって、複合的な相互依存関係の網の目のなかにあります。『法の精神』で三権分立を説いたモンテスキューは、国際政治についても「通商貿易は必然的な効果として平和をもたらす」という命題を残しました (Hirschman 1977)。実際、国際政治学では従来、多くの実証的な研究が経済相互依存の紛争対立抑止効果を肯定する結果を出しています。

　しかし、昨今の国際情勢を見ていると、この命題を信じてよいのか疑わしく思わざるを得ない事例が少なくありません。特に、今や世界一位、二位の経済規模を争うようになった米国と中国の間で、本当に経済相互依存は対立抑止に効果をもつのか疑問を抱かざるを得ない状況です。

　中国は、1980年代以降目覚ましい経済発展と対外開放を実現した結果、アジア太平洋諸国との間で深い経済関係を構築してきました。改革開放を進める中国に対して米国は、1990年代前半のクリントン政権以来、中国を世界の経済相互依存の網の目へと組み入れることで関係の安定化を図る関与 (engagement) 政策を対中政策の基本方針としてきました。日本や欧州も、こうした関与政策の流れに沿って、中国との経済関係発展を積極的に進めてきました。

　今や中国は、米国や日本、その他の多くのアジア大洋州諸国にとって最大の貿易相手国の1つです。2018年には米国貿易全体の15.7%を中国が占めました (2018年時点で、第2位はカナダ、第3位はメキシコ、第4位は日本)。同様に、中国にとって、米国は最大の貿易相手国であり、日本も主たる貿易相手国の

1つです。

　ところが、そうした中国とアジア太平洋諸国との経済関係の発展は、必ず
しもこの地域の外交関係を安定化する方向で作用してきたようには見えませ
ん。中国は、領土、海洋権益、安全保障などをめぐって、経済関係が緊密な
周辺諸国に高圧的な態度を取るようになり、時に軍事的威嚇や経済制裁すら
用いるようになりました。中国と日本を含むアジア太平洋諸国との対立は、
南シナ海での拠点整備、尖閣諸島をめぐる強硬姿勢、韓国 MD 導入に対す
る経済制裁、そして米中貿易摩擦の激化など、枚挙に暇がありません。

　米国も、中国との経済関係が飛躍的に拡大してきたにも関わらず、オバマ
大統領が 2011 年に対中国抑止政策を発表して以来、従来の関与政策を転換
してきています。特にトランプ米国大統領が就任してからの米中関係は、米
国がスーパー 301 条による中国製品への関税賦課を実行し、中国も報復関税
を賦課することで緊張が高まったことは周知の事実です。様々な形の米中対
立は、両国の政権が代わっても続くと見られます。

　はたして経済相互依存の深化は、国家間の対立を必ずしも抑止しないので
しょうか。自由な貿易投資の推進は国際社会の平和安定に寄与しないので
しょうか。本章では、こうした問いを考えます。以下、第 1 節では、相互依
存の定義や尺度について紹介します。続く第 2 節では、主に相互依存の紛争
抑止効果について、代表的な理論的立場の主張や実証研究による検証の成果
などを概観します。その後、第 3 節では、複合的な相互依存下における今後
の秩序形成について展望します。

1　複合的相互依存

　国境を越えるカネ、モノ、ヒト、情報の国際的やり取りの結果、国、企業、
個人などさまざまなアクターが国境を越えて複合的に結び付き、相互に影響
を受け合う状態となった関係を、アメリカの国際政治学者ジョセフ・ナイと
ロバート・コヘインは「複合的相互依存」と呼びました (Keohane and Nye 1977)。
カネ、モノ、ヒト、情報、技術など経済面における国家間の対立を解決する

手段として、軍事力は必ずしもうまく機能しません。特に 1970 年代以降に顕著となった複合的相互依存の下で、経済的な争点が国際政治の中心を占めるようになっていきました。

　ここで、ある国と国が相互に影響を受け合う関係にあるかどうかは、敏感性（sensitivity）と脆弱性（vulnerability）の 2 つの基準から判断されます。

　敏感性から見た相互依存関係とは、ある国の国内経済で生じた変化が他の国の国内経済にも同様に伝搬するような関係です。例えば、米国における株価下落が即座に日本でも株価下落を引き起こすとき、この両国は敏感性から見た相互依存関係にあると考えられます。

　他方、脆弱性から見た相互依存関係とは、その経済関係を断絶することが互いにとって大きな費用（犠牲）を払うものとなる関係を指します。例えば、日本と中国は、互いに重要な貿易相手国ですが、この関係が断絶すると互いの国内経済に大きな損害が出ることになるならば、日本と中国は、脆弱性から見た相互依存関係にあると言えます。

　なお、ある国々の経済関係が、敏感性と脆弱性の両方を強く有するとは限りません。例えば、2000 年からの約 10 年間、日本と中国の間では貿易額が飛躍的に増大し、互いに最大の貿易相手国となりました。その日中貿易関係を断絶することになれば、互いに大きな犠牲を払うことになるという点では、日本と中国の経済関係は、相互依存の脆弱性が認められると言えるでしょう。しかし、その同じ 10 年の間、中国では年率 3%、4% といったインフレが続いたにも関わらず、日本では逆に物価が下がるデフレが続きました。その意味では、日中の間では、一方の国内経済で生じた変化が他方の国内経済にも同様に伝搬するような関係があったとは必ずしも言えず、相互依存の敏感性はあまり認められないと言えるかもしれません。

　逆に、互いの経済情勢が深く関連し合っていて敏感性が認められる国家間であっても、他の第三国との経済取引を増大させることによって脆弱性を下げることは可能です。つまり、脆弱性の大小は、ある国との関係について、他に代替となる関係がありうるかどうかという代替性に大きく影響されるのです。例えば、日本からすれば、アメリカや中国に代わる貿易相手国を見つ

けられるかどうかが、両国に対する日本の経済的な脆弱性を考える上で重要な点となります。

　敏感性と脆弱性を測る際に用いられる指標として代表的なものは、貿易依存度などの貿易関連指標です。貿易依存度とは、ある国の GDP とその国が特定国あるいは世界全体と行っている貿易額との比率の形で求められるものです。この貿易依存度は、ある国家間の経済的な敏感性を知る上でも脆弱性を知る上でも有効な指標と考えられており、相互依存の指標として頻繁に用いられます。GDP、つまり、一国経済の規模に比して、ある国との貿易額が大きいということは、その二国の経済がどの程度緊密に連結しているかを測る上で便利な指標であると考えられるし、また、その流れを止めた場合の損害つまり脆弱性も大きくなると考えられるからです。ただし、よく用いられる指標だけに、その有効性についてもさまざまな批判がある点には注意が必要です。

　また、その国の貿易総額に占めるある国との貿易額の割合も有益な指標です。もし、A 国にとっては貿易総額の大部分を B 国との貿易が占めるのに対して、B 国にとっては A 国との貿易が貿易総額に占める割合が非常に小さいとすれば、少なくとも B 国にとっては、A 国との相互依存から受ける影響、つまり敏感性や脆弱性が小さいと考えられます。

　これら貿易関連の指標は、いわば国家間のモノの流れに着目したものですが、国家間のカネの流れ、つまり投資額に注目しても、ほぼ同様の議論が可能でしょう。つまり、ある国の GDP 規模に対する特定国あるいは世界全体からの対内投資額の比率や、ある国の対内直接投資総額に占める特定国からの投資額の割合をもとに、その国家関係の敏感性や脆弱性について考察するということです。実際、投資の流れや金融関係のつながりは、少なくとも貿易関係と同程度に紛争抑止との関連が認められるとする実証研究の結果もあります (Gartzke, Li, and Boehmer 2001)。

　そのほか、相互依存とは「国際的やり取りの結果、相互に影響を受け合う状態にある関係」であるという定義に返って考えれば、情報や技術の流れ、あるいは観光やサービスの流れに着目した相互依存度の計測というものも考

えうることになります。ただし、こうしたモノの流れ以外の要素に着目した相互依存の実証研究は、従来決して多くはありません。また、国際分業が複雑化した現在、二国間のやり取りだけで本当の相互依存関係を知ることができるかも議論の余地があります。

2　相互依存と紛争

　相互依存が国家関係や国際社会に及ぼす影響については、国際政治学の分野において、1970 年代末頃から 2000 年頃まで盛んに議論されました。ただ、この議論は決して 20 世紀後半になって出てきたものではなく、何世紀にもわたって議論されてきたテーマです。

　また、学界においては 2000 年頃までに議論がある程度出尽くした感じがあるものの、しかし、いったい相互依存は紛争を抑止するのか、国際社会の秩序形成を促進するのかという根本的な問いに対しては、いまなお最終的な答えは出ていません。いわば、いまだに解決されていない古くて新しい議論と言えます。

2-1　紛争の定義

　相互依存が紛争を抑止するのかどうかを考えるにあたって、そこで言う「紛争」とは、どういった内容を指すのでしょうか。紛争と一口に言っても、外交的対立、経済摩擦など軽度の紛争もあれば、経済制裁、武力による威嚇、外交的断絶など中度の紛争もあれば、武力行使、全面戦争など重度の紛争もあるからです。

国家間紛争の程度
　　第 1 段階：外交上の非難・威嚇
　　第 2 段階：武力の誇示や経済制裁の発動
　　第 3 段階：局地的な軍事衝突
　　第 4 段階：全面戦争

相互依存の抑止が及びうるのは、外交的対立などの軽度の紛争なのか、制裁や威嚇など中度の紛争を含むのか、あるいは武力衝突などの重度の紛争に限定されるのか。理論的研究においても実証的研究においても、従来あまりコンセンサスがありません。

理論面では、相互依存と相関関係がある紛争は、あらゆる紛争を包含すると主張する者もいますし、全面戦争との間でのみ相互依存は相関関係を有すると考える者もいます。あるいは逆に、相互依存は軽中度の紛争を抑止することはあっても、国家の核心的利益が関わるような重度の対立の抑止に関しては役に立たないと考える者もいます。

こうした理論面での多様な議論を反映して、実証面では、それぞれの研究がその分析目的や利用可能なデータに依存して紛争を定義し、相互依存との関係性を分析してきました。

2-2　楽観派──リベラリズム（国際協調主義）

相互依存が紛争を抑止しうるかについては、国際政治学上、主に2つの理論的立場から対立する見方が提示されてきました。

1つは、「経済的な相互依存の進展は政治的な協力関係を育む」と考える立場です。この立場は、ヨーロッパの統合、米中の接近、米ソのデタントといった戦後国際政治の出来事を正当化する考えとして、学術上でも政策実務上でも多くの人間に支持されてきました。

このように市場の開放と交易の増加は国家間の敵意を抑制すると考える立場が、いわゆるリベラリズムです。ただ、リベラリズムと括られる立場のなかでも、なぜ経済相互依存が紛争を抑制するのかという因果関係のメカニズムについては、いくつかの議論があります。

冒頭で紹介したモンテスキューの言葉のとおり、自由貿易が進むと、貿易業者や消費者が貿易投資から大きな利益を得るようになることから、これを脅かしうる政治的対立や軍事衝突を避けるよう自国政府に働きかけるようになるという考えは、古くから主張されてきました。

同じく、交流の進展が民間および政府間の接触とコミュニケーションを増大させる結果、相互に信頼と理解が醸成され、協力的な政治関係の構築を促すと主張する者もいます（Stein 1993 など）。

また、経済的交易と軍事的征服とは、安全と経済成長に必要な資源を入手する上では互いに代替的な手段であり、貿易と海外投資が増えるにつれ、必要資源を領土拡大や帝国主義的植民地経営などの侵略行為によって入手するインセンティブが下がるという主張もあります（Rosecrance 1986 など）。したがって、逆に海外との経済活動に対して障壁を上げれば、利害衝突が生まれ、政治上あるいは軍事上の紛争につながることになります（Viner 1951）。

また、自由で開かれた国際経済秩序が、国際的な安全保障の維持と相性が良いという議論もあります（Doyle 1983 など）。つまり、一国内においても国家間においても自由貿易は経済的な繁栄をもたらしやすく、経済的な繁栄は一国内で民主的な政治体制を促進し、さらに民主国家間での戦争のリスクをも低下させるというのです。

これは、いわゆるデモクラティック・ピース論と呼ばれる考えです。古くは 18 世紀のイマヌエル・カント『永久平和のために』やトマス・ペイン『コモン・センス』に思想的な源流を持つこの考えは、その後マイケル・ドイルやブルース・ラセット（Russet 1993）らによって実証的に検証されてきました。彼らによれば、民主主義国の間では、(1) 平和的解決を好む規範が共有されていること、(2) 議会での政策決定過程の透明度が高く、海外からも理解しやすいため、相互不信が高まりにくいこと、(3) 同じ価値観を共有する民主主義国には攻撃の大義名分を作りにくいこと、などを理由に、民主主義国同士では戦争などの全面対立は生じにくいとされます。

2-3　懐疑派——リアリズム（現実主義）

一方で、こうした相互依存の協調促進効果は、リアリズム（現実主義）と呼ばれる立場の識者から、長きにわたって批判され続けてきました。多くのリアリストは、自由な経済交易が国家の安全を損なう可能性を指摘します。

リアリストは、交易によって得られる利益の配分が、国家間の力関係に影

響を及ぼすことに注目します。彼らは、そうして生じる力関係の違いや変化こそ、政治的な対立と軍事的な衝突をもたらす潜在的な原因と見るのです（Gilpin 1981; Levy 1989; Mearsheimer 1990 など）。彼らに言わせれば、国家間の敵意とは、往々にして政治上、軍事上の力関係の差異から生じるものです。仮に相互依存に何らか対立緩和の効果があるにせよ、そうした効果は力関係の差異から生じる敵意によって一掃されてしまうというのです。こうした論者は、第一次世界大戦前夜の主要国は相当程度の相互依存で結ばれていたにも関わらず、結果として軍事衝突を避けられなかった事をしばしば例に挙げて、国家の存亡といった核心的な利益が危機に瀕する場合には、そもそも経済的結び付きに軍事衝突を抑える効果などほとんどないと指摘します。

さらには、経済相互依存の進展は協調を促進するどころか、むしろ政治的な対立を作り出すと主張する論者もいます。例えば、リベラリストは、接触の増加が協力的な政治関係の構築を促すと考えますが、リアリストのなかには、接触の機会が増えれば、利害の対立や意見の不一致が生じる機会も増え、ひいては衝突の可能性が高まるという主張があります（Waltz 1970）。

近年の米中関係や日中関係のように経済相互依存下で対立が深まる背景について、他にも以下のような理由が考えられます。

トゥキディデスの罠

第一の仮説は、米国のような既存大国と中国のような新興大国とは不可避的に覇権争いをするという考えです。

歴史家トゥキディデスが叙述したとおり、かつて古代ギリシャでも、覇権国スパルタと新興大国アテネとの間で長年にわたるペロポネソス戦争が勃発しました。既存大国は、国際レジームの現状維持を望む一方、台頭する新興大国は既存レジームを自国により有利な形に変更しようとする結果、それぞれの立場をめぐって摩擦が起こり、最終的には全面的な争いに発展することがあります。グレアム・アリソン著『Destined For War』（邦訳『米中戦争前夜』）によれば、過去 500 年間の覇権争い 16 事例のうち、20 世紀初頭の英米関係や冷戦など 4 事例を除き、12 事例は戦争に発展しています（Allison 2017）。

民主体制 vs. 非民主体制

第二の仮説は、経済相互依存が対立抑止効果をもつのは民主主義体制においてのみであるという考えです。これは、民主主義が確立された国同士では、他の体制を採用する国との関係に比して戦争が起こりにくいとする、いわゆるデモクラティック・ピース論から逆説的に導かれる考えです。

デモクラティック・ピース論の裏を返すと、民主主義国は非民主主義国に対して、(1) 平和的解決を好む規範を共有しておらず、(2) 政策決定過程は不透明で不信が残り、(3) 人権問題などで攻撃の大義名分を見出しやすい、という事になります。

例えば米国は、南シナ海や東シナ海における中国の勢力拡張を危険視し、中国が米国の価値観や利益に反する世界をつくろうとしていると指摘します。また、その言論統制や宗教弾圧で多くの中国人民が抑圧されていることを問題として取り上げてきています。中国が非民主主義国であることは、もちろん米中対立をもたらす直接的要因とは言えませんが、少なくとも対立を助長する要因ではあるかもしれません。

非対称な相互依存関係

第三に、相互依存関係にある二国において、より依存の小さい国は、より依存の大きい相手国に対して高圧的になるとの考えがあります（Marrow 1999 など）。

相互依存で結ばれた国家同士であっても、依存の程度には国家間で大きな違いがありうるし、またその程度は変化もします。もし、A 国が B 国との貿易に大きく依存している一方、B 国にとっては A 国との貿易への依存度が相対的に小さいとすれば、その貿易関係が停止した場合の犠牲は A 国と B 国とで大きく異なることになります。

この状況にあって、A 国との貿易にほとんど依存していない B 国については、相互依存が A 国との政治的対立を抑止する効果はあまり期待しえないでしょう。さらに言えば、そうした非対称な相互依存関係にあっては、B 国

がA国を必要とするよりも、A国がB国を必要とする度合の方が大きいので、B国はA国に対して「自分との関係が大事だと思うなら、こちらの言う事を聞け」と強要するインセンティブが働きうることになります。

南シナ海をめぐる中国とベトナムやフィリピンとの対立などは、まさに中国とこれら東南アジア諸国との間の非対称な相互依存関係を背景にするものと考えることができます。また、2000年代に入って以降、日本と中国の間でも経済相互依存関係が非対称的に発展した（中国の対日依存度が下がる一方で、日本の対中依存度が上がった）ことが、近年における中国の対日強硬姿勢の遠因とも指摘できます（Sekiyama 2013）。

相互依存の外交的対立助長効果

第四に、相互依存にある国同士では、政策決定者が互いに「対立が軍事衝突には発展しない」と予測し合うからこそ、外交的対立が増加すると考えることもできます。

一口に国家間の対立と言っても、その程度には、上述のとおり差があります。経済相互依存関係にある国同士でも、互いに口頭や文書で非難し合うことはあるし、それが時には軍艦の移動などの武力誇示や経済関係の一部制限などの経済制裁を伴う場合もあります。

しかし、その対立が軍事衝突まで至れば、それは自国民の生命身体を危険に晒すことになるばかりでなく、経済的にも不可逆的な犠牲が生じることになるため、相互依存が深ければ深いほど、互いに対立を軍事衝突以上へとエスカレートさせないように妥協を図ると予想されます。

そして、互いに低次の対立が高次の対立へとエスカレートしないと予想し合うのであれば、かえって外交上の非難・威嚇や経済制裁といった低次の対立を回避するインセンティブは低下することになります。

例えば日本と中国とは、2010年前後から以前にも増して対立が目立つようになりましたが、その背景にも、こうした相互依存の外交的対立助長効果を見てとれるように思います（Sekiyama 2017）。

国内産業からの突き上げ

　もう 1 つ、経済相互依存の深化した二国間では、相手国からの輸入品との競争に敗れた国内の比較劣位産業の関係者が、選挙などを通じて、自国政府を相手国への強硬姿勢へと動かすという事も考えられます（Sekiyama 2019）。

　国際経済学の標準的な貿易理論では、各国が比較優位のある産業に特化し、自由貿易をすれば互いに利益を得ることができると考えられています。この理論では、労働力や資本などの生産要素が比較劣位の産業から比較優位の産業へと速やかに移動することが前提となります。

　しかし現実には、労働力の移動はそれほど容易ではありません。例えば、長年農業に従事してきた者が、外国からの安価な輸入品との競争に負けて廃業寸前になったからといって、すぐさま金融業界へ転職することは難しいし、また、住み慣れた町を離れて家族とともに遠く離れた場所に引っ越すのも転職の障害となります。つまり労働力の移動は、標準的な貿易理論が想定するほどスムーズではなく、多くは自由貿易の結果として収入減、失業、廃業といった憂き目を見ることになります。

　それでも、標準的な貿易理論では、国全体の経済で見れば自由貿易による利益が損失を上回ることが強調されますが、政治的には、むしろ自由貿易によって憂き目を見ることになった比較劣位産業関係者の存在こそ重要です。彼らは、選挙やロビーイングなどを通じて、自分たちに憂き目を遭わせた相手国への報復を主張することができます。また、そうした元労働者の票を期待する政治家の側が、報復的な政策を自らアピールすることもあるでしょう。こうして、相手国からの輸入品との競争に敗れた比較劣位産業の関係者は、選挙などを通じて、自国政府を相手国への強硬姿勢へと動かすというシナリオが予想されます。

　相手国からの輸入品との競争に敗れた比較劣位産業の関係者が自国政府を相手国への強硬姿勢へと動かすという考え方は、国際政治学における従来の相互依存研究ではあまり指摘されてこなかった説ですが、2018 年の米中貿易戦争の背景として説得力を持ちうります。トランプ氏は、大統領選挙中か

ら中国に対する膨大な貿易赤字を問題視してきました。トランプ大統領による度重なる対中制裁関税の発動は、中国製輸入品との競争によって不利益を被ったと考える人々の支持を狙っての事と理解できます。

2-4　実証的研究

　以上のとおり、相互依存と紛争あるいは協調との関係については、昔からさまざまと議論されてきました。また、1980年代以降、これを実証的に検証する試みも現れました。その多くは、多数の国を分析対象に入れた統計学的な検証です。

肯定的実証研究

　統計的な実証研究の多くは、概ねリベラリズムの主張を支持する結果を出しています。その走りとなったのが、ポラチェックが1980年に発表した論文です。ポラチェックは、労働経済学の専門家でしたが、労使紛争の研究に対する何らかの示唆が得られるのではないかという観点から、二国間の貿易額と紛争発生との間の関係について統計的に検証した結果、両者の間に負の関係があることに気づきました。つまり、相互依存が深くなるほど、その当事国間で紛争の可能性が下がることを示したのです (Polachek 1980)。

　この研究をきっかけに、多くの研究者が相互依存と紛争の関係について実証的な研究を行いました。その大半が、ポラチェックと同様、第二次世界大戦後の二国間関係を分析の対象としたものでしたが、なかには、特定の国を軸にした研究、国際システムを対象にした研究、より長い時間軸で検証した研究などもあります。そうした実証研究のほとんどが、貿易額の増大が政治的対立の抑制につながるという関係性を見出す結果となりました (Domke 1988 など)。

　また、経済的な繁栄が民主的な政治体制を促進し、それが戦争のリスクをも低下させるというデモクラティック・ピース論についても、実証的な検証が行われました。例えば、ある実証研究によれば、貿易額の増加は民主体制の国同士の間では軍事衝突を抑制する一方、政治体制が異なる国の間では貿

易額の増加がかえって紛争を招く傾向があるとされます (Russett & Oneal 2001
など)。

懐疑的実証研究

このように多くの実証研究が、リベラリズムの主張を支持している一方で、
これに否定的な結果の実証研究も中にはあります。リベラリズムの主張に否
定的な実証研究の多くは、実は、この分野の実証研究の先駆者として先ほど
紹介したポラチェックとその弟子たちによるものです。

ポラチェックは、当初、多数の二国間関係の集合データをもとに、貿易量
が増えるほど当事国間で紛争の可能性が下がることを示しましたが、後年、
アメリカを中心とするいくつかの二国間関係に絞って経年的な分析を行った
ところ、逆に貿易量と紛争発生の間に正の関係が見出されることを明らかに
しました (Gasiorowski & Polachek 1982)。

また、相互依存は、リベラリストが主張するように貿易から得られる利益
が紛争を抑止するという側面と、リアリストが主張するように利益分配の不
均衡が紛争を助長するという側面、両方を併せ持っているのだとポラチェッ
クらは考え、相互依存を色々な種類に分類した上で統計的に分析してみたり、
貿易額以外にさまざまな変数を加えて分析してみたりといった試みをしまし
た。

こうした懐疑的な研究は、リベラリズムの主張を批判的に検証するという
点で貢献がありました。一方で、その前提条件の置き方や変数の取捨選別に
客観性を欠くといった理由のため、その後の多くの研究からの批判も受けて
います。

2-5　残された課題

結局、多くの実証研究によって明らかになってきたことは、相互依存が紛
争抑止に役立つとしても、それは、ある種の国内的、国際的な要因に依存す
るのではなかろうかという事です。しかし、では、一体どういう場合に相互
依存に紛争抑止力があり、どういう場合には効果が薄いのかという点につい

ては、まだまだ実証的な証拠が不足しています。

　この点、相互依存に紛争抑止力があるかどうかは、将来の見通しによるという主張が注目されています（Copeland 2014）。この主張によれば、国家指導者が、将来にわたって貿易投資から利益を得られると楽観的に考える場合には、その利益を失わないように平和的に行動する、つまり相互依存に紛争抑止力があるとされます。多方、国家指導者が、近い将来、敵国の経済制裁などによって、貿易投資からの利益を奪われ、困難な状況に追い込まれると悲観的に考える場合には、そうした困難な状況にはまる前に、敵国との対決を選ぶ、つまり、過去および現在の相互依存に紛争抑止力が期待できないことになるというのです。

　いずれにせよ、相互依存と紛争の関係に影響を与える国内要因、国家関係、国際情勢などについて議論を深め、従来のリベラリストやリアリストの主張の違いをつなぐような統一的モデルの構築に向けた試みが、相互依存論に関する近年の研究の1つの傾向となっています（i.e. Maoz 2009）。

3　総論賛成・各論反対の利害対立

　以上のとおり相互依存と紛争に関する議論に決着はついていないものの、現実の国際社会では、相互依存関係にある国同士でも利害対立は日常的に生じています。そうした利害対立の下で各国は、相互依存から得られる利益を上回る別の政治経済的利益がない限り、その関係を断ち切るほどの紛争は回避するように行動しているのだと考えられます。

3-1　総論賛成・各論反対

　したがって、現在の相互依存的な国際関係において各国は、決定的な紛争はできる限り避けて協力した方が良いという点では利害が一致するものの、具体的な協力方法については利害が対立する「総論賛成・各論反対」の状況にしばしば直面します。

　このような「総論賛成・各論反対」の状況においては、決裂を回避するた

めに、少なくともどちらか一方あるいは双方が「妥協」せざるを得ません。すなわち、自国にとってより大きな利益を得られる協力方法が他に存在するにも関わらず、決裂を回避するために、敢えて自国にとっての利益が比較的小さな協力方法を受け入れる事が必要になる場合があるということです。

　もちろん、「妥協」する国も、必ずしも不利益を被る訳ではありません。協力の必要性という総論では一致している状況というのは、決裂するよりは協力をした方が双方にとって利益があるということです。たとえ自国に不利な方の協力方法を受け入れて「妥協」することになったとしても、協力せずに関係断裂する状態に比べれば、より多くの利益を得られるはずだからです。

技術基準国際標準化の例

　例えば、ある技術基準の国際標準化をめぐる国際交渉を考えてみましょう。いま、A国が基準aを採用しており、B国がこれと異なる基準bを採用しているとします。つまり、A国では基準aに従って製品を生産販売せねばならず、B国では基準bに従って製品を生産販売しなくてはならない状況です。

　この状況では、A国とB国の双方で活動しようとする多くの企業にとって、両国が別々の基準を使っているよりは、どちらか一方の基準に統一してもらった方が、生産販売の効率が上がって良いでしょう。ただし、A国の企業にとっては、自国の基準aが国際標準となる方が新たな基準への適応コストがかからないため望ましく、同様にB国の企業にとっては基準bが国際標準となる方がより望ましいと考えられます。

　このとき、自国企業からの要請を受けてA国政府とB国政府が国際標準化の交渉を行うとすれば、基準を統一した方が良いという総論では両政府の意見は一致しますが、基準aで統一するか基準bで統一するかという各論における具体的な協力方法をめぐっては、利害対立が生じます。つまり、総論賛成・各論反対の状況です。

3-2　「男女の争い」ゲーム

　このA国政府とB国政府の間では、国際標準化の具体的方法をめぐって

84

完全に利害が対立するため、激しい交渉が行われることが想像されます。こうした総論賛成・各論反対の場面において、自国が有利な協力方法を享受できる側となるか、あるいは妥協せざるをえない側となるかは、民間の利害にも関わる大きな違いを生じます。

この AB 両国政府が直面している利害対立の状況は、**表 4-1** のようなマトリックスにまとめることができます。マトリックスにおいて、行は A 国政府の採りうる行動（協力方法の a か b か）を、列は B 国政府の採りうる行動（協力方法の a か b か）を示し、各セルにおける左項は A 国政府の利得の大きさ (x>y>z) を、右項は B 国政府の利得の大きさ (x>y>z) を示しています。

表4-1　「男女の争い」モデルの利得行列

A 国政府／B 国政府	協力方法 a	協力方法 b
協力方法 a	x,　y	z,　z
協力方法 b	z,　z	y,　x

これは、ゲーム理論において「男女の争い」(battle of the sexes) として知られる状況です。ゲーム理論とは、2 以上の意思決定主体（例えば日本と中国）の交渉やそれぞれの意思決定過程を数学的にモデル化して分析する手法であり、経済学、政治学、社会学、生物学、情報工学、経営学など、さまざまな分野で利用されています。

国際政治学においては、無政府状態の国際政治経済システムにおける協力ないし協調の成否に関する分析手法として、特に「囚人のジレンマ」(Prisoner's Dilemma) のモデルがよく知られています。古くは 1960 年代に、このモデルを米ソの軍備競争に当てはめて、相手国による裏切りへの不安から米ソともに軍備縮小の協力はできず、結局お互い膨大な費用をかけて軍備拡張を続けてしまうと分析した研究があります (Boulding 1962)。

他方、「男女の争い」というモデルの状況は、デートの行き先に関する男女間の意見の相違という、日常生活のどこにでもありそうなエピソードで表現されています (Luce and Raiffa 1957)。その二人は、今夜のデートの行き先としてボクシングを見に行くか、それともバレエを見に行くか、それぞれ考え

ています。男性は、バレエに行くよりボクシングに行きたいと考えており、女性は逆にボクシングよりもバレエに行きたいと考えていますが、とにかく男性も女性も、二人が我を通して別々の場所に行く結果だけは回避したいという点では意見が一致している状況です。

　ここで、この二人が一緒にデートに出かけるためには、男性が譲歩して女性が望むバレエに出かけるか、女性が譲歩して男性の望むボクシングに出かけるほかありません。すなわち、この「男女の争い」モデルは、デートに一緒に出かけようという総論においては意見が一致しているものの、具体的な行き先という各論においては意見が真っ向から対立しているという、総論賛成・各論反対の利害対立状況を表しているのです。

　こうした男女の争いモデルの状況は、さきほどの技術標準の例のように、多くの協調的二国間関係にも見ることができます。マトリックスから明らかなとおり、この状況では、A 国政府も B 国政府も交渉決裂（右上や左下のセル）だけは避けたい以上、両国政府が揃って協力方法 a での合意を受け入れる（左上のセル）か、あるいは逆に協力方法 b を受け入れる（右下のセル）のが、互いにとって合理的です。

　ただし、A 国政府の望む協力方法 a での合意が成立する場合、A 国政府は相対的に大きな利得 x を得る一方、B 国政府は相対的に小さな利得 y を受け入れねばなりません。逆に、B 国政府の望む協力方法 b で合意する場合、B 国政府は相対的に大きな利得 x を得るものの、A 国政府は相対的に小さな利得 y しか得られません。

　つまり、この男女の争いモデルのような状況では、交渉決裂という互いにとって最悪の結果を回避するために、どちらか一方が譲歩して相対的に小さな利得を受け入れざるを得ず、利得の配分が不平等となります。したがって、利得の計算すなわち利益の損得勘定だけでは、どちらが譲歩すべきかについて適切な答えを導くことができません。

　こうした現在の相互依存的な国際関係にしばしば見られる総論賛成・各論反対の利害対立状況においては、「力」の行使、明示的な「ルール」の存在、あるいは暗黙の「共通意識」といった要因が複合的に作用して、紛争が回避

86

され協力がなされると考えられます (Sekiyama 2014)。

3-3　協力に導く要因
「力」

　例えば、A 国と B 国の間で力配分に不均衡があり、B 国に対して A 国が十分に大きな「力」を有するとすれば、A 国政府は B 国政府に対して協力方法 a を受け入れるよう強制し、自らに有利な形で国際協力を進めることができるでしょう。

　ここで「力」とは、安全保障、生産、金融、知識など各領域の複合的な国力です。また、物理的な力による強制のみならず、ソフトな力による誘導も含むものです。実際、国際政治経済における国家間の「力」の配分は、技術力、市場規模、国際機関における投票権など様々な要因によって定まります。そして、「力」のある支配的な国家の意向によって、複数ある選択肢の中から 1 つの協力方法が選択されることがあります。

「ルール」

　ただし、「力」以外にも、例えば国際貿易における無差別原則のように、ある種の行動を規定する明示的な「ルール」が事前に合意されている場合には、その「ルール」によって具体的な協力方法が決まることがあります。

　例えば、A 国政府と B 国政府が具体的な協力方法をめぐる対立の解決を国際機関による仲裁に委ねることとし、その仲裁案に従うことを事前に合意する場合、この仲裁という「ルール」によって、両政府が採用する協力方法が決まることになります。

　このとき、ルールによって 1 つの協力方法が選択されるのは、ルールの遵守が前提となっているからではありません。男女の争い的な状況においては、そのルールによって指示された行動を採らなければ、自らの利得を減らす結果になるが故に、自ら進んでルールに従うことになるのです。

「共通意識」

　また、強制を可能とするほど十分大きな「力」の格差がない場合や明示的な「ルール」に関する事前の合意がない場合でも、共有された規範、確立された伝統、範を示すリーダーシップなどが、ありうべき結果について各国政府間に暗黙的な「共通意識」を形成して、各国政府の行動が自ずと一意の協力方法へと収斂する場合があります。

　暗黙的な「共通意識」が一意の協力方法へと各国政府の行動を調整するのは、「ルール」が機能する理由と同様に、もしも「共通意識」から導かれる行動を採らなければ、自らの利得を減らす結果になるからです。

　したがって、「共通意識」によって導かれる結果が仮に自らにとって不利なものであっても、交渉決裂という最悪の結果を避けるために、各国政府は（しぶしぶながらも）自ら「共通意識」の指示するところに従うことになります。

　表 4-1 のマトリックスに即して言えば、もし前例や慣習から見て協力方法 a での合意が導かれるに違いないという暗黙的な「共通意識」が A 国政府にも B 国政府にもあると互いに知っている場合、当然ながら A 国政府は協力方法 a の採用を主張してくると予想されます。この状況で、もし仮に B 国政府が協力方法 b の採用に固執すれば、(a, b) という交渉決裂の結果を招くことになります。したがって、交渉決裂だけは避けたい B 国政府は、誰に強制される訳でも事前合意がある訳でもなく、苦渋の選択として協力方法 a を受け入れることになるのです。

4　まとめ

　以上のとおり、相互依存は紛争を抑止するのか否かという問いについては、1980 年代から 90 年代にかけて盛んに研究が行われ、実証的な検証も積み重ねられた結果、2000 年代には、相互依存は紛争との間で何らかの関係があるという見方が優位を占めるようになりました。

　他方で、では、なぜ相互依存と紛争との間には一定の相関関係が認められるのかという因果関係については、前述のとおりリベラリストとリアリストの双方から全く正反対の仮説が主張されているだけで、いまだ最終的な結論

が出ていません。また、実際に相互依存が進むなかで対立を深めている国家関係が存在するという現実を目の前にして、一体どういう場合に相互依存に紛争抑止力があり、どういう場合には効果が薄いのかという点についても、まだまだ実証的な証拠が不足しています。残念ながら、相互依存と紛争の関係については、2000年頃までに研究上の流行が去り、その後は議論が進んでいない状況です。

しかし現実の国際社会は、ますます相互依存が進むなか、主たる大国同士が外交的対立を深めつつある現実に直面しています。自由で開かれた国際経済体制の推進は国家間の平和安定に寄与しないのでしょうか。経済相互依存は本当に紛争抑止に効果を持つのでしょうか。経済相互依存が進むなかで二度の世界大戦へと突入した20世紀初頭の過ちを繰り返さないため、経済相互依存と紛争抑止の関係は、改めて研究を深化させるべきテーマであると言えます。

第5章 国際通貨・貿易制度

柳田辰雄

　2019年8月初め日本政府は、韓国を優遇措置が適用される「ホワイト国」から除外する政令を決定しました。すでに、日本は同年7月初め、韓国の輸出管理体制に不備があるとして、半導体材料3品目の輸出手続きを厳格化しました。

　これに対して、韓国産業通商資源省は、貿易規制上の優遇措置対象である「ホワイト国」リストから韓国を外す日本の計画について、正当な理由や協議もなく、より厳しい状況をもたらすと指摘しました。

　WTOの関税と貿易に関する一般協定・GATTにおいて、安全保障上の対策としていくらかの自由度があり、自国の本質的な安全保障上の利益のために、対策が必要であると考えられるときはいつでも、WTO加盟国が独自の判断で輸出商品や海外へのサービスを管理することができる規定があります。

　すでに、2019年4月初め、世界貿易機関(WTO)の紛争解決パネルは、関税と貿易に関する一般協定・GATTの本質的な安全保障条項を解釈した最初の実質的なWTOパネル決定を出しました(GATT 1994)。この決定は、アメリカのトランプ政権が1962年の貿易拡大法第232条の下で課した鉄鋼およびアルミニウム関税への継続されている関税政策を含む、WTOにおける係争中の他の重要な紛争に重大な影響を与えます。

　また、2018年3月末に中国の上海において、中国の人民元通貨建ての原油先物取引が始まりました。アメリカの紙幣ドルは現在でも国際的に最も取

引されている商品で、世界の石油取引においてより大きな役割を果たしている原油先物契約の主な通貨ですが、従来の盤石な基盤はすでに壊れています。なぜなら、世界最大の輸入国で第2位の原油消費国として、アメリカとの貿易紛争の中で、この原油先物市場は、紙幣ドルへの依存を減らすための中国の努力を後押しする枠組みであり、通貨人民元の国際通貨への道を短縮することになります。そして、中国はその金融・資本市場のよりいっそうの開放と人民元の国際化を加速することになります。

さらに、欧州連合の主要通貨ユーロは、1999年導入以来、国際的な通貨としての価値が着実にあがっており、ドルの国際通貨としての相対的地位の低下を速めています。

ところで、金融市場の地球規模での統合が進むにつれて、イスラム銀行も国際金融・資本市場に本格的に参入し、マレーシアと中東地域の金融市場の交流も活発となっています。ヨーロッパではロンドンを中心とし、東アジアではマレーシアやインドネシアでイスラム銀行が設立されています。イスラム銀行は、当初は国際金融システムの中で特異な金融機関とみなされていましたが、すでに、国際通貨基金IMFが公認する銀行システムの1つとなっています。

1　国際通貨基金・IMFの創設とその後の変遷

世界共治・グローバルガバナンスの1つの具体例として、第2次世界大戦後にイギリスとアメリカによってIMFは創出されましたが、アメリカの軍事力および経済力が弱まりつつある今日、国際通貨・金融問題に対する国際的な共治の機関として設立されたIMFは、組織運営の観点から意思決定に関する説明責任が改めて問われることになっています。

市場における自由な取引や人、物やサービスの国際間の自由な往来を保障する協定から成立したのが、国際連合の独立専門機関、国際通貨基金（IMF、International Moneary Fund）や世界貿易機関（WTO、World Trade Organization）です。

市場における自由な取引が地球を覆う度合いはソビエト連邦などの社会主義
政権の崩壊や地球規模における経済統合の進展によってさらに大きくなって
います。このような自由な市場取引を基礎として、それを円滑に機能させる
ために、国際機関による規則の策定や実施および維持管理が行われています。

　以下では、イギリス人のケインズとアメリカ人のホワイトの偉大なる創意
による国際通貨基金（IMF）の役割の変遷を概観します。国際通貨基金は国際
連合の特別専門機関として国際金融の部門を担当しています。当初は加盟国
が出資した基金を元に運営されていましたが、現在では、特別引き出し権
（SDR）の増資によって資金は賄われるようになっています。最初の SDR の
増資は 1970 年の 1 月 1 日に行われ、1SDR は当初 0.888671 グラムの金に相当
すると定義され、1 アメリカドルにも相当していました。ブレトンウッズ体
制の崩壊後、SDR は通貨のバスケットとして再定義されました。増資が決
まると、各国へは決められたクォータによって配分されます。SDR の価値は、
主要国の通貨ドル、ユーロ、ポンド、円および人民元のある通貨バスケット
で決められています。

　2016 年 10 月から SDR の構成に中国の人民元が入り、元が 10.92 パーセン
トとなり、ドル 41.73 パーセントとユーロ 30.93 パーセントに次ぐ 3 位とな
りました。ちなみに、円は 8.33 パーセントでイギリスポンドは 8.09 パーセ
ントです。

2　ブレトンウッズ体制

　第 2 次世界大戦後、戦勝国のアメリカ合衆国は巨大な軍事力と経済力に基
づく覇権によって、国際通貨発行権を求め、ブレトンウッズ体制を創設しま
した。この体制における国際金融制度の中心には、金と一定の比率で交換が
保証されたアメリカの通貨ドルがおかれ、加盟国の通貨は固定された為替
レートによってドルおよび金と交換されることになりました。したがって、
この制度は金―ドル本位制と呼ばれるものでした。当時、多くの識者は、こ
の制度の下で大恐慌前後において採用された金本位制の欠点は免れるものと

考えていました。その欠点とは、国内経済の運営が国際収支の動向に大きく左右されるということであり、それは国際通貨の供給が新規の世界全体における金の生産に大きく依存していたからでした。

　この新たな体制は設立当初、1930年代の規制とは逆の、自由で多角的な秩序をつくることを目指しました。為替レートは通常固定化されることになり、商業銀行のほとんどが為替取引への誘因をもつように、かつての金本位制度の下において、決済のために金塊を送る取引費用を参考にして、上下1パーセントの幅をおくことにしました。加盟国すべての為替レートの水準は直接的あるいは間接的に金で表示されることになりました。この為替制度ではレートの水準は、その国が要求し、かつ国際通貨基金が経済的な基礎的不均衡を修正するのが必要であると認めたときには変更が可能であったので、変更可能な釘付けレート制度と呼ばれました。この基礎的不均衡という概念は公式には規定されませんでしたが、それに該当するのはインフレや失業という国内における不均衡あるいは、緩やかな景気循環の中で対外均衡を維持し続けることができないような状況です。

　この制度の下では、国際収支における経常収支の赤字によって、一時的に外貨の支払い不能に陥った国は、IMFから外貨を借り入れることができましたが、加盟各国は国内経済の自律性と国際経済の安定を同時に追求することを余儀なくされました。すなわち一国の総輸入と総輸出が大きく乖離して経常収支が一時的に大幅な赤字に陥った場合には、基金からの緊急融資の道が開かれていました。しかし、それには財政支出の抑制や、金融引締めによる民間設備投資の削減というマクロの需要管理政策を行うことが条件となっていました。国際収支の不均衡が実質為替レートの過剰な切り上がりによると認められる場合には、為替レートを切り下げることがIMFから承認されることになっていましたが、当初の20年間において主要国の為替レートはほとんど変更されませんでした。これは国際収支の大幅な不均衡にも関わらず、政治的および経済的リスクのために為替レートの変更がなかなか実行されなかったからです。

　IMFの加盟国が対外支払において困難に陥ると、基金から一定の条件で融

資を受けることができますが、この融資は加盟国が自国通貨を払い込んで必要な外貨を基金から自国通貨で買うという形をとっています。融資できる通貨は、加盟国が拠出している各国の通貨、特にドルやユーロ、円等の主要国通貨です。ある一定額以上の融資を受けたいときには、基金がその国と協議しつつ作成する「経済調整プログラム」を受け入れ、それに従って経済政策を実行することを約束しなければなりません。このプログラムには財政金融政策や物価、賃金等について一定の制約条件がつけられることになりますが、この条件を融資の「コンディショナリティ」といいます。もし融資の受け入れ国が融資の条件に違反すれば、その段階でそれ以上の融資は自動的に停止されます。

　通常、この条件は緊縮的な財政金融政策を実施することを要求するので、受け入れ国の国際収支の改善には役立ちますが、経済成長を阻害するという批判があります。コンディショナリティのもつ 1 つの利点は、その融資額は必ずしも大きくないのですが、他の債権国がこの融資をきっかけとしてその国に再び融資するようになるので、外貨債務の返済が滞ってしまった国は大きな利益を受けることです。同じことが公的資金の借り入れについても当てはまり、主要債権国会議 (パリクラブ) も債務国がこの経済調整プログラムを受け入れることを条件に、返済繰り延べ等の支援の手をさしのべています。

　1970 年代に入る頃になると、ブレトンウッズ体制の長所と見なされていた管理通貨、すなわちアメリカのドルによる国際通貨の供給はこの体制の欠陥とみなされるようになってきました。ベトナム戦争などによる財政支出の拡大によって、アメリカの国際収支は大幅な赤字を示すようになり、多量のドルが海外に流出し、日本および西欧において外貨準備の残高がふえました。その結果、国際通貨としてのドルの価値に対する信認が揺らぎ始めたのです。これはトリフィンのジレンマとして有名です。すなわち、アメリカの経常収支が赤字でドルが世界に供給されなくては、世界貿易の円滑な成長は望めません。かといってアメリカの貿易赤字が巨大すぎて、ドルが世界の金融市場に過剰に供給されてしまうと、ドルへの信認が揺らいでしまうのです。

　1960 年代の後半に経常収支の慢性的赤字に悩まされていたアメリカは、

経常黒字国の西ドイツと日本に大幅な為替レートの切り上げを要求するようになりました。そして、ついに 1970 年の 9 月、ドルと金の交換性が停止されるにおよんで、ブレトンウッズ体制は崩壊しました。ここに金と国際通貨の関係は名目上も終止符を打ったのです。

多くのマルクス経済学者は金とドルの交換性に基づいて、貨幣は金でなければならないというマルクスの指摘が真理であると主張していましたが、金とドルの交換性というのは、覇権国家アメリカがドルを国際通貨として西欧に受け入れさせるための巧妙なレトリックと考えられます。なぜならばこれ以後、金の国際市場での価格はドルの他の主要通貨に対する変動よりもかなり大きく変動したからです。ドルが金の保護下にあったのでなく、金がドルの保護下にあったのです。

3　変動為替レート制度対共通通貨

アメリカにおける産業上の国際的な比較優位は金融産業にあります。価格が乱高下する金融資産への投機は莫大な利益をもたらします。ハイリスク・ハイリターンといわれる所以です。同じリスクをもつ金融資産の利益率の平準化をもたらす裁定取引では、投資家は超過利潤をえることはできません。しかし、ジョン・ウィリアムソンが「体制のない体制」と呼んだ変動相場制度こそが莫大な利益を生んでいるのです。変動し、自由な短期資本の移動が保証される限り、アメリカに巨万の富をもたらす機会を提供し、それが閉ざされれば、莫大な利益の可能性は非常に低下することになってしまいます。さらにアメリカドルが地位をさげ、国際的なドルへの信認を低下させるということは、1950 年代にポンドがドルに取って代わられたイギリスが経験したように、国際金融市場でのドルの価値を下げるとともに、経済の活力の低下をもたらします。

1961 年にロバート・マンデルは、最適通貨圏の理論を発表し、ある国家の行政圏とその国で流通している通貨圏は同一ではないことを主張しました。

そして、この時代に導入が叫ばれていた変動相場制度に疑義を唱えていたマンデルによって、欧州に共通通貨ユーロ導入への扉が開かれました。この主張は、最適通貨圏は国家の境界を超えていることを指摘しています。さらに、この最適通貨圏の理論を冷静に分析してみると、国家を超えた最適行政圏の境界はどのように形成されるべきかという、衝撃的な内容を含んでいます。

　ちなみに、ゲオルグ・ジンメルは1900年に『貨幣の哲学』を出版し、「貨幣は人間と人間とのあいだの関係、相互依存関係の表現であり、その手段である。すなわち、ある人間の欲望の満足をつねに相互にほかの人間に依存させる相対性の表現であり、その手段なのである」と書きました。この貨幣への見方は、第1次世界大戦と第2次世界大戦を乗り越えて、フランスが敵対していたドイツを巻き込んで、欧州共通通貨ユーロを導入するのに貢献しています。ゲオルク・ジンメルの「形式社会学」における方法論的関係主義おいては、社会も個人もそれ自体では独自の存在ではないと考え、個人同士の関係または相互作用に社会の存在をみており、個人と社会は貨幣を含む制度という媒体により相互依存の関係にあります。

　それではまず、変動相場制度に関する議論の展開を見てみましょう。変動相場制を擁護する立場を、小宮隆太郎著『国際経済学研究』の「最適通貨地域の理論」は以下のように要約しています。「ミルトン・フリードマンやジェイムズ・ミード等に始まる伝統的な変動為替レートの理論は、賃金・価格の硬直性のために国内均衡と国際均衡の矛盾が生じる場合には、各国が対外均衡の調整方式として変動為替レート制度を採用することがもっとも望ましい」。ブレトンウッズ体制が最盛期に入った1960年前後に、フリードマンは政府による市場経済への介入を最小限にすることを主張して、市場の需要と供給に応じて自由に上下に変動する変動相場制を擁護しました。

　これに対して、マンデルは商品の国際的な取引や国際投資に行われる際の経済的利益を指摘して、究極の固定相場制度、すなわち共通通貨からなる最適通貨圏を主張しました。貨幣は使われる地域が広ければ広いほど貨幣とし

ての機能、すなわち、交換手段、価値基準および価値保蔵の機能がよりよく
発揮されます。このように考えると、最適通貨圏の条件は以下のように考え
られます。資本や労働の生産要素の移動性が高く、金融の統合が進みさらに
対外取引が大きい、つまり経済の開放度が高い場合です。商品の生産、消費
および投資などの経済活動によって生じる資本は相対的に過剰な地域から希
少な地域に移動していき、国際的には国際収支における経常収支の黒字国か
ら赤字国に資本が移動して行くことになります。さらに、人々が住居を容易
に変更できる地域で、外国との貿易取引が国内経済の中で大きな割合を占め
ている経済地域はこの条件をみたしています。

変動相場制度はいかなる国に対しても国際通貨の発行権を否定するもので
あり、究極的には国際通貨そのものが不必要となります。ただし、実際には
特定の通貨に対する国際投資、および貿易に関する取引のための国際通貨へ
の需要がなくなるわけではないので、通貨発行権による利益は特定の覇権国
に存続します。変動相場制を支持する経済学者は、この制度の下では各国が
悩まされていた経常収支の大幅な黒字や赤字は為替レートの変動によって短
期間に容易に解消され、国際収支の調整のための政策はすべて不必要になる
と考えていました。対外収支が赤字のときには為替相場の下落が失業に取っ
て代わることができ、黒字のときには為替相場の上昇がインフレに取って代
わることができるのです。さらに、外国の景気変動による国内経済への影響
を遮断できるという隔離効果があると主張されました。

またフリードマンをはじめとして、為替レートの完全な伸縮性は為替レー
ト安定化につながると考えていました。その根拠は、経常収支は為替レート
の変化に速やかに反応し、為替レートの切り下がりにも関わらずかえって
経常収支が悪化するというJカーブ効果などはあり得ないというものでした。
さらに投機は為替レートの安定化に貢献し、過剰調整などは存在しないと考
えていました。ただし、この制度が円滑に機能するためには、為替相場の変
化による相対価格の変化によって輸出産業と輸入産業との間を資本や労働が

短期間で、しかも少ない調整費用で移動することが必要です。さらに、変動
相場によって生み出されるリスクは、先物市場で安い費用でカバーすること
ができるという前提が必要でした。この主張を多くの門外漢は素朴に信じて
いました。しかし歴史の教えるところによると、為替レートの水準の決定は
国際貿易のための取引需給に応じて決定されるのではありません。為替レー
トは、巨額な国際資本取引のために金融市場において決定され、株価と同じ
ように市場参加者のさまざまな思惑、将来の経済活動に関する予想によって、
時において気まぐれに乱高下するものなのです。

　国際間の資本の移動は 1970 年代以降の国際経済の構造的変化によって加
速的に促進されました。この構造的変化とは、国際貿易の拡大、二か国以上
に販売および生産の拠点をもっている多国籍会社の出現による国際間の資金
移転への需要、国際通信機器の発達による国際金融サービスにおける費用の
低下による国際金融市場の統合でした。金融市場の統合が進み、労働者の移
動も比較的容易な欧州連合において、加盟国の通貨価値を固定させる統一通
貨ユーロは 2001 年の導入以来円滑に機能しています。

　すでに、カネが取引される市場と商品およびモノが取引される市場におい
て、需要と供給を調整する速度が大きく乖離するようになっています。大戦
後の経済成長によって巨額な資本が蓄積され、さらに、金融市場の深化とと
もに金融商品の規格化および標準化が進み、金融資産価格は瞬時に変化し、
価格の変動によって需要と供給の調整が行われます。商品市場においては、
生産のための設備投資から最終購買者までに商品を供給するのに時間がかか
り、需要と供給によって価格が上下に伸縮的に大きく変動することはありま
せん。さらに、特定の商品を供給するには巨額な設備投資および研究開発投
資が必要となり、巨大会社による寡占的状況が出現しました。すなわち会社
はますます価格の変化によって売り上げの競争をするのではなく、製品差別
化によって競争するようになりました。寡占会社の下で、多くの製品の価格
は上昇することはあっても、大きく下落することは少なくなりました。

　将来の経済動向に関する予想によって、株価および金利と同時に、為替レートは瞬時に変化します。市場参加者の予想が不安定で、海外での軍事衝突などによる衝撃がはしる場合には、為替レートは乱高下することになります。この乱高下は貿易業者に為替取引に関する不確実性を高めさせ、海外との取引を疎外します。この乱高下による価格の変化を、価格競争が行われていない商品市場において日々転嫁することは貿易業者や小売業者にとってあまり得策ではありません。したがって為替レートの変化による国際収支の不均衡の解消は困難となります。すなわち、1970年代後半から先進諸国において為替レートの大幅な切り上がりにも関わらず、貿易収支の巨額な黒字が持続し、または大幅な切り下がりにも関わらず巨額な赤字が持続するというJカーブ現象がおこりました。さらに、為替レートの乱高下の幅が大きくなるにつれて、変動相場制度の下における国際収支調整への疑念が各国政府の政策担当者に抱かれるようになり、日本、西ドイツおよびアメリカの通貨当局が積極的に外国為替市場に介入して為替レートの乱高下を阻止しようとしました。

4　国際貿易制度

　現在、世界貿易機関・WTOは、加盟国間のインターネット通販による商品取引、電子商取引、知的財産権の保護および紛争解決機能の改善をめぐって、自由貿易の推進機関としての役割が低下しています。世界貿易機関の意思決定は、全164カ国の加盟国・地域の同意が必要な全会一致に依拠していますが、この全会一致の原則の見直しも行われようとしています。

　世界貿易機関は国連の専門機関として、主に国際貿易に関する仕事をしており、その役割は諸協定に関する事項について、加盟国の共通の制度的枠組みを提供することです。具体的な任務としては、実施の促進、交渉舞台の提供、貿易紛争処理機関の運営、貿易政策検討委員会の運営および国際通貨基金や国際復興開発銀行との協力があげられています。組織としては、閣僚会

議、理事会、理事会傘下の紛争処理機関がおかれ、さらに補助機関としてサービス理事会、知的財産権理事会や各種委員会が作られています。貿易と環境委員会はこの各種委員会の中に組み込まれています。

　世界貿易機関 WTO は 1995 年に GATT の規則に則って、各国の利害関係を調整して、国際貿易を拡大させるために設立されました。農産物は工業製品と比較して生産性向上が緩やかで、天候に左右されやすく、価格変動の幅が大きく、日々人々の食生活に直接関連しているため、健康や安全性から、または安全保障の面から、人々の関心が高い分野です。農業は補助金、輸入制限、高い関税率が残存しており、先進諸国間でも調整がなかなか難しい分野です。さらに、最近、中国を含め多くの発展途上国が世界貿易機関に加盟したために、主要輸出品目が農産物である開発途上国と先進工業諸国との調整も加わり、世界貿易機関での農産物貿易に関して合意に到達することは一層難しくなってきています。

　第 2 次世界大戦後の 1948 年スイスのジュネーブにおいて国際貿易促進のための関税引き下げ交渉の会議が開催されました。その際、先進各国が保護貿易に陥り、経済のブロック化が第 2 次世界大戦の引き金となったことへの反省がなされ、関税と貿易に関する一般協定 GATT が締結されたのです。この一般協定の目的は貿易および経済の分野における批准国が、生活水準を高め完全雇用を維持しながら高い実質所得および有効需要を確保することです。そして、それによって世界における資源の有効な利用を促進させ、同時に商品・サービスの生産および交換を拡大することにあります。この一般協定には 3 の基本的な規定があります。それは、関税率を上げないこと、数量制限を課さないこと、そして、加盟しているすべての国に「最恵国」待遇を与えることです。しかしながら、例外規定があり、それは英連邦の加盟国間の関税特恵と、関税同盟と自由貿易圏を形成することです。この例外規定なしでは、自由貿易地域とか関税同盟という貿易ブロックの形成は違法となります。

　関税率は、戦後には主要先進国ではおよそ 30 から 50 パーセントでしたが、

1970年代は4から5パーセント程度にまで激減しました。このような多国間の自由貿易の促進政策によって、世界の貿易額は、この20年の間におよそ7倍にふえました。他方、この世界貿易の拡大によって、特定の商品や財すなわち繊維、履物、鉄鋼、自動車、造船さらに家電製品等で、二国間の貿易摩擦が深刻化していきました。この 結果、緊急避難措置、セーフガードをちらつかせての輸入大国から輸出国への「自主」規制の要求や農産物に関する例外規定の残存、発展途上国における幼稚産業保護の容認、数量割り当て、さらに最恵国待遇の規定に反する「自由貿易地域」の容認が、国際貿易交渉において重要な問題となっていきました。1950年代ごろまでには、二国間で関税交渉を通して行われるような容易な関税の引き下げの可能性はなくなってしまいました。このため、個別交渉から、成果が交渉に参加している国に容認されやすいと判断されるような、多くの一括譲許をもった、より複雑な交渉を始める必要にせまられ、多国間貿易交渉・東京ラウンドが開催されました。しかし、先進諸国間における非関税障壁の排除はできないままでした。発展途上国は、限られた数の途上国だけに欧州経済共同体の市場への商品の輸出が許されることを拒否しました。それを受けて1971年に、先進諸国が、発展途上・低開発諸国からの輸入に関して、広範囲な品目にわたって無税あるいは低税率、すなわち50パーセントの最恵国関税率を適用する低開発国特恵が導入されました。

5　先進国と途上国の貿易の拡大と摩擦

　国連貿易開発会議（UNCTAD: United Nations Confereance for Trade and Development）が、1964年にアジア・アフリカの新興国の主張に基づいて設立され、途上国開発の手段として国際貿易が経済成長のエンジンとして位置づけられました。この会議は一般協定が先進国中心に運営されているとして、開発途上国の観点からさまざまな提言を行ってきました。特に、多国籍会社などが発展途上国の国際収支や税収などに影響を与えていることをふくめて、新国際経済秩序を模索する動きが現れました。ここでは援助とともに途上国の輸出を

安定させる目的をもつ国際商品協定が主要議題として協議されました。また、新国際経済秩序を提唱する国際連合貿易会議の主要な問題として、一次産品問題があります。一次産品問題とは、一次産品を輸出している国々において、輸出財価格を輸入財価格で除した交易条件が長期的に不利化していることです。これが正しいとすると、発展途上国は、同じ機械設備先進国から購入するのに、毎年より多くの一次産品を輸出しなければならなくなります。

　途上国が外貨獲得の頼みの綱にしている一次産品価格が、長期的には工業製品と比べて相対的に低下傾向にあることを指摘し、途上国は不利な立場にあると訴えました。UNCTADの特徴は、南北間の対決姿勢を浮き彫りにして、北の先進国から譲歩を引き出す場として利用されたように思えます。

　それゆえに、ここでは農業、鉱業、水産業や林業の生産物である一次産品に関する国際的な経済摩擦を考えます。多くの発展途上国は特定の一次産品に絞って生産を行い、それらを輸出しています。一次産品問題とは、途上国の輸出商品と輸入商品の交換比率が長期的に、途上国に不利化していることと、需要・供給の価格弾力性が低いために、大幅な価格の変動にさらされており不利な貿易条件にあるということを指しています。一次産品など必需品の多くは消費者にとってある程度の消費をしてしまうと、効用が飽和状態に達してしまい、需要量は容易にはふえません。他方、高級電化製品や車などは、消費者全体では容易に効用が飽和状態に達せず、需要量がふえ続けるという特徴があります。

　自国の資源は自国に開発権があり、途上国に不利な多国籍会社の活動には制限を加えるべきという発想は、石油という資源の価格決定権を産油国が握ることに成功した石油輸出国機構 (OPEC: Organization of the Petroleum Exporting Countries) に負うところが大きいのです。その後、石油以外の資源についても輸出国がカルテルを結んで、価格を支配しようとする動き、あるいは、他の一次産品価格を石油価格と連動させようとする試みなどが見られましたが、価格維持が困難になって挫折してしまいました。石油以外の一次産品では代替製品や別の生産方法が開発され、需要を削減しやすく、石油危機による不況が先進諸国の新規投資を控えさせ、カルテルの維持を困難にしました。

　「サービス貿易に関する一般協定」と「知的所有権の貿易関連の側面に関する協定」は、知的所有権の規定やその保護および侵害への効果的な救済措置を提供する義務を加盟国に課しています。従来の協定においては基本的に国内法が優先されていましたが、WTO の新協定においては国際条約としての側面が強化され国内法を拘束するようになりました。新協定の前文には、締結国の要求や関心に沿って環境を保護し保全すること、さらに、そのための手段を拡充することおよび持続可能な開発の目的に沿って世界の資源を最も有効な形で利用することという条項があります。すなわち、国際貿易と環境、人権および食糧問題などの調和を図ることが重視されています。従来の貿易協定が工業製品分野の関税引き下げ交渉に限定されていたのに対し、新協定では金融取引や国際投資を自由化することや、交渉を推進させるという役割をもっています。

　WTO は、国際金融・貿易に関する規則を加盟国が遵守しているかどうかを監視し、加盟国間で貿易紛争が生じた場合、協定の解釈に基づく貿易に関する紛争処理機関としての機能を果たしています。さらに、世界的規模で現れている基本的人権とグローバリズムが生み出した新たな問題への対応と、これを国際貿易と資本取引の新秩序に組み込むような多角間交渉をこの機関は準備する必要にせまられています。しかしながら、全会一致の原則により規則が決められるため、国際的には最大公約数的な緩やかな規則しか批准されなくなり、新機関での国際規則は、先進国の国内基準より低い水準で成立する傾向がみられます。このことは発展途上国の環境の保護、労働基準などの人権や農業保護に関連しています。すなわち、人工ホルモンや遺伝子組換食品などの食料安全基準の問題が、先進国や途上国で一人一人が生活していくうえで重要になっており、新協定に沿った交渉がもはや前に進まないようになっています。

　緊急輸入制限措置・セーフガード条項では市場が急激に撹乱されたと認定された場合、輸入国は輸出国との間で二国間協定による数量制限を行うことができます。アメリカは 1976 年に鉄鋼の輸入において日本および欧州共同

体に、1977 年から 80 年ごろまでカラーテレビの輸入において韓国および台湾に、1981 年から 90 年代まで自動車の輸入において日本に対し、輸出自主規制を要請しました。さらに 1981 年日米半導体協定が結ばれました。半導体は戦略的技術を必要とし、その進歩は速く、しかもその生産に規模の経済があるために摩擦の品目にされやすいのです。

　新機関では間接・直接の国際投資に関するサービス取引に力点がおかれ、1997 年中頃には多国間投資協定の交渉が開始されましたが、翌年末までに交渉は決裂しました。協定の内容に関する交渉過程での各国の思惑の違いは、国際投資自由化、国際投資の内国民待遇に関わっていました。すなわち、投資保護のための最恵国待遇と透明性、国家による外国投資家財産の収容についての補償および投資家対被投資国家の政府との紛争処理手続に関して各国の主張は異なっています。そのため新投資協定の作成が始まりましたが、開発途上国に配慮せざるをえず、投資自由化の達成が危ぶまれるとして、現在では国際経済協力機構を中心に投資協定の策定を急いでいます。

　また、関税には発展途上国からの産品に関税を免除、軽減する特恵関税制度があり、日本では 1971 年から実施されており、法令により適用を受けることができる国および地域、対象品目ならびに関税率を定めています。これらの国の中に、中国、ブラジル、メキシコ、タイおよびマレーシアがふくまれていますが、2020 年頃までにはこれらの国からの農水産品と鉱工業品への特恵関税は撤廃される予定です。

6　多国籍株式会社と直接投資

　2 つ以上の国に部分的ないしは完全に所有する子会社をもつ会社が多国籍株式会社です。1960 年代後半から 70 年代に工場や会社の設立にともなう直接投資が劇的にふえましたが、アメリカ系の会社による水平型投資が中心でした。1980 年代半ば多国籍会社の活動は多様化し、ヨーロッパ系や日系会社の直接投資もふえていきました。さらに、通信と輸送の技術革新、規制緩和や生産様式における変化によって、生産から販売までの「垂直型」の直接

投資がふえるとともに、多国籍会社のグローバルな外部委託である「アウトソーシング」戦略が目立つようになりました。したがって、一次産品から製造、サービス産業へと投資先の産業が多様化することによって、巨大な会社内での国際貿易、すなわち会社内貿易の割合がふえていき、国際貿易や投資に関する国際ルールの策定に多国籍会社の果たす役割と影響力がましていきました。大半の対外直接投資は、資本集約的かつ技術集約的な部門に向けられており、多国籍会社を中心として、技術が先進工業諸国から途上国へと移転されています。多くの会社は、複数の国の政治権力、経済活動水準や社会的厚生に直接影響する重要な存在となっています。このような会社は、世界の投資、資本や技術、および市場への参入を管理しているので、国際経済だけでなく国際政治においても主要な役割を演じることになっていきました。

各国政府は国際貿易での幼稚産業保護政策と同じように、外国会社との競争力をもつまで、対内直接投資を制限しようとしています。規模の経済を会社が享受できるようにするために、大会社の国際競争力を維持とすると、寡占を阻止しようとする反トラストあるいは合併に関する政策を採用することが難しくなっています。例えば、一国内で商品の販売シェアが5割を超えていても、国際的には競争が認められることにより、反トラスト法が適用されなくなってきています。雇用および技術移転の促進といった自国経済の利益最大化のため、各国は対外直接投資を管理しようとして、GATTの反ダンピング条項、行動指針およびローカル・コンテント・ルールを利用しています。

1990年代半ばには各国は直接投資を評価するようになり、特に途上国政府は直接投資が経済発展に不可欠であると考え、投資誘致競争を行うようになりました。これによって多国籍会社は受入国政府との交渉において、税制優遇措置や貿易保護さらにローカル・コンテント等への規制に関して提案するようになっていきました。多国籍会社によって自国から資本が移転されると海外生産指向から自国の産業基盤が弱体化し、重要な技術の流出や輸出の減少が起こり、その結果として、経済の停滞とともに労働組合の交渉の立場

が弱体化していきました。しかしながら、一方では海外市場へのアクセスや
海外子会社への輸出を創出しています。海外での生産を指向し、会社間の提
携の重要性が高まるにつれて、多国籍会社が自国の政府に租税体系や会社の
雇用者の労働条件においてさまざまな提案をするようになっています。

　日本では会社の吸収・合併を制限しており、株式持ち合い、経営倫理や文
化規範などをふくむ民間ビジネスの取引構造が存在し、欧州連合や北アメリ
カ諸国と異なっています。これらの問題により、多国籍会社の移転価格や国
家管轄権を超えた課税の規則、さらに国家の自律性や直接投資から得られる
便益の配分をめぐる本国と受入国との深刻な対立があるために、国際投資協
定が成立する可能性は低くなっています。さらに、国際投資協定における知
的財産権保護の強化が、先進国と発展途上国の間でバイオ技術を含む技術格
差の拡大を助長するとして、発展途上国の反感を買っています。
　一時、本社を法人税逃れのために租税回避地、タックスヘイブンの国に移
転させる超国家 (transnational) 会社が続出するのではないかと危惧されていま
したが、現在までにその証拠はありません。ただし、パナマ文書は、多くの
多国籍の会社が、法人税逃れのため、租税回避地を利用していることを明ら
かにしています。
　ところで、親会社と子会社の間などの当事者間での取引に付された価格を
「移転」価格といいます。多国籍の巨大な会社などが税負担の軽減のために、
この価格を操作し、法人税率の低い国にある関連会社に利益を集中させたり
します。法人とその国外関連会社との取引価格は、さまざまな理由から独立
した会社間の価格とは異なる価格で行われることがあります。例えば、日本
の A 社が、ある商品をアメリカの販売子会社に対して独立した会社への販
売価格よりも高い価格で輸出したとします。その商品の製造原価とアメリカ
国内での価格が一定であれば、独立した会社への販売価格の小売価格で輸出
された場合と比較して、日本の親会社の収入はふえ、逆にアメリカの販売子
会社の収入はへるので、アメリカでの法人税の支払いはへることとなります。
独立した会社への価格の算定は、比較可能な取引が存在する商品であれば比

較的容易ですが、特有の商品やサービス、さらに、特許等の資産の供与の場合などはそもそも比較対象となる取引がなく、価格算定が非常に困難である場合があります。

さらに、投資協定では、先進国の株式会社子会社、工場、事業所への直接投資、すなわち現地の会社の株式・債券・貸付金の金融資産、譲許の下での契約による工場経営の権利、知的財産権、全額出資する投資財産、議決権の5割超える所有、および、取締役会の過半数を任命できる能力を保有する合弁会社への投資の補償もふくんでいます。さらに、第三国に所在する子会社経由して所有・支配する投資財産をふくんでいます。適用範囲を投資後に限定している保護協定と投資後に加えて参入段階も対象とする自由化協定の大きく2種類あり、自由化協定は、参入段階の「内国民待遇、最恵国待遇、特定措置の履行要求禁止」について例外とする分野を明示しています。

7 中国とアメリカの貿易摩擦

中国は2001年にWTOに加盟しており、その後15年間は「非市場経済国」の地位にありました。2016年12月にその15年が経過し、中国は市場経済国に自動的に移行したと主張していますが、中国の貿易において総額で4割弱を占めている日本、アメリカおよび欧州連合は、個別に判断するとして中国を市場経済国と承認していません。承認すると中国製品への反ダンピング課税は原則できなくなります。非市場経済国であれば第三国の価格を基準に不当廉売かどうか判断できますが、承認後は、中国の国内価格より輸出価格が不当に安いことを立証しなければ課税できなくなります。中国からの安い鉄鋼製品の流入で日本、アメリカおよび欧州連合の鉄鋼メーカーの業績が悪化しており、これらの国々は原則として従来の課税方式を当面の間続ける方針です。

このWTO加盟により、中国は自由貿易の恩恵を受けて、アメリカへの商品の輸出が急増しました。その結果、2018年1月末アメリカが緊急輸入制限措置を発動し、太陽光発電パネルに30パーセント、洗濯機に20パーセン

ト以上の追加関税を課すことを発表しました。アメリカは、中国における強制的な技術移転、補助金などの産業政策、知的財産権の保護の問題を重要視しており、2020 年 2 月現在両国の貿易摩擦は深まっています。

　中国とアメリカの貿易摩擦がエスカレートするなかで、貿易黒字で蓄積されたアメリカ国債の中国による売却が進んでいます。中国によるアメリカ国債の売却額が大きくなると、アメリカ市場で、国債の価格が下がると同時に金利水準がやや上がります。アメリカの中央銀行であるアメリカ連邦準備制度理事会は、中国との貿易摩擦の深刻化による景気の悪化に対処するために、市場の金利水準を下げたいところですが、金融政策の運営はより困難なものとなります。

　ちなみに、中国の米国債保有高残高は 2019 年 5 月に 2 年ぶりの低水準に落ち込みました。米財務省が公表したデータによると、中国の 11 月の保有残高は前年の 11 月末の 1 兆 1,114 億ドルから減少して 2019 年 11 月末に 1 兆 892 億ドルとなりました。ただ中国は依然としてアメリカの多額の国債を保有しており、国別では 2 位です。1 位は日本で、同期に、保有のアメリカ国債残高は 1 兆 366 億ドルから 1 兆 1,608 億ドルにふえています。

第6章　国際援助の動態

柳田辰雄

　援助国政府が被援助国政府に対して巨額の資金を提供する政府開発援助（Official Development Assistance）は二国間協力の典型的な手段です。被援助国政府がODAを受け入れる誘因には、外貨の獲得、投資資金の獲得、優れた技術の吸収などがあります。いずれも自国の経済発展を目的とする点において共通していますが、先進国の政府がODAを提供する誘因は極めて多様です。国際社会での支持、エネルギーや食料の安定供給、自国会社の利権確保および国民の利他心の充足などがあります。援助の形態としては、国際機関への出資・拠出や二国間援助があり、先進国は無償資金協力・技術協力や低い金利でのプロジェクト融資、また技術協力としては、専門家派遣、研修生受け入れおよび機材供与があります。

　歴史的にふりかえってみると、浮浪者や失業者などの貧しい人々が小さな共同体の中にいることは多くの国であたりまえのことでした。寺や教会などの宗教団体が地域の貧しい人々に食物を恵むことは、日本でも西欧でも昔からみられました。それに対して社会が犠牲を払ってでも低所得者に生活保護を柱とする社会保障を行う必要があると考えるようになったのは、いわゆる近代になってからです。経済発展が進み、政府の機能が充実してくると、貧困は個人の怠惰や不慮の要因によってのみで生じるものではなく、社会が発展する過程で構造的に生み出されるという考えが広まり、生活困窮者の救済にとどまらず、社会の不平等や格差に対して政府が税金を使って低所得者や病気の人々の生活を保障することが求められるようになりました。世界で最

初に救貧法が成立したのはイギリスで、しかも産業革命が達成される以前の1601年です。

1　援助理念の変遷

　現在、国際的な援助機関としては、国際復興開発銀行、別称世界銀行が多国間国際援助の中心的な役割を果たしています。地域の開発銀行として、アジア開発銀行、アジアインフラ投資銀行、ラテンアメリカの経済開発のための米州開発機構、ヨーロッパの移行経済諸国の経済発展のための欧州開発銀行、そしてアフリカ開発銀行があります。

　第2次世界大戦後アメリカとソビエト連邦の東西の両大国の対立がはじまり、国際経済援助はマーシャルプランにみられたように、相手国の自立を目指したものというよりは、被援助国を自由主義圏に引き込むための手段と見なされていました。豊かな先進国と貧しい発展途上国の間の所得格差が国際舞台で注目されるようになったのは1960年代以降、西欧や日本の戦後復興が終わって、東西冷戦が強く意識されるようになってからです。アジアやアフリカの新興独立国が共産圏に参加して東側の勢力が拡大しないように、これらの発展途上国の経済成長を促し共産主義思想の拡大を阻止しなければなりませんでした。西側先進諸国は、東西冷戦に勝ち抜くために途上国を積極的に支援し始めました。ところで開発途上国の貧困問題に対して先進諸国は旧植民地の宗主国であったことから、その補償が「援助」となり、西欧諸国の援助の配分額はそれぞれの旧植民地に多くなっています。他方、日本の東アジア諸国への経済援助は、当初第2次世界大戦の賠償という側面を色濃くもっていました。貧困はすでに世界的な課題になっており、貧困状態と紛争との間には密接な相関関係があります。経済援助はある意味で、先進国から途上国への所得移転によって、最大多数の最大幸福が達成されることを目指しています。ある国の生活保障のための社会保障は社会全体の経済厚生をどのように変えるかを考えてみましょう。ある国に低所得者と高所得者がいるとします。高所得者から低所得者に慈善的な所得移転を行うと、社会全体の

厚生はどうなるでしょうか。経済学ではある消費からえられる効用という考え方を利用しています。この効用は消費量とともに少しずつふえますが、消費量が一単位ずつふえたときに、その効用の増分は少しずつへります。所得移転によって1杯しかご飯をたべられなかった低所得者がご飯の2杯目を食べることによる効用の増分は、税の負担のために10杯から1杯分だけへらされた高所得者の効用の低下を大きく上回ります。このことから先進国の裕福な人びとから、貧しい発展途上国の人びとに所得の移転を行えば、世界全体の経済厚生はより高くなるということが容易に想像されます。

　全体として同じ量の食べ物を分かち合うというゼロサムではなく、これを生産全体がふえていくポジティブサムにするにはどうすればよいのでしょうか。トリクルダウン型発展戦略という考え方があり、経済成長による所得の拡大を通じて貧困層を撲滅しようとしています。この考え方では、経済発展に直接関連する道路、港湾、水道や通信などの社会資本整備等のインフラプロジェクトを重視します。このため資金は、先進国からの市場金利より低い金利での借款や、先進国の銀行からの途上国の政府への融資でした。開発計画をより効率的にするためには、マクロ経済での隘路を明らかにし、より効果ある分野への資金配分を高める必要があります。さらに、ミクロレベルでのプロジェクトの企画・実施段階の問題点を明らかにすることによって個別のプロジェクトごとに効率化を図らなければなりません。

　西欧や日本の戦後復興では、破壊されてしまった工場の設備などの資本を補えば、経済は再び成長しました。ところが、途上国の場合にはいくら資本を投入しても東南アジアのいくつかの国々を除いて、成長軌道に乗ることはなかったのです。戦争で破壊された国には、経済活動を活発にするための社会制度、技術やその訓練、政府の役割などについての知識が官僚や会社経営者に十分ではないにしてもある程度残っていました。しかし、途上国には資本以外にも経済発展を妨げる隘路が多すぎ、経済発展のために技術協力の重要性が主張されるようになりました。他方、1970年代になって成長の成果が、一部の政治家、官僚や大会社の経営者に集中し、一般国民に公平に分配されていないという批判が強まるなかで、国民総生産GNPや平均所得の増大を

開発の目標とする考え方に批判が強まりました。また、一人当たり所得が低いにも関わらず平均余命や識字などの基本指標において優れている国が注目され、成長だけでなく適切な公共政策の役割が再評価されるようになり、ベイシック・ヒューマン・ニーズの充足による貧困削減が主張されるようになりました。

　主な政府開発援助国は、欧州連合、アメリカと日本です。現在欧州連合の開発政策の最重要目的は、貧困を減らし、ミレニアム開発目標（MDGs）を達成することになっています。欧州連合は、開発援助の提供や貿易を通して、途上国における社会改革の支援や貧困削減を目指しています。欧州共同体自体も 1957 年の創設時以来援助を提供しており、欧州連合は世界の政府開発援助（ODA）の 1 割以上を占めています。25 の加盟国による二国間援助を合わせると、欧州連合は世界の ODA の半分強という膨大な資源を拠出しています。また、途上国における外国直接投資の主要な担い手であると同時に世界最大の単一市場を誇る欧州連合は、大半の途上国にとっての主要な貿易パートナーとなっています。イギリス、フランス、スペインなどの欧州諸国は、アフリカやアジアの旧植民地の宗主国であり、長年にわたりアフリカ、アジア、カリブ海および太平洋の国々と、貿易、開発、政治協力において友好的な関係にあります。

2　経済開発協力機構・OECD 開発援助委員会

　経済開発協力機構・OECD は 1961 年に設立されており、先進諸国によって形成された国際機関です。主に、資本、貿易や発展途上国への援助および経済政策の調整を行なっています。日本は 1964 年に加盟しています。

　1960 年 1 月、米国の提唱により開発援助グループ（DAG）の設立が決定され、第 1 回会合が 3 月ワシントンにおいて開催されました。DAG の原加盟国は、アメリカ、イギリス、フランス、西ドイツ、イタリア、ベルギー、ポルトガル、カナダ、および欧州経済共同体で、日本は OECD へ加盟に先立ち DAG に加盟しました。DAG は、1961 年 9 月の OECD 発足にともない、開発援助委員

会 (Development Assistance Committee) に改組されています。

　DAC の目的は、持続的、包摂的かつ持続可能な経済成長、貧困撲滅、途上国の人々の生活水準の改善を含む、2030 アジェンダの実施に貢献するため、開発協力・政策を促進すること。この目的を達成するため、ODA およびその他の公的、民間資金の流れに関するデータの収集・分析を通じて、透明性のある方法で、持続可能な開発に寄与する資金の監視、評価、報告および促進を行っています。また、開発協力政策・活動を事後評価し、国際的な規範や基準を支持し、ODA の一貫性を保ち、透明性と相互による学習を促進しています。さらに、貧困撲滅と持続可能な成長に関係して、DAC メンバー国およびそれ以外の援助国の、開発協力における革新、影響、効果および成果の向上を支援するために、分析し、ガイダンスおよび優れた実践プロジェクトの情報を共有しています。このようにして、2030 アジェンダの実行を支援しアディスアベバ行動目標 (AAAA) に則った開発資金の動員を促進するために、成果を最大化するような開発のグローバルな仕組みの構築を支援して、持続可能な開発のための国際公共財と政策の一貫性の重要性を広めています。

　2020 年 2 月現在、参加国は OECD 加盟国 (36 か国) 中の 29 か国に欧州連合 (EU) を加えた 30 メンバーであり、アジアからの参加国は日本と韓国 (2010 年 1 月に加盟) であり、中国は参加していません。

3　日本の援助方針

　日本の政府開発援助は、東アジアが最近でも 4 割を越えています。援助総額では 1992 年以降援助国としてのシェアが低下しています。アジアにおいて最初の先進国となった経験をいかし、援助により経済社会基盤整備や人材育成、制度構築への支援を積極的に行ってきました。その結果、東アジア諸国をはじめとする開発途上国の経済社会の発展に大きく貢献してきました。東アジア地域は日本と政治・経済・文化などあらゆる面において緊密な相互

依存関係にあり、この地域の発展と安定は日本の安全と繁栄にとって重要です。日本は、これまで東アジア地域に対して、政府開発援助による社会基盤整備などを進めるとともに、経済連携の強化などを通じて民間投資や貿易の活性化を図るなど、援助と投資・貿易を連携させた経済協力を進めることにより、同地域の目覚ましい発展に貢献してきました。特にインドネシア、タイやマレーシアには重点的に政府開発援助が配分され、その後の日本の会社の工場など直接投資への費用をさげ、この地域の経済発展に貢献しました。

日本の政府開発援助は自助努力支援を特徴としており、発展途上国の持続的な発展を促すために以下の援助を行っています。極度の貧困、飢餓、難民、災害などの人道的問題、教育や保健医療・福祉、農業などの分野や環境、水などの地球的規模の問題への対応。良い統治（グッド・ガバナンス）を支援するため、人づくり、法・制度構築や経済社会基盤の整備を促進し、平和、民主化、人権保障のための努力や経済社会の構造改革に向けた支援、さらに、紛争・災害や感染症など人間に対する直接的な脅威に対処するため、グローバルな視点や地域・国レベルの視点とともに、個々の人間に着目した「人間の安全保障」を重視しています。

円借款は日本政府が発展途上国に円建てで融資する制度で、為替リスクはすべて受入国が負っています。1985年以降の急激な円高と、アジア通貨危機による東南アジア諸国の通貨の切り下がりによって、これらの諸国は多額の為替差損をこうむっています。

円借款は一人当たりの国民所得が6,000ドル以下の国を対象とし、政府開発援助の大部分を占めています。2006年度での円借款はインドが4年連続で最も多く2,000億円近くになります。2007年半ばには、高速貨物専用鉄道の建設プロジェクトに、2008年から5年間で4,000億円を融資しました。このプロジェクトの総工費は50億ドル、約6,000億円と見積もられています。

中国への円借款による融資額は2000年度の2,100億円をピークとして減り続け、2006年度は約600億円となり、2008年前半に新規の融資を終了しま

した。円借款は停止されたましたが、国際協力機構は技術協力、草の根・人間の安全保障無償資金協力などを実施しています。

4　累積債務問題と構造改革

　1979 年の第二次石油危機によって、ブラジルを中心とする中南米諸国の目覚しい経済成長は挫折することになりました。1973 年の第一次石油危機は産油国に集まったオイルダラーを先進諸国の銀行に還流させただけでなく、先進諸国の新規投資を控えさせたので、国際金融市場では余剰な資金であふれ、リスクの高い途上国政府への融資の道を開きました。途上国政府は民間銀行から外貨を借り受け、経済開発に投入し、対外債務を累積させながらも高い経済成長を達成しました。ところが、第二次石油危機はアメリカやイギリスの経済に物価の上昇をともなう景気後退というスタグフレーションを引き起こしました。物価安定を優先した先進国は金融引き締め政策を採用したので、石油などのエネルギー価格と金利の急上昇によって引き起された会社の設備投資の減退から景気が後退し、大量の失業者がでました。余剰資金は、高金利を求めてアメリカに流入したので、ドル高をもたらし、すでに累積外貨債務に苦しめられていた発展途上国は、金利の上昇によって債務返済のための新規借り入れがいっそう難しくなり、累積債務問題 (Debt Problems) に直面しました。

　1982 年のメキシコ政府による債務返済繰り延べ申請は、国際金融市場による途上国政府への資金の流れを急激にへらし、外貨債務の返済に支障をきたす途上国が中南米諸国を中心に続出しました。対外債務累積をともなう経済成長戦略は持続的ではないことが判明し、途上国は自国の貯蓄資金の範囲内での開発戦略に変更を余儀なくされました。国内貯蓄増加を目的にした金融の自由化、限られた資金をできるだけ有効に使うことを目的にした国営会社の民営化や規制の緩和・撤廃などを盛り込んだ「大きな政府」から「小さな政府」への移行が構造調整政策の中心となり、世界銀行や IMF、先進各国

116

の二国間援助もその目的のための資金を用意しました。

1990年代初めのソビエト連邦の崩壊は、「大きな政府」の非効率を再確認させるだけでなく、東西冷戦の終了をも意味しました。西側陣営のアメリカには、もはや西側陣営の諸国の安全保障を確保する必要はなく、自国の安全保障だけを確保すればそれで十分となり、その目的で実施していた途上国への援助も必要ではなくなりました。途上国を先進国まで発展させることは目的ではなく、一国内の社会補償問題のように、最低生活水準、ベイシック・ヒューマン・ニーズの確保だけを目指せばよいことになります。途上国を個別に診断して発展の隘路を見つけ出し、発展の道筋を明らかにすることはもはや必要ではありません。ベイシック・ヒューマン・ニーズとは、しかるべき食料、家屋、衣料の充足、飲料水、公衆衛生および教育サービスの充足であり、その結果としての働く意思と能力を持つ人の雇用となります。1976年の国際労働機関 (ILO) で2000年までにこれらの目標の達成が提言されました。しかしながら、新国際秩序を主張する途上国からは、ベイシック・ヒューマン・ニーズアプローチは途上国の成長と工業化を阻害し、また先進国からの援助をへらし、新国際経済秩序の創設から目をそらせる先進国の謀略との批判があがりました。

5 パリクラブ

主要債権国会議・パリクラブは1956年、アルゼンチンの債務繰り延べを話し合うために債権国がパリに集まったのをきっかけに発足しました。恒久メンバーは97年に参加したロシアを含む日米欧の主要19ヶ国です。フランス財務省が事務局を担当し、非公式の緩やかなグループとして定着しています。対象となる債務国に対し公的債権を有している債権国が参加することは可能であり、ブラジル、南アフリカ、クウェート、トリニダード・ドバコ、韓国等が対象債務国によって、恒久メンバーと債務国の了解を得て随時パリクラブ会合に出席しています。この他にも、IMF、世界銀行、地域開発銀行、

UNCTAD、OECD がオブザーバーとして参加しています。

　1980 年代に入ると、国際収支の悪化等で累積債務問題に直面したアフリカ、中南米諸国を中心に繰り延べの要請が行われ、数多くの債務国に債務の繰り延べが行われ、この頃、現在のパリクラブが形成されました。パリクラブは国際通貨基金 IMF や世界銀行のような正式な国際機関ではなく、各債権国の代表者による友好的かつ緩やかな集まりです。また、債務国への援助・経済協力それ自体ではなく、債務国の経済事情を踏まえて返済負担を軽減し、返済可能な債務繰り延べ条件を議論することを目的としています。債権国には、対外債務の支払に十分な外貨をもたない債務国から長期ではあっても公平・確実に債権を回収することができるという利点があります。他方、債務国にとっても、窮乏した財政状況で資金繰りが苦しい折、対外債務を少しでも先に引き延ばし、IMF・世界銀行等の融資を使って経済の建て直しを図ることが望める利点があります。パリクラブ（主要債権国会議）では、イラクの戦後復興の焦点となっている対外債務を協議し、アメリカは復興を円滑に進めるうえで債務削減は不可欠との姿勢でしたが、日本、フランスやロシアなどは、イラクが将来的に多額の石油収入を見込めることから削減に難色を示しました。

　2013 年以降パリクラブと G20 は債権者と債務国からの代表者を集めて、ある政府の債務と融資に関する率直な議論の場であるパリフォーラムを開催しています。G20 は、2009 年初めにロンドンでサミットを開催しました。G7 に参加する 7 か国のアメリカ、イギリス、フランス、ドイツ、日本、イタリアとカナダに欧州連合、および新興経済国の 12 か国ロシア、中華人民共和国、インド、ブラジル、メキシコ、南アフリカ、オーストラリア、韓国、インドネシア、サウジアラビア、トルコ、とアルゼンチンの計 20 か国・地域からなるグループです。

　このパリフォーラムは、発展途上国の持続的成長に有利な国際的な金融環境を整備し、利害関係者間の緊密かつ定期的な対話を促進しています。国際金融市場および資金の移動がますます統合され、パリクラブのメンバーでな

い国の二国間の公的な資金は、発展途上国や新興の資金の提供において大きな役割を果たしています。

6　アジアにおける途上国支援

アジア開発銀行・ADB は 50 年来アジアにおいて途上国支援を行ってきました。2020 年 2 月現在、加盟国は 68 カ国で資本金は 1,480 億ドル（2018 年末）です。日本とアメリカが指導的な役割を果たしています。職員数は 3,000 名を超えており、本部はフィリピンのマニラにあり、31 の現地事務所があります。高規格道路や港湾などの社会基盤の整備のための資金協力や技術協力に実績があり、近年では、気候変動対策への技術援助を行っています。

ADB は、貧困のないアジア・太平洋地域の実現を目指しています。　経済発展のサクセス・ストーリーが脚光を浴びる一方で、アジア・太平洋地域には世界の貧困層の大半がくらしているとされています。ADB はすべての人々が恩恵によくせる経済成長、環境に調和した持続可能な成長、および地域統合の促進を通じて途上加盟国の貧困削減を支援しています。

アジアインフラ投資銀行・AIIB が 2015 年末に、中国政府の「一帯一路」発展戦略として組み合わせて、ヨーロッパ・アジア地域で必要とされる膨大な社会資本の需要に応えるために設立されました。創設時の加盟国数は 67 カ国で、2017 年 3 月末に、新たに香港やカナダを含む 13 カ国の地域と国の加盟が承認され、2020 年 1 月現在、加盟国は 76 カ国に達しました。この銀行の目標はヨーロッパ・アジア地域の経済復興と持続的な発展を促すことで、銀行の設立は、2013 年のアジア太平洋経済協力会議（APEC）首脳会議で提唱されました。

AIIB では中国が指導的な役割を果たしており、日本とアメリカは参加していません。職員数は 300 名（2019 年 11 月末）を超えており、本部は中国の北京にあります。途上国の社会基盤の拡充を主な支援の目的としています。承認案件の件数は、インフラプロジェクトの承認案件は 2019 年 5 月時点で、

39 件、79 億ドルに達しています。ちなみに、2016 年は 8 件で金額 17 億ドル、2017 年は 15 件で 26 億ドルでした。主な融資国は、2 番目の出資国インド、インドネシアやバングラデシュです。

AIIB も他の国際開発金融機関（MDBs：Multilateral Development Banks）と同様、投融資案件をエネルギー、交通運輸、都市整備、上下水道、マルチセクター、通信などの分野に分けていますが、これまでの承認案件では、エネルギー分野が 12 件、交通運輸分野が 7 件と、この 2 分野で全体の 3 分の 2 を占め、金額ではエネルギー分野が約 5 割、交通運輸分野が 2 割超で、この 2 分野で 7 割を占めます。

融資形態では、世界銀行グループや ADB など既存の開発機関との協調案件と AIIB の単独案件に分けられますが、およそ 6 割が他の開発機関との協調融資案件となっています。自然環境や社会への影響評価に関する調査も含め、独自のプロジェクト形成を行うには人材が不足しています。

ちなみに、AIIB の単独案件は、オマーンの港湾向けと通信向け案件や、バングラデシュの発電向けと送配電向け案件、インド・グジャラート州の道路と国家インフラファンド向け投資案件などがあります。

7　中国の援助戦略

21 世紀の初めから、中国は最も重要な政府開発援助の主要な供与国の 1 つになっており、発展途上国への経済援助を通じて人民元の国際通貨としての役割の拡大と中国を中心とした経済圏の創出を目標としています。

中国の援助は主にアフリカ、ラテンアメリカ、アジア、そして太平洋に提供されています。地域に応じて、大規模なインフラプロジェクト、エネルギー施設、または天然資源開発活動への支援が行われます。援助は投資・貿易協定と組み合わされています。一般的に、中国の援助プログラムは経済的、外交的そして戦略的な目的によって推進されています。中国の援助が途上国に提供される際の規則は、OECD の開発援助委員会（DAC）のメンバーが設定した規則とは大きく異なります。援助を受けている国は、厳密な開発援助体制

を守り、特定の経済政策や目標を採用する必要はありません。

　中国は贈与と譲許的借款の両方を実施しており、インフラプロジェクトに積極的であることを考えると、援助理念やアプローチ・形態においては、むしろ日本や韓国と類似しています。プロジェクト援助が主流で受け入れ国の政策への干渉は限定的です。

　2013年に、就任して間もなく習近平国家主席は、「一帯一路」という構想を打ち出し、2015年3月には国家発展改革委員会・外交部・商務部が「シルクロード経済ベルトと21世紀海上シルクロードを推進し共に構築する構想と行動」を発表し、「一帯一路」が実行の段階に移りました。「一帯」とは、中央アジアと欧州を結ぶ陸のシルクロードであり、「一路」とは、東南アジアと欧州を結ぶ海のシルクロードと位置づけられています。そして、東アジア・東南アジアは無論、イギリス・ドイツ・シンガポールなどや南アメリカとアフリカといった地域も設立を支持し、2015年12月末にAIIBが発足しました。

　中国は、安定した経済成長を目指す「新状態」へ移行するために、人民元の国際化および21世紀国際貿易・投資のルール制定に積極的に参加し、国際経済における中国のプレゼンスを高めようと取り組んでいます。このために、中国は2013年9月に「シルクロード経済一帯」構想を提唱しました。さらに、同年10月にASEANと共同で「海上シルクロード」構想を提案し、この2つを合わせて「一帯一路」構想と呼んでいます。その構想における内陸の主なルートは、「中国から中央アジア、ロシアおよび西アジアを経てペルシャ湾」、「中国から中央アジアと西アジアを経てインド洋」および「中国から、東南アジアと南アジアを経てインド洋」です。さらに、主な海上ルートは、「中国沿岸諸港（上海、寧波、福州、天津、廈門および大連）から南中国海域とインド洋を経て欧州」および「中国沿岸諸港から南中国海域を経て南太平洋」です。

　中国は、この「一帯一路」構想により、貿易障壁を低くして、金融取引を活発化させるとともに、高速道路や港湾などの輸送インフラを共同で整備することを目指しています。ちなみに、ミャンマーのマディ島から雲南省昆明

までの石油パイプラインはすでに完成しています。また、パキスタンは「一帯一路」構想の枠組みのなかで、「中国パキスタン経済回廊 (CPEC)」という総合インフラ開発計画を進めています。

　「一帯」の重要な鉄道ルートは「中欧班列、チャイナ・レールウェイ・エクスプレス」と呼ばれています。そして、「チャイナ・ランド・ブリッジ」を一帯一路の主軸に据え、2016 年に「中欧班列」と呼ばれるようになりました。また、2011 年に重慶とドイツ・デュイスブルクを結ぶルートが整備されました。地理的には、重慶は嘉陵江と長江が合流しており、デュイスブルクはライン川とルール川が合流する地域にあり河川輸送と鉄道の連携が行われています。「チャイナ・ランド・ブリッジ」の中国欧州便は、2018 年には 6,300本のコンテナ列車を運行しました。積荷はパーソナルコンピュータ、スポーツ用品、自動車や自動車部品などの高価格の商品から、玩具、肉加工品、菓子、日用品までになっています。輸送においては、行き先別コンテナ専用列車方式を採用しており、時間が大幅に短縮され、上海からハンブルグまでは 25 日前後で、航空便のおよそ 3 倍の日数ですが、運賃はおよそ半分程度です。
　一帯一路の陸のシルクロードである鉄道ルートは、中国とヨーロッパを結ぶ世界最長の鉄道路線です。2014 年から中国政府の掲げる一帯一路による、浙江省金華市に位置する県級市義烏からアフガニスタンの北部のマザーリシャリーフ、イランのテヘラン、イタリアのミラノを経てスペインのマドリッドまで、さらにロンドンまで通る鉄道路線が開業しています。中国の国家開発銀行や中国輸出入銀行といった政策銀行と、400 億ドル (約 4 兆 4,600 億円)規模の国家ファンド「シルクロード基金」と中国主導で設立されたアジアインフラ投資銀行 (AIIB) もこの一帯一路構想のための社会基盤の建設に貢献しています。
　1994 年に、これまで政策融資と商業融資の 2 つの役割を担ってきた四大専業銀行、すなわち中国銀行、中国農業銀行、中国人民建設銀行 (現；中国建設銀行) と中国工商銀行に、商業銀行業務に特化させるため、これらの銀行から政策融資を移管させ、3 つの新たな政策銀行が新たに設立されました。

国家開発銀行（中国開銀）は、国家重点プロジェクトへ資金供給を目的として同年 3 月に設立され、そのほか、中国輸出入銀行と中国農業発展銀行も設立されました。

海上シルクロードは、海路の「回廊」です。これは、南シナ海、南太平洋、そしてより広いインド洋地域など、いくつかの隣接する水域を通じて、東南アジア、オセアニア、およびアフリカでの投資と育成を目的とした補完的な取り組みです。

海路の「回廊」の主要な港がスリランカの南端にあるハンバントタ港です。スリランカは 2009 年の内戦が終結する前から中国との関係の強化を進めていました。当時、スリランカは内戦を完全に終結させるために、終結後の戦後復興を進めるための資金を必要としていました。地理的な条件すなわちスリランカが島国であることから、中国の活動が周辺諸国から危険視され、牽制されることが少なかったことも、中国の関与が進んだ要因です。中国とスリランカの関係強化が始まった頃には「一帯一路」どころか海のシルクロードとなる「真珠の首飾り」という言葉も一般的ではなく、インドからの軍事的な圧力もほとんどありませんでした。

スリランカがインド洋の要衝といわれる理由は、マラッカ海峡並みではないものの、多くの船やタンカーがスリランカの南を通過しているからです。そして、スリランカの南端にハンバントタ港があり、2017 年 7 月より 99 年間にわたり中国国有企業・招商局港口に貸し付けられています。

第7章　法と持続可能な発展

関山　健

　ある国の経済社会がより良く発展するためには、適切な法制度の整備が欠かせません。国際協力の現場でも、発展途上国や経済移行国に対する法制度整備支援は重要です。では、どのような法制度が経済社会の発展を促進しうるのでしょうか。地球規模課題の解決を視野に入れると、今後の法制度整備はいかにあるべきなのでしょうか。こうした問いに答え、経済社会の発展を促す法制度の在り方を探求する学問分野に、「法と開発」(LAD: Law and Development) があります。本章は、この LAD を紹介するとともに、持続可能な発展を促す法制度の在り方について理解を深め、その整備支援について考えます。

1　「法と開発」(LAD)

1-1　LAD の歴史

　LAD が、1つの学問分野として生まれた背景は、もともと第二次世界大戦後に、中南米やアフリカの旧植民地諸国が独立を果たしていく中で、アメリカを中心に、そうした発展途上国に対して法整備の支援が行われるようになったことがきっかけです。

　こうした実務の要請を背景に、1950 年代から 1960 年代にかけて、アメリカのハーバード大学、イエール大学、スタンフォード大学などのロースクールに、LAD の研究教育プログラムが次々に開設されました。こうして、中

南米諸国等へ欧米の法制度を移植する取り組みが行われました。しかし、これら諸国では残念ながら経済発展が進まず、権威主義的な政治体制の改革にもつながらなかったことから、開発支援の現場における法整備支援は1970年代に一度下火になります。

　1990年代に入ると、法整備支援やLADの必要性が再認識されるようになりました。旧社会主義諸国が民主化・市場経済化して抜本的な法制度改革の必要性が高まる中、ダグラス・ノースらによる新制度派経済学の確立や、従来の途上国支援の行き詰まりによるグッド・ガバナンスへの注目の高まりによって、開発における「制度」の役割が改めて重視されるようになったのです。

　今では、国連や世銀をはじめ多くの開発支援機関において、法整備支援が、発展途上国の開発支援において重要な位置を占めるようになっています。そ

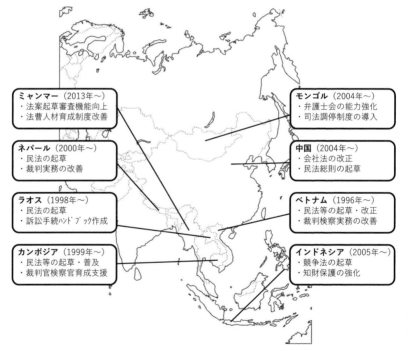

図7-1　日本の主な法整備支援実績

出所：外務省資料より筆者作成。

して、その理論的バックグラウンドを提供する学問分野としての LAD も研究の蓄積が進んでいるのです。

　日本政府も、1996 年に開発支援の一環としてベトナムで法整備支援を始めて以来、カンボジア、ラオス、モンゴル、中国、ウズベキスタン、インドネシア、ネパール、ミャンマー、コートジボワールなどで、民法、知的財産法、環境保護法といった法律の制定を支援してきました（**図7-1** 参照）。今では、日本政府の ODA（対外援助）の政策方針である『開発協力大綱』でも、法の支配の確立は「公正で包摂的な社会を実現するための鍵」と位置づけられています。その下で『法制度整備支援に関する基本方針』という政策文書もまとめられています。

1-2　持続可能な発展と LAD

　では、LAD あるいは開発支援が目指すべき発展とは何でしょうか。簡単に言えば、発展とは人々の幸福が増大することと言えます。しかし、人々にとっての幸福とは何でしょうか？どうやって、その増進を測定するのでしょうか？国内総生産（GDP）の増大は、真の発展を意味するのでしょうか？

　第二次世界大戦後、1950 年代や 1960 年代に米国政府、世界銀行、IMFのいわゆるブレトン・ウッズ体制の下で展開された途上国支援においては、GDP の増大に重きが置かれました。経済成長が達成されさえすれば、やがてその果実が貧困層にももたらされる（トリクル・ダウン効果）と思われたのです。

　ところが、1970 年代になる頃には、そうした経済成長政策は、貧困問題を必ずしも効果的に解決できないという現実が明らかになりました。そして、途上国支援では貧困削減に主眼が置かれるようになっていったのです。

　ただし、貧困と一口に言っても、それをどう測るのかは、簡単な話ではありません。そのため、さまざまな機関が、貧困を測定するためのいくつかの指標を採用しています。例えば、世銀の所得水準の基準（所得 \$1.90/ 日を貧困ライン）は、国ごとの所得水準のグルーピングに適しています。あるいは、オックスフォード大学と国連開発計画（UNDP）とが協力して公表している多次元

貧困指数 (MPI: Multi-dimensional Poverty Index) は、幼児死亡率、就学年数、水・衛生施設 (トイレ等)・電気へのアクセスなど10の指標で貧困の実態把握を可能にするものです。

　GDPの増大という単純な指標にとどまらない発展の定義としては、ほかにアマルティア・センが提唱する選択の自由という概念があります。何が自分にとって幸福であるかを知りうるのは自分だけです。したがってセンは、選択の自由こそ、人々の幸福の源泉であり、開発の目標となるべきものと言います (Sen 1999)。UNDPは、こうしたセンの考えに基づいて、平均余命、教育および所得の水準によって各国を4段階の開発レベルに分類する人間開発指数 (Human Development Index) を公表しています。

　また、発展とは人々の幸福を増大させることであるなら、人々の幸福度を直接の指標にしたらよいではないかという発想もあります。その代表的な指標が、国民総幸福量 (GNH: Gross National Happiness) です。GDPが一国の物質的な側面での「豊かさ」に注目し、その国の経済的生産量を「金額」で数値化するのに対して、GNHは精神面での豊かさに注目し、一国の社会・文化生活を国際社会の中で比較します。GNHは、1972年にブータン国王の提唱により同国で始まった指標です。1. 心理的幸福、2. 健康、3. 教育、4. 文化、5. 環境、6. コミュニティ、7. 良い統治、8. 生活水準、9. 自分の時間の使い方という9つの分野で国民の満足度を抽出アンケート調査によって把握します。

　その他の代表的な幸福度指標は、国連が2012年から発表している世界幸福度報告書 (WHR: World Happiness Report) の「世界幸福度ランキング」です。各国で1,000人に「自分が幸せだと思うか」を1から10で答えてもらうアンケート調査を行って主観的幸福度を測り、その平均値で各国をランキングしたものです。2020年のランキングでは、1位フィンランド、2位デンマーク、3位スイスとされ、アメリカが18位、日本は62位、中国は94位でした。

　ただし、人々にとっての幸福とは何か、どうやってその増進を測定するのか、我々が目指すべき「発展」とはどういう発展か、といった事について、そもそも、世界共通の物差しなどないのではないかという懐疑的な主張もあります (Skidelsky & Skidelsky 2012)。

　このように開発支援の目指すべき発展の方向性は、単なる GDP の増大にとどまらず拡大を続けてきましたが、現在、国際社会の主流となっているのが持続可能な開発ないし発展（Sustainable Development）という考え方です。1987年、ブルントラント・ノルウェー首相（当時）を委員長とする国連「環境と開発に関する世界委員会」がまとめた報告書において、持続可能な開発は「将来の世代のニーズを満たす能力を損なうことなく、今日の世代のニーズを満たすような開発」と定義されました。以来、この概念は、環境や開発に関する取り組みの基本的考え方として、リオ地球サミット（1992年）や持続可能な開発に関するヨハネスブルグ世界サミット（2002年）など多くの国際会議を通じて世界的に受け入れられてきました。日本の環境基本法をはじめ、多くの国で環境政策の基本理念ともなっています。

　2015年に開催された国連サミットは、この持続可能な発展を実現するために、17の目標（169のターゲット）から構成される「持続可能な開発目標」（SDGs: Sustainable Development Goals）を採択しました。国連加盟193か国が、持続可能な発展を実現するために、2016年から2030年までの15年間で達成すべく掲げた目標です。また、これら169のターゲットを各国がどれほど達成できているかモニタリングしていく枠組みとして、国連ハイレベル政策フォーラム（HLPF: High Level Political Forum）という場があります。そのフォーラムで、SDGs 達成に向けての進捗状況を各国が報告し合い、そのレビューを毎年7月頃に行っています。

　このように、現在、LAD あるいは開発支援が目指すべきは、持続可能な経済社会の発展です。その実現に向かって、貧困、飢餓、健康、教育、ジェンダー、エネルギー、環境など、広範な課題の克服が求められます。こうした課題は、必ずしも発展途上国だけが直面するものではなく、日本をはじめ先進国も無縁ではありません。つまり LAD の研究と実践の対象は、発展途上国の法制度整備支援に限られるものではなく、先進国の法制度改革も範疇に入るものと言えます。

　こうした経済社会の持続可能な発展を促す法制度の在り方について探求する LAD は、幅広い視野と知識を必要とする学問分野となりつつあります。

いまや LAD では、法学、経済学、政治学、社会学などの社会科学諸分野の知識と理解を必要とするのは当然ながら、さらに、持続可能な発展を考える上で自然科学などの理解も必要とします。また、LAD という学問は実践的な分野ですので、環境資源問題、紛争や腐敗、男女平等参画といった現実的なトピックを取り上げ、その解決策としての法制度について考えていくことになります。

2 発展を促す法制度

2-1 制度とは何か

社会には、家庭の決まり、地域の習慣、社会のモラル、民族の宗教的教義、国家の法律、国際社会の慣習など、人々の行動を規定する様々な形態のルールが存在します。そうしたルールのまとまりを制度 (institution) と呼びます。すなわち、制度とは、人々の行動を規定するある種のルールの束です。

制度には、形式的制度と非形式的制度の2種類あります。形式的制度というのは、憲法、法律、条例、規則、通達のように、社会で承認済みの手続きに則って定式化されたルールのことです。一般的に、「法」制度とは、この形式的制度を指します。一方で、非形式的制度とは、習慣、伝統、道徳、行動規範といった、ある社会において長い年月をかけて自発的に形成されてきたルールです (図 7–2 参照)。

我々が日々行っている無数の意思決定や行動は、意識的か無意識かに関わらず、既存の制度の制約を受けています。その結果、制度は、個々人の経済的、政治的、社会的な活動や、土地の利用方法や、建物の種類や形や、さらには、街の風景といったものに対して、強い影響力を持つのです。さらに、社会の発展レベルの違いも、相当程度、制度の相違に起因します。制度の違いがもたらす発展レベルの違いという命題こそ、LAD という学問分野の出発点です。

2-2 制度の機能

では、なぜ、制度の違いが経済社会の発展程度に影響するのでしょうか。

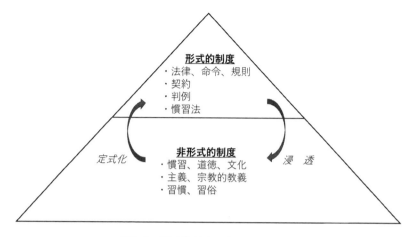

図7-2　形式的制度と非形式的制度

出所：筆者作成。

　こうした問題意識に取り組んでいるのが、新制度派経済学と呼ばれる分野です。LAD は、1990 年代以降、新制度派経済学から多くの知見を得て発展してきました。

　ダグラス・ノース (North 1990) によれば、制度と経済活動との関係において、制度には主に 2 つの存在意義が認められます。1 つは経済活動に伴う不確実性 (uncertainty) の低減、もう 1 つは生産的行動へのインセンティブの付与です。

　もし我々が、無人島で自分の家族だけと暮らしていたとしたら、取引や生産に関する明示的な制度をわざわざ定める必要までもなく、円滑に家族内で経済活動が行われるかもしれません。しかし我々は、無人島で暮らしているのではなく、大きな社会の一員です。そうした現代社会における我々の経済活動は、信頼できる人間か分からない人、不特定多数の人を相手に行われることになります。

　現代社会において我々は、相手が自分を騙そうとしているのか、自分に本当に親切にしてくれようとしているのか、相手が売ろうとしているものは本当にその相手のものなのか、壊れたりしていないのか、自分が売ろうとしているものへの支払いを本当にちゃんとしてくれるのかなど、相手の事が完全

には分からない状況で取引しなくてはなりません。

　こうした状況を、不完全情報あるいは情報の非対称性といいます。現実の世の中は、情報の非対称性にあふれています。こうした情報の非対称性は、取引にあたって、不確実な部分を生みだします。しかも、相手が信頼できるかどうか分からないだけではなく、そもそも自分自身の情報処理能力も疑わしいものです。仮に相手が100%正しい情報を完全に提供してくれたとしても、それを受け取る側の自分の方が、それを正しく理解できなかったり、色々な勘ぐりを挟んだりして、相手の情報を100%正確には受け取れないかもしれません。

　こういう情報が不完全な社会に、限られた認知能力しか持たずに暮らしている我々が、安心して経済活動を行うためには、安定的な経済活動を担保する「制度」が必要になります。例えば、ある土地を売りたいと言っている人がいて、その土地が本当にその人のものなのかどうか知りたいとしましょう。こうした場合、日本を含む多くの先進国では、不動産登記の制度があるので、法務局に行けば誰でも簡単に土地の所有者や様々な権利者の存在を確認できます。

　また、取引において相手がもし騙したりすれば、詐欺罪などの刑事制度で処罰され、騙し取られた金銭などは損害賠償制度によって返還を請求することができます。さらに、そうした処罰や返還請求に争いがあれば、中立かつ客観的な裁判制度による解決を求めることもできます。

　こうした現代社会の経済活動を支える様々な制度があって、はじめて我々は家族でもない赤の他人と、必ずしも顔をあわせる事もないままに、様々な取引を安心して行えるようになっています。これが制度の持つ不確実性の軽減という効果です。

　経済活動において制度の持つもう1つの機能は、生産的・協力的な活動へのインセンティブの付与という側面です。例えば我々が、農家で奴隷として働かされていたとして、どれだけ一生懸命働いて沢山のおいしい作物をつくったとしても、自分には僅かな食料しか与えられないような環境だったとしたら、おいしい作物を沢山つくるために一生懸命働こうというインセン

ティブは生まれにくいでしょう。

　しかし、おいしい野菜や果物を沢山つくれば、それが自分のものになるという所有権制度があれば、一生懸命働こうというインセンティブが生まれます。さらに、自分で食べきれない作物は、町で衣服や娯楽品など必要なものに交換できれば、なおありがたいです。ただし、たまたま自分が欲しい衣服を持っている人が、自分の作物と交換してくれるとは限りません。むしろ、そんな都合のいい事が生じるのは、かなり稀なケースでしょう。そこで、そんな物々交換をしなくても、市場制度、貨幣制度があれば、市場で自分の作った作物を売ってお金に換え、そのお金で自分の欲しいものが買えます。そうすれば、ますます頑張って、おいしい野菜や果物を沢山つくってお金を稼ごうというインセンティブにつながるでしょう。

　こうした所有権制度や市場制度、それを支える契約制度や、その契約の履行を監視する司法制度といった各種の制度があってこそ、我々は、努力して生産的・協力的活動に取り組む意欲がわくようになるのです。これが制度の持つもう 1 つの機能、すなわち生産的・協力的な活動へのインセンティブの付与という側面です。

　このように、様々な制度が社会に十分に整っているかどうかによって、その社会の経済活動の在り方は大きく変わってきます。1990 年代以来、制度の違いが経済社会の発展の相違に相当程度の因果関係を持つという考えが、理論的にも経験的にも多くの専門家に支持されてきています。つまり、一国の経済社会発展を促すためには、制度改革が重要だという認識が今や広く共有されているのです。

2-3　制度の経路依存性

　このように、一国の経済社会発展を促すためには制度改革が重要だという認識が今や広く共有されてきています。では、具体的にどういう制度が経済社会の発展のために必要なのでしょうか。

　結論から言えば、どんな国にも有効に機能する万能な法制度セットはありません。例えば、アメリカが世界一の経済大国だからといって、アメリカの

法制度一式をそのまま途上国に移植しても、その途上国がアメリカのように発展できるわけではないのです。この事は、戦後の法制度支援の歴史が証明しています。

なぜどんな国にも有効に機能する万能な法制度セットがないかというと、それは国ごとに歴史的に形成されてきた社会ルール、特に、習慣、伝統、道徳、行動規範といった非形式的制度が千差万別だからです。

「〜法」や「……制度」といった明示的に定められた形式的制度は、日本やアメリカなど法制度整備が進んだ国においても、我々の行動を規定する社会全体のルールの一部を形成するにすぎません。むしろ、我々の日常生活を規定する社会ルールの圧倒的大部分は、習慣、伝統、道徳、行動規範といった非形式的制度の方です。

何をすると社会のなかで是認され、好感をもたれ、称賛されるのか。逆に、何をしたら周りの人間から嫌悪され、軽蔑され、恐れられ、あるいは何等かの制裁にあうのか。そうした我々の行動を規定するルールの大半は、法律に書いてあるのではなく、社会の中で長年にわたって形成されてきたルール、つまり非形式制度です。そもそも、何をしたらよくて、何をしたらいけないのか、様々な個別ケースをすべて想定して法律や規則に書き込むことは不可能です。

つまり、習慣、伝統、道徳、行動規範といった非形式的制度こそ、社会のルールの基盤であり、法律などの形式的制度はその基礎の上に成り立つものです。しかも非形式的制度は、国ごとに、あるいは社会ごとに大きく異なり、また、時の流れ、発展のレベルによっても変化します。

それにも関わらず、例えばアメリカや日本などで、たまたま現在よく機能している形式的制度のセットを別の国へ表面的に移植したとしても、それを支える習慣、伝統、道徳、行動規範などの非形式的制度が国ごとに大きく異なるため、うまく機能しません。移植者が意図したように形式的制度が解釈されなかったり、または十分に順守されなかったりという事が当然にして起こるのです。

あくまで非形式的制度が社会のルールの基盤なのであって、法律や規則と

いった形式的制度は、それぞれの国、社会ごとの非形式的制度の特徴に合わせたテーラーメイドでなければ機能しません。形式的制度が機能するためには、非形式的制度による補完が不可欠なのです。したがって、どんな国にも有効に機能する万能の法制度のセットというのはありえないのです。

　また、歴史的に形成されてきた習慣、伝統、道徳、行動規範といった非形式的制度こそ我々の行動を規定する社会制度の主要部分だという事を理解すると、社会制度の変更には長い時間がかかるという事がわかります。

　憲法、法律、規則といった形式的制度は、政治的な意思決定によって、一夜にして変更することは可能です。しかし、人々の間に共有されてきた習慣、伝統、道徳、行動規範といった非形式的制度は、過去の多くの人々の行動や意思決定の積み重ねを経て、長い時間をかけて形成され、変化していくものです。つまり、非形式的制度や、その結果としての法制度の発展というものは、過去からの延長線上にのみ存在しうるのです。これを制度変化の経路依存性 (path dependency) と呼びます。

　さらに、ある制度は、それが社会の中で独立して存在しているということはなく、関連する制度といくつも結合することによって、制度のネットワークが構築されるのが通常です。そうすると、ある 1 つの制度を変えようと思うと、それと結び付いた他の多くの制度も併せて変更しないとつじつまが合わないという事態が生じることになります。

　1 つの制度を変えようとすると、他の多くの制度にも影響が出るということは、それだけ制度全体の調整にコストがかかるという事です。したがって、ある部分的な制度だけ外国をまねて変更するという事は、やはり難しいのです。

　そうした非形式的制度の重要性や、制度の経路依存性を考慮に入れると、ある国の法制度を改革しようとする場合には、以下の点に注意する必要があると言えます。

法制度改革の注意点

　　①法制度改革のための万能薬はない

　　②外国の法制度を表面的に移植してもうまくはいかない

③野心的で革新的な全面的改革は危険である

④法制度の変更が社会に浸透するには時間がかかる

⑤社会の習慣や文化を変える教育啓蒙もあわせて行う必要がある

3　法の支配

3-1　「法の支配」対「法による支配」

　上述したとおり「法」とは、憲法、法律、規則に加えて、個々の判決の蓄積から形成される判例法や特定の業界で共有されている慣習法を含む、形式的制度を指します。

　法の3つの基本的特徴は、①規範的であること（人々の行動の指針となること）、②定式化されていること、③強制力を持つこと、の3点であるとされます（Raz 1980）。

　特に、この定式化と強制力という特徴が、法と、それ以外の習慣、道徳、行動規範といった非形式的制度とを区別するものです。

　こうした「法」によって、基本的人権や所有権といった権利が規定・保護される仕組みの事を「法の支配」と呼びます。ただし、「法の支配」とは、具体的にどういう内容を含むのか、社会発展との関係では、法の支配は発展のためのツールなのか、あるいは法の支配の確立それ自体が社会発展の1つの目的とすべきものなのか、などといった点については研究者や実務家の間で意見が分かれています。

　こうした状況のなかで国連は、法の支配について、個人、団体、国家を含む全ての者が「法」に対して責任を持つ統治と定義しています。そして、その「法」とは、国際的な人権規範に合致し、公布され、平等に執行され、独立機関によって裁判されるものとしています。

　この国連の定義で重要なことは、「法」は国際的に認められた人権規範と合致したものでなくてはならない、としている点です。したがって、独裁者が、自分の私利私欲だけを正当化するような法律を作って、その法律を適用して国民の人権を蔑ろにするような統治は、「法による支配」（rule by law）では

あっても、「法の支配」(rule of law) ではありません。

　国連は、法の支配をこう定義した上で、これを担保する手段として、法の優位性の原則、法の下の平等、法の説明責任、法適用の公平性、権力分立、政治参加、手続き上および法的な透明性などの遵守を確実にすることを加盟国に求めています。

3-2　「法の支配」と経済

　「法の支配」の中身については様々な意見がありますが、少なくとも経済活動の発展のために特に経済学者が最も重視する法制度は、所有権と契約の保護です。

　なぜ所有権と契約の保護が、経済活動にとって重要なのでしょうか。例えば、自分の作った作物が、実ったらすぐに盗まれてしまうようであれば、農夫は畑を耕さないでしょう。レストランで食事をした客が、皆お金を払わずに食い逃げできてしまうようであれば、誰もレストランを開かないでしょう。面白いマンガや素敵な音楽を作っても、皆がそれをネットで無料ダウンロードするだけで、お金を払わないなら、誰も漫画家や作曲家になろうとはしないでしょう。

　つまり、我々の経済活動は、自分のものに対する所有権（占有、使用、収益、処分）と、それへの支払いの約束を保護してくれる契約制度があって、はじめて成り立つのです。

　ただし、所有権制度について法制化が必ず必要かというと、そこには議論があります。発展レベルの非常に低い段階で、その国・社会の非形式的制度、つまりそれまでの伝統や慣習を無視して法律だけ整えても、機能しない可能性があるからです。しかし、経済発展が進み、利害関係者が複雑になったり、大きな取引や投資が必要な段階になったりすると、所有権制度の法制化が必要になってきます。

　例えば中国は、土地の所有権制度があいまいなまま、急速な経済発展を遂げましたが、2004 年以降、土地の所有権制度が法制化されました。中国で、私有財産権の保証が憲法に明文化されたのは 2004 年、物件法が制定された

のは 2007 年です。ただし、中国では、今でも土地は国・集団所有で、使用権のみ宅地 70 年、工業用地 50 年の間認められているにすぎないのです。

　また、中国では、近年は知的財産権制度の法制化も進んでいます。ただし、非形式的制度、つまり人々の知的財産権保護に関する習慣や慣習が追い付いておらず、せっかく法制化された知的財産権保護も、人々に十分遵守されない状況が続いています。これは、まさに形式的な法制度の整備だけでは、人々の行動を変えられない一例です。人々の間に根深く広まっている慣習や倫理観や文化といった非形式的制度を変えていかねばなりません。

　次に、経済活動に最低限必要なもう 1 つの法制度である、契約について考えましょう。所有権制度の法制化と同様、経済活動には、約束を保護してくれる制度が必要です。ただし、そうだからと言って契約保護の法制化が必ず必要かというと、これにも議論の余地があります。伝統社会での取引、非常に近しい間柄での取引、文化的・民族的に閉じたコミュニティ内での取引などにおいては、必ずしも契約履行の法制化がなくても、そのコミュニティ内での人的関係に基づいた制裁の可能性を背景に、インフォーマルな契約履行が機能しうるからです。

　しかし、やはり経済発展が進むにつれて、大きな取引や投資が必要な段階になると、契約履行の法制化が必要になってきます。実際、一般的には、投資家保護制度の整備がなされていない国では、投資が行われにくい傾向があります (Berkowitz, Pistor, & Moenius 2004)。例外として、海外の華僑ネットワークという共通の民族性を共有した海外ビジネスネットワークを持った中国は、契約履行の法制化が進む前から、華僑を中心とした海外からの直接投資が活発に行われました。

　ただし、ほかの法制度整備と同様、契約制度についても、その国・社会の非形式的制度、つまり過去からの伝統や慣習を無視して、表面的に西洋式の法制化を行っても機能しない可能性があります。むしろ、それまでの伝統社会のなかで機能してきた非形式的な契約履行のメカニズムを法制化の中に取り込むことによってこそ、制度改革は成功しやすくなります。

　ところで、所有権制度と契約制度は、経済発展の必要条件ですが、十分条

件ではありません。つまり、企業が活動しやすい環境を作り、経済社会の発展を実現するためには、会社法、証券取引法、倒産法といった多くの法制度、許認可や資金調達の得やすさといったビジネス環境、さらにはインフレや金利などのマクロ経済の安定性など、さまざまな前提条件が必要です。

　所有権制度や契約制度の必要性は多くの人に共有されていますが、それ以外の制度については、どれが重要なのか、どこから手を付けたらいいのか、コンセンサスはありません。やはり、その国や社会の非形式的制度や実際の状況にあわせたテーラーメイドの対応が必要となるのです。

3-3　「法の支配」と持続可能な発展

　ここまで経済発展と法の支配について説明してきましたが、環境の保護や社会の公平など持続可能社会の実現のためにも、法の支配の確立が求められます。そこで本章を終わるにあたり、環境保護のために「法の支配」の確立がどう役立つかを考えてみましょう。

　現代に見られる多くの環境問題が、「共有地の悲劇」(Tragedy of the Commons)と呼ばれる状況に起因しています (Hardin 1968)。例えば、みなさんが百万遍村という小さな村の羊飼いだとしましょう。羊を飼い、その羊毛を刈って生計を立てているとします。みなさんが羊を放牧しているのは、村のはずれにある放牧地です。その放牧地は、どの村人個人のものでもなく、村人みんなの共同所有です。

　さて、この状況で自分の収入を増やすには、できるだけたくさんの羊を飼育し、できるだけたくさんの羊毛を得ることが必要です。ただし、みなさんも、一人で何万頭もの羊を世話できるわけではないので限界があります。仮に、みなさんが自分で羊を管理する費用を考慮した結果、羊の数と得られる収入の関係が、下表のような関係にあったとしたら、皆さんは何頭の羊を飼うでしょうか。

羊の頭数	10	20	30	40	50	60
年収 (× 100 万円)	2.0	3.6	4.8	5.6	6.0	5.6

羊の数が増えすぎると、その管理をするためのコストもかさんできます。したがって、この表からすると、50頭の羊を飼うのが一番収入を増やせるように見えます。

ところが、ここに大きな落とし穴があるのです。村人みんなが使い放題していた放牧地も無限ではありません。あまりに多くの羊を放牧すれば、牧草は根こそぎ食べ尽くされ、再び生えてこなくなってしまいます。

例えば、この放牧地で飼育できる羊の合計は、300頭だとしましょう。合計300頭の羊しか養えないはずの放牧地に、10人の村人みんなが50頭ずつ、合計500頭の羊を放牧してしまったら、どうなるでしょうか。放牧地の草が食べ尽くされてしまい、土地が再生しなくなってしまうでしょう。

つまり、みなさんが自分の収入の最大化だけを考えて、全員が羊の数を50頭にしてしまうと、放牧地は荒れ果てて、ついには誰もこの放牧地で羊を飼う事ができなくなり、村人みんなが収入源を失ってしまうという結果になります。

これが、「共有地の悲劇」と呼ばれる状況です。すなわち、個々人が、周りの環境に与える負の影響を考慮せず、自分の利益の最大化だけを考えて行動する結果、結局は自分も含めて全員が損をしてしまう状況です。

空気や水の汚染、道路の渋滞、動植物の乱獲、資源エネルギーの枯渇といった問題の多くが、「共有地の悲劇」と同様の背景を持ちます。すなわち、個々人が、周りの環境に与える負の影響を考慮せず、自分の利益の最大化だけを考えて行動する結果、結局は自分も含めて全員が損をしてしまう問題です。

さて、では、この村の羊飼いである皆さんは、どうやったら共有地の悲劇を回避することができるでしょうか。

ありうる解決策の1つは、話し合いによる羊の制限です。話し合いによって、各人それぞれに飼ってよい羊の数を割り振り、それを守るという村人同士の契約があれば、共有地の悲劇は回避されるかもしれません。

ただし、契約による制限が機能するためには、契約の履行を保証する制度が必要になります。つまり、契約保護に関する「法の支配」が必要なのです。例えば、過度な数の羊に対する罰金は、契約の履行を担保する1つの制度です。

　共有地の問題を解決するもう 1 つの簡単な方法は、土地を共有ではなく、私有にすることです。例えば、30 頭の羊を飼うのにギリギリの広さで土地を各村人に分割して、それぞれに所有権を認めるといった具合です。土地の所有権が認められると、各村人には、自分の土地が荒れ地にならないよう、羊の数を調整し、土地が良い状態を保つようにするインセンティブが生まれます。

　あるいは、各人が飼育できる羊の数を土地の使用権（これも所有権の一形態）として配分し、その割当枠の譲渡を認めるような制度（キャップ＆トレード制度）を導入しても、共有地の悲劇は解決しうるようになります。より多くの羊を飼育したい人は、上限より少ない頭数しか羊を飼育していない人から、その頭数分の土地使用権を購入すれば、全体としての羊の頭数は上限を超えない範囲で、みんなが利益を得られることになります。こうした制度は、実際に温室効果ガスの排出削減などのために採用されています。

　以上のとおり、共有地の悲劇は多くの環境問題に共通する特徴ですが、共同使用に関するルールや権利を設定し、その履行を担保するという「法の支配」を確立することで、その解決を図ることができる場合があるのです。

4　まとめ

　LAD という学問分野は、途上国の開発支援を支える極めて実践的な研究分野であり、これから国際協力の現場で活躍しようという人にとって、有用な知見を提供するものです。海外の法整備支援を担う人材として、日本では、今のところ、弁護士、検事、裁判官といった法曹実務家や法律の研究者が、途上国に派遣されてきています。しかし、環境保護や障碍者支援のように途上国側の必要とする法制度が今後より多様化するにつれ、法律専門家だけではなく、文理融合の幅広い視野を持った専門家が必要とされるケースが増えていくのではないかと予想されます。

　また、LAD の研究と実践の対象は、発展途上国に限られません。経済社会の持続可能な発展を促し、人々の幸福を増進させるため、必要な法制度の

改善を探求するという点で、LAD の研究と実践の対象は法制度が未整備の開発途上国だけでなく、いわゆる先進国と言われる国々の法制度も範疇に入ります。したがって、読者のみなさんが、途上国の紛争解決、経済発展、民主化や人権保護などの分野で将来活躍するにせよ、あるいは、日本を含む先進国の環境資源問題や人権問題に取り組むにせよ、そのために必要な法制度を皆さんが提案するために必要な基礎力を提供するものが、LAD という分野です。

第8章　貧困削減と金融包摂

布田朝子

1　開発途上国の貧困問題と国際協力

　2016 年、世界を見渡すと、職を持って働いていてもその 1 割弱もの人々が極めて貧しい暮らしを送っています (United Nations, Economic and Social Council, 2017) [1]。その多くは 15 歳から 24 歳までの若年労働者であり、ほかにも高齢者や子持ちの女性、障がい者といった特定の人々が、社会保障政策等 (social protection systems) の庇護下になく経済的に困窮しているといわれています。こうした世界の貧困問題に貢献するために、国際協力は何ができるのでしょうか。官民を問わず国際協力を通して、先進国から開発途上国へ、特に途上国内の上述の貧しい人々へ、お金が十分に与えられれば貧困はなくなるのでしょうか。学校や病院を十分に建設できたら、貧困をなくせるのでしょうか。あるいは、様々な技術を教えたり伝えたりできれば、途上国の人々はすべて貧困から脱せられるのでしょうか。

　ここ十数年の間に飛躍的に進展した開発経済学における多くの研究をひも解くと、答えが決して単純でないことが分かります。バナジー・デュフロ (2012) によると、例えば、予防接種や保険加入がなかなか普及しない理由として、単に家庭にお金がないことが問題なのではなく、予防の重要性への気づきや保険への信頼も重要となってくることが知られています。また、学校教育の量や質の問題は、多くの場合、単に学校建設を増やすだけでなく、カリキュラムの充実や家庭への補助金支給などにも目を向ける必要があります。

技術協力では、そもそもどんな製品や作物が儲かってそのためにどんな技術が必要なのかを見極めることが容易ではありません。また、その技術とともに、必要な資金や材料などの投入物をどのように支援すべきなのか(給付か貸与か、条件付きか否かなど)を明らかにすることも肝要となります。

　途上国の貧困削減に関する最新の研究動向から共通して見えてくるのは、援助する先進国側で言われてきた「常識」や通説を鵜呑みにせず、途上国の人々がなぜ貧困であるのかにもっと注目すべきであるということです。すなわち、貧困の原因や背景メカニズムの深い理解が不可欠なのです。なかでも特に、研究者がその重要性を指摘して研究蓄積が豊富にあるのは、貧困の一側面としてのリスク脆弱性 (vulnerability to risks) に着目する研究です。そして、預金や融資、保険といった金融サービスを向上させてリスク対応しやすくする援助プログラムについて、多くの研究が進められています。Cull eds. (2013) によると、途上国の貧困家庭は、金融サービスと無縁どころか、むしろ密接に関わり合いながら暮らしています。詳細は後述しますが、貧しいからこそ、緊急時に高利貸しから借金をするなど、不便で手間ひまや金利といったコストの高くつく金融取引をしています。また、普段から貯蓄グループなどを組んでお金を貯めるなど、手間ひまのかかる複雑な金融ツールを活用して日々の生活を乗り切っています。このように、適切な銀行サービスを「利用していない」人々の数は、世界の成人人口 47 億人の約半数にもおよぶ、25 億人であるといわれています。

　なお、ここでいう「利用していない」(do not use) という事態の多くは、「利用できない」(cannot use) ことを含んでいます。なぜなら、これらの人々が利用する金融は、銀行サービスのような政府が認可したフォーマルな金融に対比してインフォーマルな金融と呼ばれ、Cull eds. (2013) が指摘するように次の 4 つの好ましくない特徴を持つからです。第 1 に、信頼性 (品質や利用可能性の一貫性など) に欠けること、第 2 に、安全性 (預金保険制度など) に欠けること、第 3 に、適切な費用負担や価値 (低い貸付利子率や正の預金利子率など) も欠如していること、第 4 に、個人や数十人の組織などが資金の源泉となるがゆえにフォーマル金融に匹敵するような規模の資金は提供できないことです。

　そこで、途上国の貧困問題について考察する本章では、以下、貧しい人々
への金融サービスとその向上のための援助プログラムに着目することとしま
す。まず、次節において、貧困層への金融に関する重要な用語として金融包
摂 (financial inclusion) という概念に触れます。つづく第 3 節では、貧困層が直
面している金融の現状について、経済学に基づきながら解説を行います。第
4 節では、国際開発援助機関の取り組みを整理します。最後に第 5 節で、以
上のまとめを行います。

2　金融包摂

　世界銀行をはじめとする 30 以上の機関の協力組織である CGAP (Consultative
Group to Assist the Poor) は、途上国貧困層支援のための組織であり、特に貧困
層の生活改善のために金融包摂を進展させることに焦点を当てて活動してい
ます。金融包摂とは、「各家庭や事業主などが適切な金融サービスへアクセ
スができ、効果的に利用できること」を意味し、また、その適切な金融サー
ビスとは「適切に規制された環境で責任を持って持続的に提供される金融
サービス」を指します (CGAP)。先述の通り、世界中で 25 億人もの人々がそ
のような金融サービスの外にいて[2]、その代わりにインフォーマルな金融を
日々とても身近に利用しています。インフォーマルな金融は、詳細は後述す
るものの、隣人同士の貯蓄グループ活動のほか、親戚や知人、地主、商店主、
違法な高利貸しや質店からの借入れなど、頻度や規模、用途、緊急度合いな
どに応じて多岐にわたります。ただし、総じて先述のように安全性や費用な
どに問題が残ります。それゆえ金融包摂を進めるということは、このように
日常的にインフォーマルな金融に依存せざるを得ない状況を、貧困層の生活
上の深刻な問題であるととらえ、国際協力を通じて改善しようとすることな
のです。

　金融包摂は、国際開発援助機関の世界銀行においても、貧困削減のための
重点分野の 1 つとして取り上げられています。また、国連の持続可能な開発
目標 (SDGs: Sustainable Development Goals) という国際協力分野の 17 個の目標に

おいても、目標 1「貧困をなくそう」を達成するために設定された 7 つのターゲットのなかに、金融サービスを含む基本的なサービスへのアクセスや土地に関する諸権利を貧しい人々へ保証すること (ターゲット 1.4) が記されています。目標 8「働きがいも経済成長も」においても、各国の金融機関を強化してすべての人々に銀行や保険、その他の金融サービスへのアクセスを拡大すること (ターゲット 8.10) が設定されています。さらに、その達成度合いを測る指標として、成人 10 万人当たりの ATM 数 (指標 8.10.1) や金融口座を持つ成人の割合 (指標 8.10.2) が活用されることにもなっています。

　貧困層による適切な金融サービスのアクセスや利用を促進するというと、マイクロファイナンス (microfinance、小規模金融)[3] という言葉を思い浮かべる人もいるでしょう。マイクロファイナンスは、1970 年代からバングラデシュにおいてグラミン銀行が低所得・低資産の女性向け銀行サービスとして始めたもので、高くない金利での無担保融資を特徴としています。現地の事情に合わせた数々の (ちょっとした) 工夫を施すことによって、融資拡大や預金動員などの点で著しい成功を収めています。そのため、これを基本モデルとして世界中で様々な方法が応用されながら、貧困層向け金融サービスが提供されています。マイクロファイナンスの促進と同様に、金融包摂の推進には、貧困層向け金融についてその需要の特性を正しく理解したり、それに応じて供給の工夫に細心の注意を払ったりすることが必要です。それらに加えて金融包摂は、より広い視点として、金融リテラシーの教育や電子決済のインフラ整備、国内金融全般の規制などにも配慮しながら、貧困層向けの適切な金融サービスの提供を進めようとするものであるといえます (CGAP)。

3　貧困層を取り巻く小規模金融の現状

　本節では、マイクロファイナンスを含む様々な金融サービスについて、経済学に基づきながら整理します。途上国貧困層向けの金融サービスを主に次の 4 つ、すなわち、1) 預金・貯蓄 (savings)、2) 融資 (credit)、3) 決済サービス (settlements)、4) 保険 (insurance) に分けて、それぞれ順に解説していくことに

しましょう。

3-1　預金・貯蓄──貯蓄不足とその理由

　途上国の貧しい人々に貯蓄するようなお金の余裕はないに違いない、そんな風に思っている人が多いのではないでしょうか。たしかに、貧困の定義からして（例えば、前述の 1 日 1.90 ドル未満の生活）、彼らの収入はとても小さな金額です。さらに、その金額ですら毎日や毎月一定してもらえるものではなく、日ごとや季節、天候、景気などに応じて不安定に大きく変動します（モーダック他、2011）。しかし、私たちのそんな想像を裏切るように、彼らがなんとかやりくりをしていて、日々の食費を賄うだけでなく日々の商売や借金返済のための資金捻出のほか、冠婚葬祭や家屋修繕などのための長期の費用捻出もしている姿が、数多くの途上国貧困研究で報告されています（例えば、モーダック他、2011; バナジー・デュフロ、2012）。

　ただし、このように色々な費用の捻出を可能とするような貯蓄の形態は、先進国では一般的な銀行などの金融機関への預貯金とは大きく異なります。途上国で貧しい人々の多くが居住する地方や農村部には、銀行支店数や ATM 数が限られているし、口座開設のために文字の読み書き能力が要されたり手続き可能な時間帯と日雇いの仕事時間が重なってしまったりするなど、事実上、貧しい人々にとっては利用不可能であることも多いのです。そこで一般的に利用されるのは、実に多様な貯蓄の形態です。世界のあちこちで回転型貯蓄信用講（ROSCAs：Rotating Systems of Savings and Credit Associations、例えば日本の頼母子講［補論参照］など）や貯蓄グループという村人 10 人前後が集まって貯蓄し合う仕組みの報告がありますし、アフリカなどでは手数料を支払ってマネーガードというお金を預かってくれる人員を活用する方法などがあります（バナジー・デュフロ、2012）。また、途上国のインフレ率は年 20% 以上と高いところが少なくないこともあり、少しでも余ったお金のほとんどをそのまま現金で保管・貯蓄するのではなく、こまめに金（gold）や金製の宝飾品に替えたり、家屋修繕のためにアフリカではレンガを（バナジー・デュフロ、2012）、ミャンマーでは材木を（布田、2010）、買える分だけ買って置いておい

たりというように、多様な形態で少しずつ貯蓄が積み重ねられています。

　経済学が説明するように、貯蓄には次のような便益があります。まず、コツコツと少額ずつでも貯蓄していくと、3か月、1年などの一定期間ののち、まとまった資金を手にすることができます。そのようなまとまった資金は、冠婚葬祭や学費、家屋修繕など、ある程度予測できる行事に使用できます。また、病気やケガ、天候不順による不作、リストラなど、予測できない出来事 (リスク) に関連しても、数日、数週間、数か月といった当面の生活費を補うものとして、貯蓄の取り崩しはとても重要な役割を果たします。そのほかにも、金融機関や貯蓄グループ活動などでは、少額とはいえ利子を稼ぐこともできます。さらに言えば、より多くの貯蓄ができるようなると、融資を受ける際の信用づくりの一助にもなるし、計画性が身について家計のやりくりが上手になり得るという便益もあるでしょう。

　このように重要な便益があるのだから、それらを享受するために積極的に、最優先に、貯蓄をすべきでしょう。しかしながら、既述の通り貯蓄はできないわけではないものの、そこまでの貯蓄はなされません。さほど多くは貯蓄できていない現状について、やはりお金の余裕がないからそうなんだと単純に片付けることはできません。なぜなら、そもそも貯蓄には経済学が説明する次のようなコストが伴うからです。まず、途上国での銀行窓口の利用には様々なコストがあり、貧しい人々にとって事実上利用できないということは前述の通りです。そのほかにも、行動経済学の研究が示すように、貧富を問わず人間には現在のことを優先して将来のことを後回しにしてしまう心理的な作用 (時間不整合性：time inconsistency) が働いてしまうことが知られています。それもまた、貯蓄という行為のコストの1つとなり得ます (バナジー・デュフロ、2012)。

　繰り返しになりますが、途上国の貧困層がもっと貯蓄しやすくなりより多くの貯蓄を促すことができるようになれば、まとまった資金の使用や不測の事態への備えなどといった貯蓄の便益を享受しやすくなり、貧困問題の緩和につながり得ます。そこで、こうした便益を実現化するために、コストを削減するような介入、すなわち、政策や援助プログラムが必要となってきます。

例えば、コストの一つである、人々を貯蓄しにくくさせる心理的な作用を軽減する仕組みとして、コミットメント貯蓄という仕組みが成功を収めています。NGO 主導で作られたアフリカの村落貯蓄信用組合（VSLAs: Village Savings and Credit Associations）やインドの自助グループ（SHGs: Self-Help Groups）では、統制のとれた貯蓄グループが作られ、そのグループ内で定額貯蓄の金額や引き出しのルール作り、貯蓄の管理などをします。そうすることで、グループの他のメンバーの手前、自ずと貯蓄せざるを得ない環境に置かれることが、貯蓄を促す仕組みとして解釈できるのです（Karlan 2014; Karlan et al. 2017）。

　したがって、今後はこのようにコストを軽減するような仕組みを新たに考案していくことが求められているでしょう。また、そもそも銀行支店数を増やすことが難しいとしても、ATM 数を増やしたり銀行以外の優良な組織・機関にも預金業務を許可したりすること、それと同時にそれらの預金業務機関の法規制や監視体制を整備するが必要があります（World Bank）。特に ATM 数や預金業務機関の拡大については、第 2 節で触れたように国連の持続可能な開発目標（SDGs）の目標 8（ターゲット 8.10）の達成にもつながるといえるでしょう。

3-2　融資──マイクロファイナンスと高利貸し

　途上国の貧しい人々にはお金がないから借りても返せない、また、返せないから借りられずお金が手元にない、というイメージはないでしょうか。それはあまりにも一面的で単純化され過ぎたものであり、現実とは大きくかけ離れたものです。都市部でも地方でも途上国の貧しい人々の間では、親戚や知人、地主、商店主、違法な高利貸しや質店などからの借入れ、すなわち、インフォーマルな金融が、私たちの想像をはるかに上回るほどに活発に日々活用されています。例えば、モーダック他（2011）によると、インドで詳細に調査した各世帯において、1 年間に様々な金融手段（ほとんどがインフォーマル金融）を介してやりとりされた現金の総額は、その世帯の純資産額を大きく上回るほどです。さらに収入との対比で表すと、平均で収入の 0.75 倍から 1.75 倍ものやりとりがあったのです。なお、ここでいう、様々な金融手段を介し

た現金のやりとり（キャッシュフロー）とは、具体的には預金額、貸付額、借入の返済額などの出ていく現金と、借入額、預金引き出し額、貸付の回収額などの入ってくる現金の合計額を指します。また、小規模商人などのように日々の現金の出し入れの激しい世帯では、月収の3倍以上におよぶやりとりをしているといいます。

　活発に利用されているインフォーマルな金融には信頼性や安全性などの問題点があることは先述の通りですが、かといって商業銀行や従来の国営銀行のサービスは、貧しい人々には届けられません。なぜなら、もし貧しい人々に融資するとなると、融資に必要な情報集めに手間ひまがかかって高コストであるし、1件当たりの融資額が小さいがゆえに融資して得られる利益はその高いコストに到底見合わないからです。そのため、バングラデシュのグラミン銀行をはじめとするマイクロファイナンスでは、お金の貸し方に様々な（ちょっとした）工夫が施されています。それらの工夫こそが、通常の商業銀行や従来の国営銀行が顧客にできなかったような高コストな人々、すなわち、地方や農村部の貧しい人々を対象に融資ができるようになった秘訣です。

　具体的には、主に3点が注目されています。第1に、今回の借入をきちんと返済すれば、次回以降の融資額を増額する、あるいは、次回以降の金利を優遇するといった特典条件を付与すること（dynamic incentives）が挙げられます。近年の研究動向を踏まえると、特にこの条件こそが、高い返済率の維持に効果的であると想定されていることが多いです。ただし、様々なデータで実証されるまでには至っておらず、研究の余地が残されているところです。

　第2に、5人1組などのグループを作って順に貸付を行うグループ貸付制度（group lending）が有名です。とはいえ、グループ貸付制度にどのような意義があるのか（返済率の向上に寄与するのかなど）について、地域性との関連などにおいて研究の余地が残されています。というのも、マイクロファイナンス機関によっては、例えば南米のNGOのように人数ですら50人規模の場合があるなど多様であり、また、グラミン銀行のように顔見知りの村人同士でグループ形成させるところもあれば、南米のNGOのように顔見知りに限らないところもあります。このほかにも、グループ貸付制度に連帯責任（joint liability) を付けることの意義 (返済率の向上に寄与するのかなど) については、不明瞭です。依然として連帯責任を課す機関が少なくないものの、グラミン銀行では 2002 年以降、連帯責任を課さずに高い返済率を維持しているからです。さらには、そもそも個人貸付でもグループ貸付でも返済率に大きな差異はないという研究結果すらあるのです (カーラン・アペル、2013)。

　第 3 に、貸し手であるマイクロファイナンス機関が予め定めたスケジュール (例えば、1 週間に 1 度など) に基づいて、集会を開いて融資の実行や貸付金の回収、預金の回収などをすること (regular repayment schedules) が挙げられます。貸し手側にとっては管理しやすいので、管理コスト削減につながります。それにより貸付金利を低めに設定できるようになるという点で、借り手側にも便益があります。一方で、この条件は画一的であること (one-size-fits-all) やその硬直性が批判されることも多いのです (モーダック他、2011)。借り手側の貧しい人々のなかには、予め規定されたスケジュールでの集会への参加、分割返済、定額預金といったことがしにくい人々も少なくありません。そのような人々は最貧困層に多く、彼らにとってこれらの条件はとても不便です。それが原因となって、マイクロファイナンスには参加する自信がないという人々が取り残されてしまうのです。

　ところで、まだまだ研究や改善の余地は残されているものの、マイクロファイナンスのように貧しい人々へお金を融資して生活改善に寄与しようとする試みは、これまでのところ「成功」しているのでしょうか。この問いへ答えるためには「成功」の指標や尺度を定める必要がありますが、一般的には貸し手であるマイクロファイナンス機関の業績に着目したとき、返済率が 95% 以上というように高いことや、2010 年時点で 2 億人以上もの多くの貧しい人々へ到達していることが知られています (Cull eds. 2013)。

　一方、借り手である貧しい人々への効果に着目してみると、どのような効果が生み出されたのか、あるいは生み出されなかったのだろうか、という問いも浮かんできます。インドのハイデラバード市内のマイクロファイナンスを事例にした Banerjee et al. (2015) の研究によると、借り手となった貧しいスラムに住む人々の営んでいる既存のビジネスの利益が上がったり、新規の小

規模ビジネスへの投資が増えたりしたという点で、効果があったことが分かりました。耐久消費財の支出も増えました。しかし、消費支出の増加は統計的に有意な水準ではなかったため、消費平準化の効果はあまり大きくないことが示されました。また、健康状態や子供への教育、女性のエンパワメントといった側面については、2 年以上経過したより長期的な変化を観測する必要が残されているものの、当該研究のデータにおいては統計的に有意な変化が見られなかったといいます。

　このようにある程度は良好と評価できる業績や効果が明らかにされている一方で、既存のマイクロファイナンスの限界として、主に次の 2 点を指摘することができます。第 1 に、先述の通り、画一的で硬直的な融資返済条件によって参加できる人々が制限されている点です。貧しい人々のなかでも、より貧しい人々が取り残されてしまうという不利益を被っています。第 2 に、マイクロファイナンスと高利貸しなどのインフォーマル金融との併用がつづくことが少なくないという点です。インフォーマルな金融のうち、特に高利貸しは、信頼性や安全性、金利などの費用の側面において、借り手となる貧しい人々にとって問題点が少なくありません。しかし、マイクロファイナンスが事業展開を広げるにつれて高利貸しが代替され駆逐されるというわけではなく、併用されているとの報告が多くあります（バナジー・デュフロ、2012）。というのも、Karlan and Morduch（2009）が南アフリカ共和国での研究で指摘しているように、借り手は貸付利子率の変動にさほど敏感ではなく、必要なときに必要な資金を融資してくれるアクセスの良さを重要視するからです。借り手となる貧しい人々にとっては、アクセスの良さなどの柔軟性（flexibility）の方が、マイクロファイナンスの提供する低めの利子率よりも魅力的であるということです。

　上述のように最貧困層への対応や高利貸しの併用問題については、画一性や硬直性をなくして融資返済条件の柔軟性を確保する手段が大きな注目を集めており、様々な研究や援助プログラムが行われています。今後もこの点についての研究や実践が数多く試みられていくことが大いに期待されています（Karlan 2014）。ただし、そもそも現行のマイクロファイナンスで柔軟性を確

保しにくい理由を忘れてはなりません。柔軟性を確保しようとすると、例えば、週ごとの分割返済ルールを変更して月ごとの分割返済や一括返済を許可したり、融資実行直後の返済開始ルールを変更して返済猶予期間（2 か月など）を設定したりすることになります。また、緊急時の融資の対応や、融資後のリスケジュールの個別管理などの作業も増えます。貸し手側にとって、手間ひまを含むコストが増えることばかりなのです。管理コストがかかるからといって管理や工夫を怠れば返済率の悪化につながり得るし、コスト上昇分を単に貸付利子率や資金規模に反映すれば済むことでもありません。また、国際開発援助機関や政府などからの援助金や補助金を受け取ってコスト上昇分を補おうとすると、マイクロファイナンス機関の独立性やガバナンスの問題も生じ得ます。マイクロファイナンス機関が柔軟性をどのように取り入れていくのかについては、考えるべき課題が山積しています。

　そのほか、マイクロファイナンスの長期的な効果について疑問点が残されています。現行のマイクロファイナンスについては、貧しい人々がビジネスなどの資金繰りをスムーズにできたという点で当面の間の貧困緩和に寄与していますが、借り手がみな貧困から脱出できるのかという点では疑問があるといわれています（バナジー・デュフロ、2012）。マイクロファイナンスで支援できるビジネスの規模は、極めて小さいものに限られるからです。しがたって、今後は貧困削減のためにより大きなビジネスや中小規模企業（SME: small and medium enterprise）向け金融の研究や実践が求められるといわれています。ただし、Bauchet and Morduch（2013）のバングラデシュでの研究によると、マイクロファイナンスを利用してビジネスをしている人々は貧困層であるのに対し、SME で働く人々は学歴もスキルも高く貧困層ではありません。マイクロファイナンスから SME 向け金融への移行を進めることも、容易ではないことが分かっているのです。

3-4　決済サービス

モバイルの活用

　日本にいると日常的に Suica や Pasmo を使って買い物したり、スマートフォ

ンのおサイフケータイ機能を利用したりすることはないでしょうか。社会人ともなれば、オンラインショッピングでのクレジットカードの利用もとても身近なものでしょう。その便利さゆえに、先進国にいるとこのような電子決済機能を利用する機会はとても多いです。では、途上国においてはどうでしょうか。携帯電話やスマートフォンをはじめとするモバイルツールを利用した電子決済など、途上国の人々、特に貧しい地域の人々の生活とは縁遠いものだと思う人が多いのではないでしょうか。

しかし、実際のところ、例えばケニアの各家庭への携帯電話普及率は、売り出し後 8 年間で推定 100% に達したといいます (World Bank 2016)。また、そのように急速に普及したモバイルツールを利用した電子決済システムの成功事例として、同国の M-PESA がとても有名です。M-PESA は、ケニアでSafaricom が運営するモバイル決済システムです。2014 年時点で、ビットコイン取引規模が 230 億 US ドル、オンライン決済のプラットフォームである PayPal の取引規模は 2 千 280 億ドル、クレジットカードの VISA は 4 兆 7千億ドルのところ、ケニアの M-PESA によるモバイル決済の取引規模はビットコインに匹敵する 240 億ドルにのぼったといいます。

M-PESA のような電子決済システムを利用することの最大の利点は、家族への送金や物品等購入代金の支払いなどの決済について、即日取引ができることです。例えば、国内で出稼ぎ労働をしている人がその家族へ送金をしたい場合、従来であれば、手間ひまをかけて銀行口座を開設したうえで、手数料やさらなる手間ひまをかけて銀行窓口を訪れて手続きしなければなりません。あるいは、時には違法に、時には盗難等の危険性を覚悟しながら、インフォーマルな金融手段を使わなければなりませんでした。一方、M-PESA の利用者は、加盟店 (地方や農村部にもよくある雑貨商店など) でモバイル画面を見せるだけで、即時に送金やその受領などができます。銀行口座を持っているか持っていないかに関わらず、これらのシステムは伝統的な決済システムよりも手数料が低く容易に利用することができるのです。M-PESA に代表されるような携帯電話やスマートフォンなどのモバイルツールを使った電子決済システムは途上国で飛躍的に伸びており、金融包摂を促進しているといわ

れています (World Bank 2016)。

モバイル技術による金融包摂と農業振興──ナイジェリアの事例

　世界銀行の『世界開発報告書 2016』(World Bank 2016) によると、ナイジェリアにおいて政府が肥料を調達し分配する従来の方法では、小規模農民にはなかなか肥料を届けることができませんでした。そのため、2012 年から新たな支援スキーム (the 2012 Growth Enhancement Support Scheme と呼ばれる) を開始しました。モバイル技術を使って、直接的に農民へ肥料補助金を給付する方法です。そこで利用されたシステム (mobile wallet system と呼ばれます) は、Cellulant という官民共同のモバイルサービス企業が運営するものです。このシステム利用によって、現在は従来のたった 6 分の 1 の費用で、2 倍もの多くの農民を支援できているといいます。また、補助金受給者登録がなされた 105 万人以上の農民は、フォーマルな金融へのアクセスが増えて金融包摂が促進されました。さらに、農民が肥料補助金を手にして適切に肥料を使用できるようになった結果、農業生産性を向上させることができたと報告されています。

　途上国におけるモバイル技術や電子決済機能の活用は、本節で紹介したような成功事例が注目を集めています。今後もますます活用されていくことが想定されていますが、課題として主に次の 2 点が指摘されています。第 1 に、インターネットの接続環境をはじめとするインフラ整備やソフト面での支援などをあらゆる国々で進める必要があります (World Bank)。第 2 に、関連する政策や規制、監視ルール等を整備することが急務です。電子決済システムの普及は同時に、伝統的な銀行窓口などを通じた決済システムとは異なる新しいシステムやその提供者を介して行われることを意味します。その際、新しいシステムやその提供者に厳しすぎるルールを課せば、技術革新やビジネス機会、金融包摂の速度を阻害してしまう懸念があります。実際、M-PESA は従来の規制の対象外であったがゆえに急速な開発や普及をなし得たといわれています。その一方で、規制の手を緩めすぎてしまうと、新手の犯罪の温床になる懸念もあります。そのため、どのような政策、規制、監視ルール等が必要であるのかを含めて精査したうえで整備するべきです (World Bank 2016)。

3-4 保 険

保険の形態とその限界

天候不順による農作物の不作、不景気による売り上げ不振、リストラ、家族や自分の病気やケガ、詐欺や盗難被害などといった予測不能な事態（リスク）は、途上国の貧しい人々の日々の暮らしと常に隣り合わせです（モーダック他、2011；バナジー・デュフロ、2012）。このようなリスクへの対応手段というと、先進国で一般的なのは保険加入です。対照的に、保険市場が未発達の途上国において貧しい人々が行うリスク対応は、村人や親せき同士で助け合ったり各家庭内で工夫をしたりといった、色々な形態でのリスク・シェアリングです。例えば、ナイジェリアのスラムでは、知人同士が互いにお金の貸し借りをしており、貸し手が経済的な打撃を受けたときは借り手が多めに返済を行うといいます。逆に、借り手が経済的な打撃を受けたときには貸し手が返済の軽減を認めるというように、保険機能を備えた融資（credit as an insurance）が知られています（Udry 1990）。さらにインドでは、借金したお金をそのまま結婚資金として保管しておき（borrowing to save）、その借金の元利返済は既存のビジネス収入から少しずつ支払うといった事例報告もあります（Cull eds. 2013）。自分でコツコツと貯蓄した方が良さそうなところですが、既述の通り、貯蓄には他用途への誘惑に負けない自制心を要することから、借金の利払い分だけ金銭的には損をしてまでも貯蓄をしたい（この場合、冠婚葬祭への備えだが、緊急時の備えもあり得る）ということです。

このように、途上国の貧しい人々の生活においては、保険と融資や預金・貯蓄は密接に関わり合っていて、切っても切り離せない関係にあります。言い換えると、途上国の貧しい人々のリスク対応への工夫は、先進国の「常識」的な感覚によって保険やリスク・シェアリングという言葉から想像するものをはるかに超え、複雑で多様です。しかし、それらの工夫がなされてもなお、すべてのリスクに完璧に対応できているわけではありません（から、さらに貧しくなり得るのです）。特に、村人や親せき同士の助け合いについては限界があることが知られています。なかでも深刻なのは、高額医療費の捻出につい

てです（バナジー・デュフロ、2012）。高額医療費のように多額の資金が必要に
なった場合は、善意からなる隣人や親せきの助け合いの範疇を超えた約束事
が必要になるため、助ける方も助けられる方も敬遠してしまうといいます。
ミャンマーの事例でも、貧困層や最貧困層による貯蓄信用グループ活動にお
いて同様の傾向があることが報告されています（布田、2010）。

途上国における保険の需要と供給

　途上国の保険市場は未発達であると述べましたが、そもそも途上国の貧し
い人々による保険への需要にはどのような特徴があるのでしょうか。また、
市場が未発達である一因が供給側にあるとしたら、保険の供給を妨げるもの
は何なのでしょうか。以下、経済学に基づいて整理していきましょう。まず、
需要面の特徴については、本節の冒頭で述べたように貧しい人々がさらされ
ているリスクは大きいため、潜在的な需要は大きいことが予想されます。と
はいえ、保険加入率は低いままです。その理由を分析した研究によれば、単
に保険になじみがなく仕組みが分からないことが、保険加入を遠ざける理由
なのではないといいます。仕組みが分かったとしても、保険への信頼（trust）
がないと加入しくにいことが指摘されています（バナジー・デュフロ、2012）。
　供給面については、先進国であっても途上国であっても、そもそも保険に
は逆選択やモラルハザードという問題が伴うため、完全な保険は成立しない
こと、また、保険加入者を広く募れる医療保険など、一部のリスクに対応す
る保険だけが成立しやすいことが知られています。逆選択やモラルハザード
についてはミクロ経済学の標準的な教科書を開くと説明がありますが、例え
ば途上国の医療保険の文脈でいうと、逆選択とは次のようなことをいいます。
データベースや健康診断などの制度も整わない途上国では、医療保険の支払
いに関連する重要な情報（健康かどうかなど）について保険会社が入手する術
はほとんどありません。そこで保険料を高めに設定せざるを得ませんが、健
康で優良な顧客は割高に感じて保険加入せず、加入者は保険金支払いの可能
性が高い人に限られてしまうという現象が生じるのです。モラルハザードと
は、保険加入することによって顧客が慢心していまい、保険会社にとって望

ましくない行動が助長されてしまうことを指します。これも、特に途上国の貧しい人々が暮らすような地方や農村部では、保険会社が随時顧客の行動監視や状況把握を行うようなことはできないため、保険の提供を難しくさせる一因となっています。そのほかにも、途上国の貧しい人々向けの保険となると、1件当たりの取引（保険料や保険金）が小規模であるため、手間ひまがかかり高コストとなります。その割には、1件当たりの取引で保険会社の方に見込まれる利益が小さすぎるため、なかなか供給が進まないのです。

　これらの問題がある現状では、既述の通り、預金や融資と保険が密接に関わり合いながら、経済的な打撃に対して事前の備えや事後的な対応がなされています。したがって、効果的かつ効率的な援助プログラムの開発のためには、預金や融資、保険の関連性に配慮した介入を考案することが求められています。例えば、預金や融資を通してすでに厚い信頼関係を築き上げているマイクロファイナンス機関等においては、保険への信頼も得やすいため、そのような機関が既存の顧客や新たな顧客向けに保険（マイクロ医療保険と呼ばれます）を提供する事例も見られています。そのような事例のさらなる分析や実践が積み重ねられることが求められるでしょう。

　また、長期的には先進国のように保険が普及することが効率的です。その際には、保険への信頼を得るために政府主導等でどのような取り組みができるのかが課題となります。この点に関連して、近年、国際協力の保健分野で注目を集めているのが、ユニバーサル・ヘルス・カバレッジ（UHC）という概念です。UHCとは、「あらゆる場所のすべての人々が経済的な困難に直面することなく質の良い保健サービスにアクセスできるように保証する」というものです（WHO）。UHCの実現、すなわち、保健サービスへのアクセスを改善するためには、医療・保健サービスの量と質の整備が求められると同時に、各家庭の経済的な負担を軽減するような医療・保健分野を中心とした保険の普及が必要となります。本節で既述のように、特に村人同士や親せきの間で高額医療費について融通し合うことは難しいという相互扶助の限界を踏まえると、UHCの実現や保険の普及は、貧困問題の解決という側面においても喫緊の課題です。

4　金融包摂のための取り組み

　本節では、第 3 節で整理した途上国貧困層を取り巻く金融の現状を踏まえて、金融包摂のための取り組みについて紹介します。ただし、マイクロファイナンスやそこから派生した援助プログラムの事例分析や事例紹介はすでに色々な書籍や論文などで取り上げられているため、ここでは、世界銀行などの国際開発援助機関がどのようにして金融包摂を促進しようとしているのかを中心に紹介することとします。その際、まずは国際開発援助機関において、金融包摂を進めることでどのような効果があると認識されているのかを整理します。同時に、その効果の分析について残された課題にも触れます。つづいて、金融包摂の促進に関して今後の取り組みとして着目されている話題を、決済システムのインフラ整備支援、および、規制強化と最貧困層到達のトレードオフ関係という 2 点に分けながら述べることとします。

4-1　金融包摂に期待される経済効果

　援助政策の効果分析は、開発経済学の分野にランダム化対照試行（RCT: Randomized Controlled Trials）という手法が取り入れられたことで飛躍的に進展しています（バナジー・デュフロ、2012）。この分野で 2019 年ノーベル経済学賞も授与されました。本章でも、第 2 節の融資の効果について述べる際、RCT に基づく研究結果を信頼性の高いものとみなして取り上げることとしました。それらの研究結果によると、金融包摂を促進するような政策や援助プログラムが実施され、貧困層が適切な金融サービスへアクセスでき利用できるようになると、既存のビジネスの利益向上（Banerjee et al. 2015）、あるいは、貧困層の消費水準平準化（Cull eds. 2013）、といった効果があることが明らかにされています。

　ただし、これらの研究について信頼性が高いといっても、例えば、マイクロファイナンスによる消費への効果について一貫した説明を可能にするような分析や解釈はなされていないなど、新たな理論構築に結び付くような研究蓄積はまだ十分になされてはいません。このように政策効果の分析を難しくする一因として、資金の汎用性（fungibility）があるといいます（Cull eds. 2013）。

一般に、人々は融資を受けたお金を予め決められていた用途通りに使うわけではありません。マイクロファイナンスの融資金は、主に投資用途として受けることが一般的ですが、実際には全額や一部を貯蓄に回したり、緊急時の用途に一部利用したりすることによって、融資金を既存のビジネス拡大や新規ビジネス投資に注ぐ余裕がないことも少なくありません。その場合、毎回の分割返済資金は、拡大したり新たに始めたりしたビジネス収入からではなく、既存のビジネス収入から、少しずつ支払うことになります。そのようなやりくりをする可能性が高いなかで、政策介入の効果を分析するとなると、詳細なデータや慎重な解釈が必要となります。したがって、RCT に基づく研究結果の詳しい解釈や他地域・他時点でのさらなる研究蓄積、また、より長期の効果の分析や定性的データの活用といった、他の視点や手法による分析などもあわせて必要であると考えられます。

　そのほかにも CGAP では、金融包摂を促進するような政策や援助プログラムが実施され、それまで適切な金融サービスへアクセスできなかったような地方や農村部の貧しい人々が利用できるようになると、資源配分の効率化によって経済成長が促されることが期待できると述べられています。従来は情報の非対称性や高い取引費用のために不完全競争市場であった途上国農村部の金融市場において、資源（資金）が効率的に配分されるようになることを意味するからです。さらに、あわせて適切な規制や監視等が整備されれば、途上国の金融システム全体も活発化して発展するだろうと期待されています。一方、これらの楽観的な見解には疑問も呈されています。Cull eds. (2013) では、そもそも RCT ではマクロ経済全体への効果を分析できないということもあり、金融包摂の効果としての国内経済発展や国内金融発展についてはいまだ実証されていないことを指摘しています。そのため、これらの効果があるのかどうかを証明することが今後の課題として残されています。

4-2　国際開発援助機関による取り組み

決済システムのインフラ整備支援

　世界銀行ではいま、次のような認識のもとで決済システム構築に力が注が

れています。すなわち、安全でアクセス可能な決済システムの構築は経済発展を促し、金融安定性を支え、金融包摂を拡大させるという認識です（World Bank）。特に、BIS（国際決済銀行 :the Bank for International Settlements）と IOSCO（International Organization of Securities Commissions）における委員会（the Committee on Payments and Market Infrastructures）が主導している様々なイニシアティブへ積極的に参加しており、世界銀行による決済システム改革支援の実績は120か国以上に及んでいます。例えば、中央銀行と金融機関の間で行われる決済システム（RTGS［即時グロス決済 :Real Time Gross Settlement］システムと呼ばれます）を導入できた国の数は1990年代には10か国以下であったのに対して、これらの支援によって現在は120か国以上になったのです。このシステム導入によって、金融安定性に重要な役割を果たすインターバンク決済のリスク管理を改善できるようになりました。

　つまり、このような最新の銀行間の決済システムの導入については、先進国、新興国、途上国を問わず、すべての国々に導入することができるし、それによって各国、ひいては国際的な金融の安定化にも貢献できるものとして、積極的に支援がなされています。また、今後の RTGS システムには、より広いアクセスを実現するべく銀行に限らず電子決済業者などにもそのアクセスを認める動きがあります（Bank of England）。本章の第3節でも述べたように、金融包摂や貧困削減の観点からも途上国において電子決済システムのインフラ整備が急務であるため、適切な規制や監視ルール等が整備されることを前提とすれば、このような決済システム導入支援の動きが途上国に与える影響は今後も期待できるものでしょう。

規制強化と最貧困層到達とのトレードオフ関係

　金融の安定化については、上述の決済システムの改善のみならず金融包摂全般を視野に入れたとき、異論も出ていることには留意する必要があります。Cull eds.（2013）は、金融包摂が促進されて金融サービスにアクセスできる人々が増えることによって、金融安定化がなされるかどうかは不透明であると指摘しています。理論的には、より多くの人々からの預金動員ができたりより

競争的で効率的な市場が出来上がったりすることで金融を安定化させられると解釈できる一方で、2008年のリーマン・ショックやその後の経済危機では、新たな顧客層の増加が金融を不安定化させる方向に作用したと解釈できるからです。そこで、金融の安定化を確保するために適切な規制や監視ルール等の整備が重要な役割を果たすことになるため、以下では金融包摂に関する規制強化の話題について、論点を整理することにしましょう。

Cull eds. (2013) によると、金融システムの健全性を増すような規制強化は、一方で最貧困層や経済力の乏しい女性など、高コスト且つ社会的に弱い立場にある人々への到達(outreach)を阻害してしまうといいます。いわゆるトレードオフ関係(どちらかを取るとどちらかをあきらめざるを得ないという関係)が存在するのです。このような観点に沿った研究結果として、最貧困層や女性向けマイクロファイナンス機関の多くは補助金なしには運営できないことも明らかにされています。持続性や独立性、健全性などの観点から、仮に補助金受け入れに制限がかかれば、自ずと最貧困層や経済力の乏しい女性への到達が阻害され、取り残されてしまうことになります。金融包摂と規制に関する研究は進んでいないため、開発経済学のみならず国際金融論を含む様々な経済学の分野や社会科学での研究蓄積が待たれるところでしょう。

5　まとめ

本章では、貧しい人々への金融サービスとその向上のための援助プログラムに着目して、現状や課題の整理を行いました。CGAP の定義に従い、金融包摂を「各家庭や事業主などが適切な金融サービスへアクセスができ、効果的に利用することができること」としてとらえたうえで、その達成のためにも現状では途上国の貧困層がどのように金融サービスを利用していて、そこにはどのような問題があるのかを解説しました。その際、経済学の理論や開発経済学の研究結果に基づいた解説を行いました。

特に強調すべきは、先進国の私たちの想像をはるかに超えて、途上国貧困層が頻繁に活発に金融手段を利用していることと、その手段もまた私たちの

想像を超えて多種多様なものであることです。そのような現状を踏まえると、これまでの従来型の多くの援助プログラムやマイクロファイナンス事業のように、融資や預金、決済、保険といった金融サービスを別個にとらえてそれぞれを改善しようとするような政策や援助プログラムではなく、様々な金融手段が高コスト（金利負担や手間ひまなど）ながらも駆使されているという現実を理解したうえで、信頼感や柔軟性などに配慮して効率的に改善できるような介入を考える必要性が見えてきました。

　具体的な課題としては、預金・貯蓄についてはそれらに伴うコスト（心理的負担など）を軽減するような援助プログラムや預金業務機関の拡大などが挙げられました。融資については、最貧困層への対応や高利貸しの併用問題に対して画一性や硬直性をなくして融資返済条件の柔軟性を確保する手段が求められることを指摘しました。決済サービスについては、金融包摂や貧困削減の観点から、途上国において電子決済システムのインフラ整備や規制の整備が急務であることが挙げられました。その一方、RTGS システムのような洗練された決済システムは各国、ひいては国際的な金融の安定化にも貢献できるものとして、先進国、新興国、途上国を問わずすべての国々に積極的に導入支援されていることを紹介しました。最後に保険については、貧困層を貧困ならしめるリスクへの対応としてだけでなく、UHC の実現、すなわち、保健サービスへのアクセスを改善するためにも各家庭の経済的な負担を軽減するような医療・健康分野を中心とした保険の普及が必要となることを指摘しました。

　金融包摂については、本章で既述の通りその効果を含めていまだ明らかにされていない部分も多いですが、世界銀行の取り組みや国連の持続可能な開発目標（SDGs）をはじめとして、貧困削減等に資するその効果に期待する声は大きいです。そのため、金融包摂に関する研究や援助プログラムの進展から今後も目が離せないといえるでしょう。

補論——日本における小規模金融、講と無尽の系譜

　頼母子講は、村落において講の組織による互助的な金融組合の一種で、鎌倉時代に始まりました。講員が掛金を一定期間に出し合い、入札またはくじで、毎回そのなかの1人が交代で所定の金額を受取ります。出し合った金で家畜や家の建築などを行い、交代に分与します。また、屋根のふき替えのとき、講員が材料のカヤを提供し合い、その作業を手伝うという講もありました。

　無尽も鎌倉時代に登場し、庶民の相互扶助により始まりました。江戸時代には、身分や地域に関わらず庶民の金融手段として確立し、大規模化していきました。そして、明治時代には大規模に営業する無尽業者が現れました。中には会社として営業するものも現れるようになましたが、これらの事業者の中には、経営が脆弱で詐欺的な営業を行って、借り手に不利な契約をさせる者も多かったのです。しかしながら、当時は、これを規制する法令がなかったため、無尽集会所などを中心に規制する法律の制定が求められるようになり、多くの営業無尽は、大正4年1915年に、無尽業法により免許を与えられた無尽会社に改変されました。これにより悪質業者は排除されるようになりました。

　ただし、業として無尽と無尽管理業務についてのみの規制であり、住民や職場などで、業者を関与させずに無尽を行うことを禁止するものではなかったので、その後も無尽は続けられ、現在に至っています。

　そして、昭和4年1929年10月末に、世界大恐慌が起こると、無尽会社による無尽は更に発展していき、商業銀行に比肩するほどの規模を持つようになった無尽会社も現れました。

　さらに、第2次世界大戦後、昭和26年1951年に、主に中小企業などを顧客対象として業務を行い、相互掛金を主な商品として取り扱っていた相互銀行に改組されました。営業範囲は、ほぼ本店所在地である一都道府県内に限定されていました。これらの相互銀行の多くは、金融自由化の政策により平成元年1989年2月に普通銀行に転換され、現在に至っています。

注

1 ここでいう「極めて貧しい暮らし」(extreme poverty) とは、国際的な貧困ライン未満の貧しい生活、すなわち、1 人一日わずか 1.90 ドル (購買力平価 [PPP: Purchasing Power Parity] 表示) の消費可能性すら満たせない暮らしを指します。

2 途上国の貧困層に関する入手可能な資料は少ないため、「利用していない」人々の数と、「アクセスがない」人々や「利用できない」人々の数を区別することは困難です。この点を踏まえながら様々な資料を駆使してようやく、Cull eds. (2013) は「利用していない」人々がおおよそ 25 億人であることを確認しています。

3 本章では、マイクロクレジット (マイクロ融資)、マイクロ預金、マイクロ保険などを含む総称としてマイクロファイナンスという用語を用い、融資に関する節ではマイクロクレジットについて述べるなど、適宜その意味を限定することとします。

第9章　地球温暖化問題

柳田辰雄

　日本は、2015 年末に締結されたパリ協定をすでに批准しており、中長期計画として、2030 年度までに CO_2 排出量を 2013 年度比 26 パーセント削減する、2050 年までに 2013 年度比 80 パーセント削減するなどの目標を立てています。これは非常に思い切った目標であり、実現するためにはそれまでに画期的な技術革新が期待されます。

　一方、トランプアメリカ政権は、パリ協定は他国の利益のために米国を不利にし、労働者と納税者が費用を払うことになり、失業と工場閉鎖に苦しむことになると主張しました。すでに、アメリカ政府によって承認された拠出金およびグリーン気候基金への支払いを中止しています。そして、2019 年11 月初旬にアメリカは国連に、地球温暖化対策の国際枠組み「パリ協定」離脱を正式に通告し、2020 年 11 月初旬に正式に離脱しました。

　トランプ大統領は気候変動に関して人間の活動との関連性を疑っており、地球温暖化に関する 2017 年 6 月の声明であるパリ協定からの撤退を表明しました。気候などの人類共通の懸念に対して、アメリカ国内の経済的な利益の優位性を主張しています。

　実際に合理的でもなく一貫性のない説明であっても、環境問題に関しての国家主権の優位性をトランプ大統領は宣言しています。トランプ大統領は「パリ協定からの撤退は、アメリカの主権の再主張です」と国際的に発言しています。トランプ大統領は人為的な気候変動の可能性は否定しないものの、温暖化対策による米国の産業競争力への影響を問題視しており、選挙戦の公約

を実行するために、パリ協定からの離脱を宣言したのです。トランプ大統領は、パリ協定により米国は温暖化対策で巨額の支出を迫られる一方で、雇用喪失、工場閉鎖、産業界や一般家庭に高額なエネルギー費用の負担を強いるとし、また、2025年までに製造業部門で44万人、全体で270万人の雇用が失われ、2040年までにGDPで3兆ドルが失われると述べました。トランプ大統領が演説で引用した数字は、民間のシンクタンク米国経済研究協会（NERA）が2017年3月に発表したものです。

1　共有資源としての地球環境

　大気汚染という環境破壊が生じるのは、大気の所有権が設定されていない人類の共有資源であるからです。したがって、空気とか水という共有資源を利用する個々の会社は、利潤最大化の原理によって行動し、資源全体を管理する誘因が働かないので、環境の汚染や破壊が生じてしまいます。

　以下では、地球環境問題を、地球温暖化対策から考えます。以下のゲームの主なプレイヤーは先進国と発展途上国です。まず、なぜ地球温暖化対策として、京都議定書において、炭素税に代わって途上国を巻き込んでの排出権取引が採用されたのかを考えます。

　炭素税はピグー税の一種で、経済システムに何らかの欠陥が見出されたときに、政策によってこれを是正しようとするものです。一方、排出権取引では、化石燃料と大気をできるだけ効率的に使ってCO_2をできるだけ排出しない会社が、大気を利用するべきであると考えています。いいかえると、最も効率的に資源を利用することができるものが市場で価格を払って、その利用権を購入すればよいことになります（コースの定理）。

　いままでこの本で展開されてきた議論では、人類の社会活動を維持する上において、地球の資源・環境の制約を厳密には扱っていませんでした。しかしながら、数世紀にも及ぶ人類の社会活動の結果、人類は地球の資源を食いつぶし、自然環境を汚染して、人類自体の生命の存続自体を危ういものにしてきました。過去2世紀の間に世界の経済活動の水準は数百倍になりました。

同じ期間に、人口は約8億人から2018年には、およそ74億3,000万人に達しようとしています。

　地球環境を、人類を含むある独立した生命システムと想定すると、人類が存続するためには循環型のシステムにできるだけ早く移行しなければなりません。地球を1つの孤立したエネルギーシステムと捉えると、循環型のエネルギーシステムを完成させるためには、石油、石炭や天然ガスなどの化石燃料をできるだけ使わずに、主に地熱や太陽エネルギーを使わなければなりません。CO_2をほとんどださない、原子力発電に利用されるウランも広い意味では、枯渇する化石燃料です。人類は、現在、資本主義市場システムでこの資源・環境問題に対処する以外の方法を持ってはいません。

　あるシステム内部ではエネルギーが使われて何らかの仕事が行われても、エネルギーは、利用可能な状態から不可能な状態に変化しただけで総量は一定です。これをエネルギー不滅の法則といいます。ところで、人類にとって一度利用不可能なエネルギーになると、元の状態に戻すには仕事をするのに使ったエネルギー以上のエネルギーを必要とします。これは、利用不可能なエネルギーより元のエネルギーのほうが、エントロピーが低いからです。すべてのものは秩序だった低いエントロピーの状態から無秩序な高いエントロピーの状態に移行していきます。地球環境の問題は、この視点に立てば、いかにしてできるだけ低いエントロピーの状態で次の世代に地球を受け継いでいくかということになります。

　循環型地球システムのエネルギーの供給源は、地熱と太陽エネルギーです。地熱は、温泉や水蒸気によるタービンを利用して発電に利用されています。太陽エネルギーは水の循環の過程で、海水の波力や、水力と風力による発電によって電気エネルギーとして、また植物の葉緑素を利用した光合成によって食物自体にエネルギーを蓄積しています。

2　気候変動への取り組み

　世界の年平均海面水温は、数年から数十年の時間スケールの海洋・大気の

変動、地球温暖化等の影響が重なり合って変化しており、長期的には100年あたり0.50℃の割合で上昇しています。特に1990年代後半からは長期的な傾向を上回って高温となった年が頻出しています。

2007年に国際連合の気候変動に関する政府間パネル・IPCCは、1970年以降いくつかの地域で強い台風、サイクロンやハリケーンなどの熱帯性低気圧がふえているようにみえると報告書の中で指摘しました、この強い熱帯性低気圧の割合の増加には、熱帯地域の海面水温の上昇で水の蒸発がふえ、大気中に蓄えられる水蒸気がふえており、強い熱帯性低気圧は、そのエネルギーを使って発達していると考えられています。さらに、2013年の報告書では、以下のような海水の現状を説明しています。

　　世界平均海洋表層水温は1971年から2010年にかけて十年規模の時間スケールで上昇した。年平均値には大きな不確実性があるにもかかわらず、この昇温は明確な結果である。海洋の水深75m以浅では、この期間における世界平均昇温傾向は10年当たり0.11［0.09~0.13］℃だった。この変化傾向は一般に海面から中層になると低減し、200m深では10年当たり約0.04℃、500m深では10年当たり0.02℃未満に低下する。水温偏差は、上層からの混合に加えて様々な経路によって海洋表層に入り込む。高緯度のより冷たい、したがってより高密度の水は、海面付近から下に沈んでいき、より低緯度のより暖かくより軽い水の下を赤道に向かって広がっていく。少数の場所、すなわち北大西洋北部と南極大陸周辺の南大洋では、海水が非常に冷却されかなりの深さまで沈み、場合によっては海底まで沈んでいる。その後この水は広がって、残りの深海の大部分を満たす。海面付近の海水が暖まると、沈んでいく水も時間とともに温まり、海面からの加熱の下向きの混合だけの場合よりもはるかに迅速に海洋内部の水温を上昇させる。

　地球温暖化は、その解決に国際協力を不可欠とする問題の典型です。地球温暖化問題とは、人間活動によって排出されるCO_2を中心としたガスの排

出によって地球全体が温室状態となり、それによって地球規模で年間平均気温が緩やかに上昇している問題です。それによって、地球規模で生じる気候の変動、水温上昇に伴う膨張による海面の上昇等によって、現在の生態系および人間活動に対して深刻な影響が生じています。人間活動によって排出される CO_2 によって地球が温暖化する可能性については、すでに 19 世紀から指摘されており、世界的な社会問題として意識されるようになったのは 1980 年代からで、21 世紀に入ってから CO_2 が地球温暖化をもたらす効果があること自体について合意がなされるようになりました。

　あらゆる人間の営みは、呼吸にはじまって CO_2 の排出をともない、CO_2 の排出の削減は必ず社会的な犠牲を伴います。CO_2 排出の主な原因は石炭や石油の化石燃料を燃やすことから生じていますが、社会においても石油は自動車や火力発電所の燃料をはじめとして、あらゆる人間活動に関連しています。地球上のいかなる地域での CO_2 の排出も地球規模の影響をもたらしますので、いかなる地域で排出を削減しても地球の大気への効果は同じであり、そのことが各国への排出の削減量の割り当てを難しくします。さらに、地球温暖化によってこうむる被害の大きさが、各個人や各国に同じように生じるわけではないので、国内および国際問題としての解決を一層複雑にしています。

　国連の気候変動に関する政府間パネル（IPCC）は、世界が「現状維持」を続けた場合、2100 年までに地球の平均気温はさらに 1.4 から 5.8 度上昇すると予想しています。たとえ、この予想の最低値の上昇範囲にとどまったとしても、これは 1 万年前に終わった最後の氷河期以来の最も急速な温暖化を意味しています。また、1 世紀という期間に 6 度近くも気温が上昇すれば、人類、社会および自然環境に破滅的影響を与えることは容易に想像できます。地球の温暖化が進行し、未来の地球に極めて深刻な影響を与えることは、万人の憂慮するところです。温暖化の主たる原因は、温室効果ガスにあるとされていますが、この温室効果ガスの蓄積に歯止めをかけるための重要な第一歩が京都議定書でした。

　地球規模での気候変動は世界的な対策が必要です。この問題に取り組むため 1980 年代末から本格化した地球温暖化対策をめぐる気候変動枠組条約は、

1992 年に国連気候変動枠組み条約として採択され、1994 年に発効しました。この条約の主な目的は地球温暖化を防止するために、大気中の CO_2 の濃度を気候システムにおいて人為的影響が危険な水準までに達しないよう安定化させることであり、その水準とは生態システムが気候の変動に自然に適応し、食料の生産が脅かされず、かつ持続的な経済発展を可能にすることとされました。条約の批准国は、異なる責任をもち、人類の現在および将来の世代のために気候システムを保護し、気候の変動の原因を予測することによって、その変動を防止するか、または最小限にする措置をとることが要請されています。

これに基づき 1997 年に締結された京都議定書は、世界的な排出量の増加を食い止める最初の具体的な対策を国際協力の下に実現しようとしていました。京都議定書は 2004 年のロシアの批准により 2005 年 2 月中旬に発効しました。2006 年時点で、締約国 189 カ国で、その合計排出量は全世界の 6 割を超えましたが、最大の排出国で世界の排出量の約 4 分の 1 を占めるアメリカは批准しませんでした。さらに議定書の下では、合わせて 2 割を越える CO_2 を排出している中国やインドなどの大きな途上国は排出量削減に関して目標値が与えられていませんでした。

すべての批准国に共通する義務としては、主に情報収集や情報提供、各種施策への協力義務などがあり、先進国は、温室効果ガスの人為的な排出を抑制し、吸収源と貯蔵庫を保護・強化することによって気候変動を緩和する政策と措置をとる義務を負っています。1990 年代の終わりまでに温室効果ガスの人為的な排出量を 1990 年レベルで安定化することを目標として掲げていますが、先進国は発展途上国がその義務を履行するために必要な資金の提供や、気候変動の悪影響を特に受けやすい発展途上国、主に島嶼諸国がそれに適応することを資金的に支援することなどが義務とされていました。

京都会議において 6 種類の温室効果ガスについて、2008 年から 12 年における年平均の排出量を、先進国全体で 1990 年の排出レベルの 95 パーセント以下まで削減すること、さらに、ほぼすべての先進国については、法的拘束力のある個別の数値的削減目標が割り当てられました。この議定書の発効

要件は、条約締結国のうち 55 か国以上が批准すること、および批准した先進国の合計の 1990 年排出量が、全先進国の同年の排出量 55 パーセント以上となることでした。日本は温室効果ガスの排出量を 2008 から 2012 年の間に 1990 年比で 6 パーセント削減し、長期的にはさらに大きな排出削減が必要となりました。2011 年に欧州連合は、2050 年までに 1990 年比 80 パーセントから 95 パーセントを削減する低炭素経済への工程表を公表しました。

3　排出権取引と炭素税

　以下では、京都議定書において、地球温暖化防止を目指し CO_2 の排出削減のために採用された国際的な対策であった排出権取引を説明します。

　排出権取引は、先進国は発展途上国に CO_2 の排出の制限を求めることなく、地球規模での CO_2 の排出量を現状維持にとどめようという制度で、また先進国間でも自国の排出割当量を移転することができました。排出割当量を移転することができるとすると、排出者はその排出割当量まで排出を自力で削減することのほかに、それを越えて削減を行い排出割当量の余剰分を他者に譲渡すること、または他者から排出割当量を取得することによって自らが削減する量を減らすことができました。この場合、他の排出者よりも安価に削減を行うことができる排出者は、自らが削減を行って他者にその削減分を譲渡することによってその削減のコストを超えた利益をあげることが可能となり、他の排出者よりも削減のコストが高い排出者は、自らが削減を行うよりも他者から削減分を取得することによってその削減のコストを減少させることができます。このことによって、両者が利益を得つつ国際社会のコストを最小にすることができると考えられていました。

　クリーン開発メカニズム (CDM) は、発展途上国が持続可能な発展と気候変動枠組条約の目的を達成することを支援し、かつ先進批准国の数量目標を達成することを可能とするメカニズムとして期待されました。この CDM においては、先進批准国が削減目標を持っていない発展途上国において、CO_2 の排出の削減プロジェクトを実施した場合、その削減分について自らの削減

分として計上することができます。しかしながら、CDM はクレジット取得までの審査費用が高く、手続きも煩雑なために、大規模プロジェクトにしか適用されないと考えられ、そのため CDM の長所として考えられている先進国からの発展途上国への最先端の省エネルギー技術やノウハウの移転もそれほど順調には行われませんでした。

炭素税とは、石炭・石油・天然ガスなどの化石燃料に炭素の含有量に応じて税をかけて、それを利用した商品の生産費を引き上げて需要を抑制し、CO_2 の排出量を抑えようという政策手段です。CO_2 の排出の削減に努力した会社や個人が利益を得、努力を怠った会社や個人はそれなりの負担をする仕組みです。CO_2 の排出量に応じて炭素税をかけることで、化石燃料を多く使用した商品の価格が高くなります。消費者は、それによって環境への負荷を知ると同時に、地球温暖化防止のための費用を負担します。その結果、人々は効率のよい家電製品や燃費のよい自動車、化石燃料を使わない素材の製品を利用するようになり、さらに、自動車や電化製品の不要不急な利用を控え、ガソリン代や電気代を抑えることになります。メーカーはより省エネルギー型の機械を設置し、化石燃料を使わない原材料への転換を図り、電気の利用を控え、エネルギーの利用にかかる費用を抑えます。同時に、メーカーは効率のよい家電製品や燃費のよい自動車の開発にしのぎをけずります。

ミクロ経済学の分析においては、ある商品の生産をしている会社において私的限界費用と社会的限界費用が乖離する場合には、外部不経済があることになります。大気汚染による外部不経済がある分だけ課税することによって効率的な均衡を回復しようとすると、生産量は少し減ります。このとき、価格がどれだけ上昇するかは、需要曲線の傾きに依存します。CO_2 の排出量に課税する炭素税は、ピグー税の応用であり、環境税とは自然環境を維持管理するための政策手段の１つです。

炭素税が京都議定書で取り上げられなかった理由は以下のように考えられます。会社がある商品を生産するときに、社会的限界費用と私的限界費用が乖離している場合、これをどう処理するのか国際的な合意はえられていませ

ん。例えば、製紙会社が排水の水質改善を行うためのプラントを政府の補助金を使って設置した場合、この補助金を貿易障壁の対象となるのか、他方、この水質改善プラントを会社が負担して設置すると製造コストがあがり、製品価格が上昇します。そこで、この製紙会社の代替商品である、環境に配慮しない安い外国産の製品に対し、政府が環境課徴金を課した場合にこれにどう対処するかが明確に決まっていませんでした。CO_2 排出 1 トン当たり、数千円の炭素税を課すとすると、技術があまり進んでいない途上国の会社にとっては、経済的な負担は大きくなります。さらに相対的に原子力発電による電力生産の費用が下がることになります。先進国だけでなく途上国でも原子力発電所の建設の誘因が高くなり、核不拡散の問題とも関連してきます。

4　パリ協定

　2016 年 11 月初旬に、アメリカや中国が批准して締約国の温室効果ガスの排出量が世界全体の 55 パーセントを超えたために、要件が整いパリ協定が発効しました。同年 5 月下旬に承認された地球全体における温暖化ガス排出の割合を G20 において欧州連合とサウジアラビアを除いてみてみると、中国 20.09 パーセント、アメリカ 17.89 パーセント、ロシア 7.53 パーセント、インド 4.10 パーセント、日本 3.79 パーセント、ドイツ 2.56 パーセント、ブラジル 2.48 パーセント、カナダ 1.95 パーセント、韓国 1.85 パーセント、メキシコ 1.70 パーセント、イギリス 1.55 パーセント、インドネシア 1.49 パーセント、オーストラリア 1.46 パーセント、南アフリカ 1.46 パーセント、フランス 1.34 パーセント、トルコ 1.24 パーセント、イタリア 1.18 パーセント、およびアルゼンチン 0.89 パーセントです。

　2015 年 12 月にフランス・パリで開催されていた国連気候変動枠組条約第 21 回締約国会議（COP21）においてパリ協定が採択され、京都議定書と同じく、法的拘束力の持つ協定として合意されました。先進国だけに温室ガスの削減義務を課した京都議定書に代わる 2020 年以降の枠組みです。

　合意されたパリ協定は、全体目標として掲げられている「世界の平均気温

174

上昇を2度未満に抑えることを目標としています。今世紀後半には、世界全体で人間活動による温室効果ガス排出量を実質的にゼロにしていく方向を打ち出しました。そのために、すべての国が、排出量削減目標を作り、提出することが義務づけられ、その達成のための国内対策をとっていくことも義務付けされました。その中で、目標の形式については、各国の国情を考慮しながら、すべての国が徐々に国全体を対象とした目標に移行していくことも打ち出されています。そして、現状では不充分な取り組みを「5年ごとの目標見直し」によって改善していく仕組みを盛り込みました。その他、支援を必要とする国へ、先進国が先導しつつ、途上国も（他の途上国へ）自主的に資金を提供していくことや、気候変動（温暖化）によって、影響を受け、損失や被害を受けてしまう国々への支援をするための新しい仕組みも盛り込まれました。総じて、実質的な排出量ゼロへ向けて、世界全体の気候変動（温暖化）対策を、今後継続的に、強化し続けていく方向が明確に示されました。

　しかしながら、アメリカの温室効果ガス排出削減目標の実現と、温暖化対策の国際的枠組みパリ協定を履行するためにオバマ政権が制定した規制を、トランプ大統領は2017年3月末に大統領令により撤回しました。その主な内容は、石炭火力発電所に対する温室効果ガス排出量規則の見直しと、石炭採掘目的での国有地賃貸規制の緩和でした。また、アメリカは途上国の温暖化対策を促進するための「緑の機構基金」に全体の3割に当たる総額30億ドルの資金援助を表明していましたが、ドランプ政権は打ち切る方針を明らかにしています。

　また、2019年12月15日にスペインの首都マドリードで開かれた国連気候変動枠組み条約第25回締約国会議（COP25）において、各国は、パリ協定の運用規則の温室効果ガス削減量の国際取引の仕組みについて合意できませんでした。

5　熱帯雨林の維持・管理

　現在、地球上で最も危惧される生態系である熱帯雨林に生息する生物種は

地球上の総種数の3分の2以上といわれていますが、その5パーセントから10パーセントが今後30年間の間に絶滅すると予測されています。熱帯地域では主に経済発展に伴う開発圧力が背景にありますが、一方で温帯地域にも酸性雨などによる森林の立ち枯れがあり、多くの生物が絶滅の危機にあります。先進国政府が政府開発援助の一部の債権を放棄して、熱帯雨林を保護する環境スワップを行うことが期待されます。この方策によって、途上国政府は、財政緊縮のさなか自然環境を保全する政策を実施することが可能となります。すなわち先進国政府は、途上国政府が今後数年にわたって日本に返済しなければならない外貨債権の一部を帳消しにし、代わりに途上国政府はその金額を熱帯雨林やマングローブの森の保全に支出します。例えば、この方策がインドネシアで取られると、この資金を利用して、2005年未曾有の大地震に襲われたスマトラ島や他の島々に今なお残る自然が保全され、地球規模で温暖化を促す CO_2 の大気への蓄積を低下させると同時に、スマトラ島に生息している象や虎をはじめとする多様な生物を絶滅の危機から救うことが期待されます。すでにドイツは小規模ながらインドネシアにおいて債務環境スワップを実施しています。

　世界の森林は、大別すると亜寒帯林、温帯林、熱帯林に分類できます。熱帯林とは、熱帯に分布する森林の総称です。熱帯林は、降水量や気温の状況によってさらなる分類ができ、熱帯雨林、熱帯モンスーン林、熱帯山地林、熱帯サバンナ林、海岸のマングローブ林などに区分できます。例えば、熱帯雨林は、年平均気温25℃以上、年雨量が2,000mm以上で降雨が年間でほぼ平均的に分布する熱帯に成立する森林をいい、南アメリカのアマゾン川流域、アフリカのザイール川流域、東南アジアなどに分布しています。

　森林は、環境面、経済面、社会面で大きな役割を果たしており、特に途上国などでは飲料水や農業用水、エネルギー源の薪炭材、狩猟採集による食料などを提供するなど周辺住民の生活の糧を提供する役割もあります。森林、特に熱帯雨林の減少は生物多様性の減少を招き、二酸化炭素の排出ももたらすなど地球環境問題の重要な課題の1つとなっています。森林は生物多様性に富み、動物、植物など地球上に生きる種の生息地となっています。特に、

熱帯雨林は生物多様性の宝庫で、全世界の生物種の半数以上が生息している
とされ、人の手がほとんど加えられていない天然林は、貴重な動植物の遺伝
子の保護・維持に貢献し、存続の危機にある動物種の生息場所を提供してい
ます。

　さらに、気候変動問題において、森林が果たす役割も大きく、樹木の成長
により主要な温室効果ガスの二酸化炭素が吸収される一方で、森林減少およ
び森林劣化により森林内（地上部および地下部を含む）に蓄積された二酸化炭素
が大気中に排出されます。2000 年から 2010 年の間に、毎年約 1,300 万ヘク
タールに及ぶ森林が減少しており、森林破壊のほとんどが開発途上国の熱帯
雨林で起きています。2000 年代の、主に森林減少による土地利用変化に由
来する二酸化炭素の排出は、年間約 4.3 〜 5.5 $GtCO_2$ と推定され、これは人
為的な温室効果ガス排出量の約 2 割を占めています。したがって、途上国の
熱帯林破壊を防ぐことは、大気中の温室効果ガスの濃度の安定に不可欠であ
り、地球温暖化対策および気候変動の緩和対策として重要です。

　さらに、森林、特に途上国の熱帯雨林をめぐる議論は、先住民族をはじめ、
森林に依存した生活を営む地域住民の権利と生活に関する問題と深く関わっ
ています。さらに、地域の食料の安全保障や地元の人々の生計手段になって
おり、木材の生産は農村部での主要な産業になっています。

　日本の環境庁による資料によると 2010 年までの 10 年間に、世界の森林面
積は毎年 520 万ヘクタール減少しました。『世界森林資源評価 2015』によれ
ば、2015 年の世界の森林面積は 39 億 9,900 万ヘクタールであり、世界の陸
地面積の約 3 割を占めています。1990 年には、41 億 2,800 万ヘクタールの森
林が地球上にありましたが、これまでに南アフリカとほぼ同じ面積にあたる
約 1 億 2,900 万ヘクタールの面積の森林が消失しています。2010 年から 2015
年の間では、年平均で 331 万ヘクタールが減少しています。地域別にみると、
アフリカと南米でそれぞれ年平均 200 万ヘクタール以上減少しています。し
かしながら、森林の減少率は速やかに低下しています。

　20 世紀後半以降は、熱帯雨林を中心に森林の減少・劣化が急速に進みま

した。同報告書によれば、1990年から森林が減少しているのは熱帯雨林の減少によるものです。熱帯雨林は、主に途上国に分布していますが、2010年から2015年の間に森林面積が、アフリカと南米でそれぞれ280万ヘクタール、200万ヘクタールと大幅に減少しています。また、アジア地域では植林も行われており面積は増加していますが、インドネシアなどでは森林面積が減少しています。

　より多くの国での森林管理の改善、法制度の整備、森林資源の計測やモニタリングおよび開発政策や開発計画への地域コミュニティの参画促進などが、森林面積の減少の歯止めに大きな役割を果たしています。また、持続可能な森林経営の推進にかかる国際的な議論・取り組みも進められています。1992年に「国連環境開発会議」で採択された「森林に関する原則声明」は、世界のすべての森林における持続可能な経営のための原則を定めており、森林に関する初の世界的な合意です。この原則は、森林のもつ多様な機能の保全と持続可能な開発の重要性を指摘して、森林の財とサービスの適正な評価、発展途上国の取り組みへの国際協力、森林政策への市民の参加および林産物の貿易の自由化などの以後の方針が表明されています。

第10章　生物多様性

林希一郎

1　生物多様性を取り巻く課題

　地球環境を保全するために関心が高まっているのが「生物多様性」です。現在では、地球環境保全のためのみならず、自然が供給する福利や便益を日常生活で利用していること、野生生物種がバイオテクノロジーのための貴重な生物・遺伝資源として将来の医薬品や新商品開発に関わっていることなどの点から重要性が高まっています。

　生物は他の生物種とともに、相互依存的に生態系を形成しています。生態系を構成する生物種の組み合わせは無数に存在し、気候、地質などの各種の自然環境条件により異なっています。生態系は地球上の様々な環境のもとで成立しており、例えば、海洋生態系、山地生態系などがありますが、人間社会とのかかわりの中で存在する都市生態系や農地生態系などもあります。それらの場所では環境への適応だけではなく他の生物との生存競争も行われています。

　生物多様性は、地球上の多種多様な生物によって形づくられる生態系、そこに生きる個々の生物から構成されています。この豊かな「生物多様性（biodiversity）」によって、自然界は人間や動植物が生きていくために必要な水、空気、肥沃な土壌、食料、燃料などの恵みが供給されています。

　1992年にブラジルのリオデジャネイロ市で、国連環境開発会議（地球サミット）が開催され、ここで採択された国際条約は生物多様性条約（CBD: Convention on Biological Diversity) と呼ばれています。この条約では生物多様性の保全、持続可能な利用、及び遺伝資源の利用とそれに伴う利益配分を主な目的として合意がなされました。また、国際連合は2001年に「ミレニアム生態系評価」を提唱し、2005年3月に報告書 (MA, 2005) を公表しました。これは、生態系の変化が人間生活や環境に与える影響とそれらに対応するための選択肢を、総合的に評価する地球規模での国際プロジェクトです。

　従来先進国の機関などが途上国の遺伝資源が豊かな地域から遺伝資源、それに関連する慣行や伝統的知識を持ち帰っていました。その結果、開発と商業化が先進国において行われ、製品が市場で販売されることによって、世界の人々の健康増進に役立つとともに、利益を製品開発会社などにもたらしました。一方、遺伝資源が豊かな主として途上国は、生物・遺伝資源を価値のあるものと考え、それを対象とした研究開発で得られる利益の一部の配分を主張してきました。こうしたことを背景として、2010年に愛知県名古屋市で開催された生物多様性条約 (CBD) の第10回締約国会議 (COP10) において、資源を取得し、利用する際の条件を定める国際的な取り決めが名古屋議定書 (遺伝資源の取得の機会及びその利用から生ずる利益の公正かつ衡平な配分に関する名古屋議定書) として取りまとめられています。これは、遺伝資源は提供国が主権的権利を持ち、その遺伝資源の経済的価値をできるだけ利用し、その結果として、生物多様性の保全などを目指しています。なお、2019年3月現在、アメリカは、この条約を批准していませんが、こうした遺伝資源の利用に伴う問題が一つの要因と考えられています。

　途上国の経済開発などを原因とする熱帯雨林の伐採などは、貴重な生物や遺伝資源が失われる可能性を増やすとともに、CO_2 が増加し、それに伴う地球温暖化の深刻化の一つの原因となっていることから、持続可能な開発 (Sustainable Development) の実現が求められています。こうしたことを背景として、持続可能な開発のための2030年アジェンダ (2030 Agenda for Sustainable Development) が2015年の国連サミットで採択されています。本章では、これらの内容について、順次解説していきます。

2　生物多様性とは

　生物多様性とは、漠然とした言葉で、その意味は十分理解されていないのではないでしょうか。生物多様性の多様な定義が存在する中、最も頻繁に参照される定義の一つとして、以下のような生物多様性条約（CBD）の第2条があります。

　　「すべての生物（陸上生態系、海洋その他の水界生態系、これらが複合した生態系その他生息又は生育の場のいかんを問わない。）の間の変異性をいうものとし、種内の多様性、種間の多様性及び生態系の多様性を含む。（CBD art.2, 訳：環境省自然環境局）[1]」

　多様な種が存在すること、種内にも多様な生き物が存在すること、遺伝的にも多様であること、がバランスよく保たれていることと解釈することができます。**写真 10–1 及び 2** は、すべて名古屋市付近で撮影したものであり、3大都市圏の名古屋市付近にも多様な生物が生息している状況が伺えます。

　日本の生物多様性を取り巻く状況は、環境省（2016）の生物多様性及び生態系サービスの総合評価報告書（JBO2: Japan Biodiversity Outlook 2）にまとめられて

写真10–1　ニホンカモシカ（左）、オオタカ（右）

写真10-2　タヌキ（左）とイタチ（右）

います。これは、2010 年に作成された第 1 回目の生物多様性総合評価報告書 (JBO: Japan Biodiversity Outlook) を更新するものです（環境省生物多様性総合評価検討委員会、2010）。また、生物多様性国家戦略 2012-2020 年版[2]によると、日本における既知の生物種の総数は 9 万種以上、未知の種を含めると 30 万種と推定され、これらのうち様々な理由により絶滅危惧種に指定されている種も多く報告されています。また、同国家戦略では、日本における生物多様性の損失の要因を以下の 4 つの危機に分類しています。同戦略によると、第 1 の危機は開発や乱獲などの人為的な負の要因による生物多様性への影響であり、第 2 の危機は人工林や里山などの利用や管理などの減少による負の影響です。この第 2 の危機は林業の衰退や木材のエネルギー利用の減少など社会経済状況の変化に起因するものであり、近年大きな問題となっています。第 3 の危機は、人為的な要因により外来種が移入され、その外来種が固有種に影響を及ぼす問題です。特に、交通機関の発達により、域外から侵入する種の影響が課題となっています。前述の国家戦略では、マングース、アライグマ、オオクチバスなど在来種へ影響を及ぼす外来種の事例が紹介されています。なごや生物多様性センターの方らが捕獲したアリゲーターガー（*Atractosteus spatula*）は、近年、各地の川や池等で生息が確認されていますが、元来北米に生息する巨大な肉食魚であり、日本では特定外来生物に指定されています（**写**

写真10-3　アリゲーターガー

真10-3)。このような外来種は、海外の種が国内に持ち込まれて国内の在来種に影響を及ぼすもののみならず、国内の種が本来生息する場所と異なる場所に持ち込まれて、その場所の固有種に影響を及ぼす場合もあります。

　同生物多様性国家戦略では、最後に第4の危機として、地球温暖化等の環境変化に伴う生物多様性への影響を指摘しています。2018年は、世界的に記録的な猛暑となり、日本においても複数の都市で最高気温が40度を超える地点が多数見られました。名古屋市においても大都市としては珍しく、2018年8月3日に40.3度を記録し、日本歴代15位 (2018年9月12日時点) にランクしています[3]。同気象庁のデータによると、歴代10位までの最高気温地点のうち5地点は2018年に記録されたものです。このような気候の変化によって、生物の生息環境が変化することが考えられますが、生物種によっては気候変動への適応が困難な種も出てくることが想定されます。

3　生態系サービス

　生物多様性を保全していくことの重要性が認識されている中、我々の生活は、生物多様性の構成要素を利用して成り立っています。日常の多くの食べ物や木材、水などをはじめとし生物多様性がもたらす便益に依存しているも

のは数多いといわれています。このような自然が人間社会にもたらす福利を総称する概念を生態系サービスと呼びます（MA 2005）。ミレニアム生態系評価（MA 2005）では、生態系サービスを4つのカテゴリーに分類しています。すなわち、供給サービス（provisioning services）、調節サービス（regulating services）、文化的サービス（cultural services）、基盤サービス（supporting services）です。供給サービスは、自然が人間社会に供給する生物多様性に関連するもの、例えば、食料、木材、木質エネルギーなどが含まれます。調整サービスは、大気などを調節するサービスであり、大気質調節、気候調節、土壌侵食調節などが含まれます。文化的サービスは、審美的価値、レクリエーション、文化的遺産的価値などです（図10-1）。最後の基盤サービスは、上述3つのサービスとは異なり、これらを支えるような基盤となるサービスと位置付けられています。

　世界的な生物多様性や生態系サービスの科学的知見に基づく評価を行

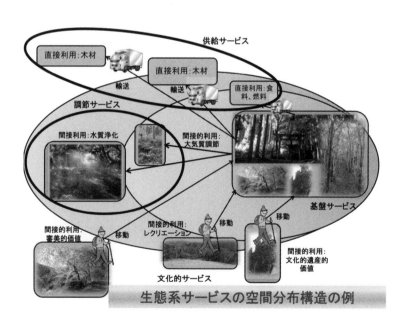

図10-1 生態系サービスの空間分布構造の例
出所：MA（2005）の概念を基に筆者作成

い、知見を集約し政策に反映することを目的として「生物多様性及び生態系サービスに関する政府間科学―政策プラットフォーム(IPBES:Intergovernmental Science-Policy Platform on Biodiversity and Ecosystem Services)[4]」が 2012 年に設立され、評価が進められています。

　生態系サービスの供給や需要をマッピングしようとする研究が進んでいます。Tallis and Polasky (2009)、Villa ら (2014)、Ooba ら (2016) など多数の研究があります。Dhakal ら (2014) では、生物生息地適正指数モデル(HSI: Habitat Suitability Index)と生態系サービス評価モデル(InVEST: Integrated Valuation of Ecosystem Services and Tradeoffs)[5] を用いて、オオタカ、ツキノワグマ、シカ等の哺乳類の生息適地評価を行っています。これは、愛知県の人工林の管理のシナリオについて、経済的シナリオ、生態系に配慮したシナリオの 2 種類を用意し、その管理を行った際の現状と将来の各生物の生息適地の評価を空間的に分析したものです。

　スペインの BC3 (Basque Centre for Climate Change) 研究センターでは、セマンティック、オントロジーを用いた AI (人工知能) をベースとしたシステム上で動作するグローバル生態系サービス評価のモデル開発を行っています(Villa ら 2014)。彼らが行っている ARIES (Artificial Intelligence for Ecosystem Services)[6] プロジェクトでは、k.LAB と呼ぶソフトウエアシステム上で、グルーバルな評価が可能な統合型の生態系サービスモデルの開発を行っています。BC3 研究チームでは、炭素ストック、花粉媒介、レクリエーション、洪水緩和サービスなどの生態系サービスのグローバル評価が可能なものを開発中であり、これは全世界どこの地域でも評価可能な優れたものです。筆者らも k.LAB 上で動作する日本を対象とした統合型生態系サービスモデルを開発中であり、いくつかの生態系サービス評価が可能となっています。また、このシステムを他のエネルギー・環境評価に拡張するための取り組みを進めています。**図 10-2** には、その評価結果の一例を示しています。このような多様な評価が可能なシステムが広く普及することで、将来的には、政策に活用される機会が増え、また環境影響評価などの開発事業における事前の環境配慮に役立てられるようになってくると思われます。

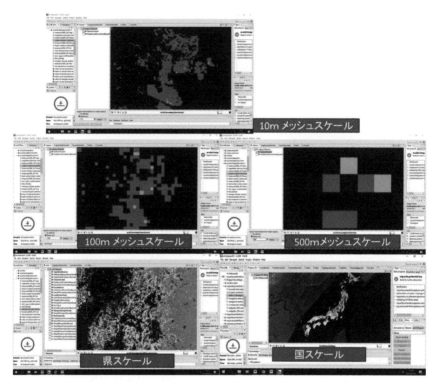

図10-2　多様な分解能、多様な分析範囲のグローバル生態系サービス評価モデル (k. LAB)

4　生物多様性を取り巻く国際的枠組

4-1　生物多様性条約

　この条約は、1992 年にブラジルのリオデジャネイロ市の国連環境開発会議（地球サミット）で採択され、翌年の年末に発効しました。

　人間社会において地球的規模や国境をまたがる広域的な規模で発生する環境問題を地球環境問題と称し、地球温暖化、オゾン層の破壊、熱帯林の減少、開発途上国の公害、酸性雨、砂漠化、生物多様性の減少、海洋汚染、有害廃

棄物の越境移動などが認識されています[7]。生物多様性はこの中の一つに位置付けられています。

　生物多様性に関する国際的な取り組みの中心は、生物多様性条約（CBD）です。CBD は、1992 年に気候変動枠組み条約とともに署名開放された条約であり、生物多様性の保全と持続可能な利用を目指すものです。現在 196 か国・地域が締約国となっている非常に規模の大きい国際環境条約です（2020 年 6 月現在[8]）。

　CBD は、3 つの目的が定められています（CBD Article 1. Objectives）。第 1 に生物多様性の保全、第 2 にその構成要素の持続可能な利用です。第 3 の目的は、遺伝資源の利用から生ずる利益の公正かつ衡平な配分であり、ABS（Access and Benefit-sharing）といわれています。ABS は、1990 年代初頭の CBD 発効以来、非常に交渉に困難を極めた課題であり、2010 年に愛知県名古屋市で開催された第 10 回締約国会議（COP10: Tenth meeting of the Conference of the Parties to the Convention on Biological Diversity）において、名古屋議定書（Nagoya Protocol on Access to Genetic Resources and the Fair and Equitable Sharing of Benefits Arising from their Utilization）として議論がまとめられました[9]。

　CBD の特徴は、生物多様性の保全のみならず、それらの利用をも促進するものであり、取り扱う範囲は多岐に渡ります。例えば、土地被覆に関連する農業、乾燥地・半乾燥地、森林、内水、島嶼、海洋と沿岸域、山地等の生物多様性を取り扱うテーマプログラムのみならず、領域横断的な伝統的知識、エコツーリズム、気候変動、コミュニケーション・教育・公衆の認知、経済・貿易・奨励措置、影響評価なども大きな課題としてあげられています[10]。このように、経済活動などにも直接関わる広範な課題を取り扱うことから、様々な国際条約や国際機関とも関連性を有しているという特徴があります。

4-2　愛知ターゲット

　2010 年に愛知県名古屋市において、生物多様性条約（CBD）第 10 回締約国会議（COP10）が開催されました。

　COP10 開催直前には、生物多様性に関する講演会やセミナーが多数開催

されるなど、これまでになく生物多様性への関心が高まっていました。生物多様性の締約国会議（COP）は基本的に2年毎に世界各地で開催され、重要な政策的な取り組みが合意されてきました。2010年は、特に重要な合意がいくつか行われた重要な会議でした。愛知目標（Aichi Biodiversity Targets）を含む生物多様性戦略計画2011-2020[11]（Strategic Plan for Biodiversity 2011-2020）もその一つです。その前身は、オランダのハーグで開催されたCOP6（2002）の決議[12]（COP 6 Decision VI/26）の一つとして採択された戦略計画（Strategic Plan for the Convention on Biological Diversity）です。ここには、世界や国家レベルの生物多様性損失率を2010年までに著しく減少させることが目標に位置付けられていましたが、愛知目標はこの後継的な目標として採択されたものです。

戦略計画2011-2020は、長期目標（Vision）、短期目標（Mission）、戦略目標（Strategic Goals）、個別目標（Targets）が位置付けられており、20の愛知目標（Aichi Biodiversity Targets）が掲げられています[13]。環境白書平成24年版（環境省、2011）に、戦略計画や愛知目標のことが取りまとめられていますが、詳細に関心がある読者は脚注に紹介したCBDのweb siteを参照してください。

戦略計画2011-2020では、まず、以下を長期目標（概要を記載）に掲げています。

> 「自然と共生（Living in harmony with the nature）する世界、ここでは2050年までに、生物多様性が評価され、保全され、回復され、賢明に利用され、生態系サービスが保持され、健全な地球が保たれ、そしてすべての人々に本質的な便益が供給される（COP 10 Decision X/2）[14]」

次に、短期目標（Mission）の概要は、以下のように位置付けられています。

> 「2020年までにレジリエントで本質的なサービスの供給が継続される生態系を確保し、それによって、地球の生命の多様性が確保され、人類の福利と貧困削減に貢献するために、生物多様性の損失を半減するための効果的かつ緊急な行動をとること（COP 10 Decision X/2）[15]」

愛知目標については、CBD の COP 10 Decision X/2 を参照しつつ、環境省の翻訳を一部改変したものを**表10-2**に記載しました。具体的な数値目標が入っているものとして目標 11 及び 15 が位置付けられています。多くの目標が遅くとも 2020 年までに達成するべき目標とされていますが、いくつかの目標については目標年次が 2015 年になっています。

表10-2　愛知目標の概要

目標	目標年次	数値目標	対象	概要	生物多様性の保全	持続可能な利用	ABS
標1	2020		主流化	生物多様性の価値と、生物多様性の保全と持続的利用の行動の認識	○	○	
標2	2020		政策	生物多様性価値の貧困削減戦略や計画プロセスへの統合。適切な場合には国家勘定また報告制度に組み込み	○	○	
標3	2020		政策	生物多様性に有害な補助金等奨励措置の廃止、削減、改革。生物多様性の保全や持続可能な利用に資する正の奨励措置を策定・適用	○	○	
標4	2020		生産消費	政府、ビジネス、関係者が持続可能な生産・消費に取り組みはじめ、自然資源利用の影響を生態学的限界の範囲内にとどめる	○	○	
標5	2020	半減	生息地保全	森林を含む自然生息地の損失率を少なくとも半減、可能ならばゼロに近づけ、劣化・分断を顕著に減少	○		
標6	2020		水産資源管理	魚類、無脊椎動物や水生植物の持続的・合法的な管理、捕獲、エコシステムアプローチの適用。漁業による絶滅危惧種や脆弱な生態系への顕著な負の影響の軽減、漁業の影響を生態学的限界の範囲にとどめる	○	○	
標7	2020		農林業管理	生物多様性保全の確保のために農業、養殖業、林業を持続的に管理		○	
標8	2020		汚染	過剰栄養を含む汚染を生態系機能や生物多様性に対して有害でない水準まで抑制	○		
標9	2020		外来種管理	侵略的外来種と経路の特定、優占的な種の管理・根絶、侵入や定着を防ぐための経路の管理措置	○	○	
標10	2015		サンゴ他保全	気候変動又は海洋酸性化によるサンゴ礁と他脆弱生態系に対する人為的圧力の最小化、健全性と機能の維持	○		

190

目標	年	数値目標	概要名	概要				
目標 11	2020	陸 17% 海 10%	陸域・海域保全	陸域及び内陸水域の 17%、沿岸域及び海域の 10%、特に生物多様性と生態系サービスに特別重要地域が管理され、保護地域システムや他の効果的な保全措置により保全され、広域のランドスケープやシースケープに統合	○			
目標 12	2020		危惧種保全	既知の絶滅危惧種の絶滅が防止、保全状況の改善、特に最も減少が著しいものが改善、維持	○			
目標 13	2020		遺伝的多様性維持	社会経済的、文化的に貴重な種を含む耕作植物、飼育・家畜化された動物及び野生近縁種の遺伝的多様性の維持、遺伝的侵食を最小化し、遺伝的多様性を保護	○	○		
目標 14	2020		生態系サービス	水を含む不可欠なサービスの提供、健康、生活、福利に貢献する生態系の回復・保護、その際女性、先住民や地域社会、貧困層及び弱者のニーズを考慮	○	○		
目標 15	2020	生態系 15%	気候変動、砂漠化対応	劣化生態系の少なくとも 15% の回復を含む保全と回復を通じ、生態系レジリエンス及びカーボンストックに対する生物多様性の貢献の強化、気候変動の緩和と適応及び砂漠化への対応	○			
目標 16	2015		遺伝資源アクセス	遺伝資源へのアクセス及び利益配分に関する名古屋議定書の実施、国内法制度と一致した実行				○
目標 17	2015		政策	効果的かつ参加型の生物多様性国家戦略及び行動計画の実行を開始、政策手段として採用	○	○		○
目標 18	2020		伝統的知識	生物多様性の保全及び持続可能な利用に関連する先住民・地域社会の伝統的な知識、工夫、慣行及びこれらの社会の生物資源の利用慣行が、国際的義務に従って尊重され、先住民・地域社会の参加のもとに、本条約の実施に統合				○
目標 19	2020		科学技術	生物多様性の価値や機能、状態や傾向、損失の結果に関連する科学的基盤と技術知識の改善、共有、移転、適用	○			
目標 20	2020		資源動員	戦略計画 2011-2020 の効果的な実施のために、資源動員戦略に基づき、資金源を顕著に増加すべき	○	○		○

出所：CBD Decision X/2 UTL: https://www.cbd.int/decision/cop/default.shtml?id=12268（2020 年 7 月 9 日閲覧）をもと
概要は環境省 仮訳 URL: http://www.biodic.go.jp/biodiversity/about/aichi_targets/index_03.html（2020 年 7 月 9 日閲
を簡略化して記載。生物多様性条約目標との関連の○は生物多様性条約目標に直接的に関連が高そうなもの
筆者抽出。

4-3　名古屋議定書

第 10 回締約国会議 (COP10) の重要なもう一つの成果が名古屋議定書[16] です。通称 ABS と呼ばれ、生物多様性条約 (CBD) の第 3 の目的にも位置付けられており、重要な課題と認識されてきました。COP10 では、「遺伝資源の取得の機会及びその利用から生ずる利益の公正かつ衡平な配分」に関する名古屋議定書が採択されました。翌年 2 月から 1 年間、署名のために開放され、91 カ国及び EU が署名しました[17]。その後、50 カ国の締結を受けて、2014 年 10 月に名古屋議定書は発効し、COP12 と併せて名古屋議定書第 1 回締約国会議が開催されました[18]。この議定書の主な内容は以下の通りです。

• 事前の同意に基づき (prior informed consent)、取得の機会の提供および利益配分に関するルールを整備。
• 遺伝資源と遺伝資源に関連した先住民地域社会の伝統的知識を対象。
• 利益配分には金銭的利益と非金銭的利益を含む。
• ABS は相互に合意した条件 (mutually agreed terms) で実施。
• ABS に関するクリアリングハウス (an Access and Benefit-sharing Clearing-House) を通じて多国間で情報交換する仕組みを設ける。
• 取得された遺伝資源が、提供国の法令等を遵守して取得されるものとなるような利用国側の措置をとる。

　ABS は、遺伝資源を提供する国などに対して、その利用から生じる利益を公正かつ衡平に配分する仕組みを導入しようとするものでした。CBD 設立以前より大きな課題と位置付けられていましたが、議論が中々収束せず、1998 年に ABS に関する専門家パネル (a Panel of Experts on Access and Benefit-sharing to clarify principles and concepts related to ABS) の設置を通じた議論、2000 年には ABS-WG (Ad Hoc Open-ended Working Group on Access and Benefit-sharing) が開催されるなど、議論が進められました。2002 年には、通称ボンガイドライン (Bonn Guidelines on Access to Genetic Resources and Fair and Equitable Sharing of the Benefits Arising out of their Utilization)[19] が策定 (CBD, 2002) されましたが、さらなる政策的措置の必要性が提起され、2005 年以降再び ABS に関するワーキング (Ad Hoc Open-ended Working Group on Access and Benefit-sharing) が何度か開催されることになりました。この WG は COP10 が開催される直前まで行われるとともに、COP10 においても議論が白熱し、最後の最後に採択に至った経緯があります。この議論の詳細な経緯については、CBD の Nagoya Protocol の web site の History の箇所に関連 WG の文書とともに掲載されているので、関心のある読者はそちらを参照してください[20]。

4-4　持続可能な開発目標 (SDGs)

　国際協力分野では国際的に重要な政策目標が採択されています。2015 年の国連サミットで採択された持続可能な開発のための 2030 年アジェンダ (2030 Agenda for Sustainable Development)[21] です。SDGs は、開発分野における国際的な目標として位置づけられていたミレニアム開発目標 (MDGs: Millennium Development Goals)[22] を引き継ぐ形で作成されたものです。MDGs は、主として貧困、初等教育、ジェンダー、幼児死亡率、妊産婦の健康、疫病、環境、パートナーシップなどの途上国の開発支援に重きを置いたものでしたが、SDGs は、より広い人々の持続可能な社会を実現するための目標として 17 のゴール、169 のターゲットを設定しています。これまでに各種の国際条約などで個別に議論されていたものを SDGs という一つの目標の中に統合・再整理し、発展途上国のみならず、先進国にも関連する目標が位置付けられています。**表 10-3** に SDGs の 17 のゴールのうち生物多様性に関連するものを抽出しました。表中のアンダーラインは、環境省により整理された環境に関連があるゴールを示し、そのうち生物多様性に関連するターゲットについて抽出して示しました。特に、ゴール 15.「陸域生態系、持続可能な森林経営、砂漠化への対処、土地の劣化阻止・回復、生物多様性損失措置」は、前述した愛知目標と重なる部分も多くなっています。

表10-3　SDGs と生物多様性に関連するゴールとターゲット

ゴール	目標年次	内容	愛知目標との関連	保全	持続可能な利用	ABS
Goal 2.　飢餓撲滅、食料安全保障、栄養改善、持続可能な農業	2030	2.4 生産量の増加、生態系の維持、気候変動や極端な気象現象への適応能力向上、持続可能な食料生産システムを確保し、強靭（レジリエント）な農業の実践。		○	○	
	2020	2.5 国、地域及び国際レベルでの種子・植物バンクなどを通じて、種子、栽培植物、飼育・家畜化動物及び近縁野生種の遺伝的多様性の維持、遺伝資源アクセスと利益配分の国際合意に基づく促進。	○	○	○	○
		2.a 開発途上国、特に後発開発途上国での農村インフラ、農業研究・普及サービス、技術開発及び植物・家畜のジーン・バンクへの投資の拡大。		○	○	○
Goal 3.　健康・福祉		3.b 主に開発途上国に影響を及ぼす感染性及び非感染性疾患のワクチン及び医薬品の研究開発の支援。ドーハ宣言に従い安価な必須医薬品及びワクチンへのアクセスの提供。			○	○
Goal 6.　すべての人々の水・衛生の利用可能性と持続可能な管理	2020	6.6 山地、森林、湿地、河川、帯水層、湖沼等の水関連生態系の保護・回復。	○	○		
Goal 11.　レジリエントで持続可能な都市および人間居住		11.4 文化遺産及び自然遺産の保護・保全。		○	○	
Goal 12.　持続可能な消費と生産	2020	12.4 製品ライフサイクルを通じ、人の健康や環境への悪影響を最小化、化学物質や廃棄物の大気、水、土壌への放出の削減。		○	○	
Goal 13.　気候変動及び影響の軽減		13.3 気候変動の緩和、適応、影響軽減及び早期警戒に関する能力開発、制度の改善。				
Goal 14.　海洋と海洋資源の保全・持続可能な利用	2020	14.2 海洋及び沿岸の生態系に関する重大な悪影響を回避、レジリエンスの強化による持続的な管理と保護、海洋及び沿岸の生態系の回復。	○	○	○	
	2020	14.4 水産資源を、生物学的特性による最大持続生産量のレベルまで回復、2020 年までに、漁獲の効果的規制、過剰漁業や違法・無規制漁業及び破壊的な漁業慣行を止め、科学的管理計画を実施。	○		○	
	2020	14.5 科学情報に基づき、少なくとも沿岸域及び海域の 10 パーセントを保全。	○	○		

194

	2030	14.7 漁業、養殖、観光の持続可能な管理により、小島嶼及び後発開発途上国の海洋資源の持続的利用による経済的便益を増大。	○		○	
		14.a 開発途上国、特に小島嶼及び後発開発途上国の開発における海洋生物多様性の寄与向上のために、科学的知識の増進、研究能力の向上、及び海洋技術の移転。	○	○		
		14.c 海洋法に関する国際連合条約（UNCLOS）に反映されている国際法を実施し、海洋及び海洋資源の保全及び持続可能な利用を強化。	○	○	○	
Goal 15. 陸域生態系、持続可能な森林経営、砂漠化への対処、土地の劣化阻止・回復、生物多様性損失措置	2020	15.1 森林、湿地、山地及び乾燥地等の陸域生態系と内陸淡水生態系及び生態系サービスの保全、回復及び持続可能な利用を確保。	○	○	○	
	2020	15.2 森林の持続可能な経営の実施、森林減少の阻止、劣化森林の回復、世界全体で新規植林及び再植林を大幅に増加。	○	○	○	
	2030	15.4 山地生態系の能力強化のため、山地生態系を保全。		○		
	2020	15.5 自然生息地の劣化を抑制し、生物多様性の損失を阻止し、2020 年までに絶滅危惧種の保護、絶滅を防止するための対策。	○	○		
		15.6 遺伝資源アクセスと利益配分の推進。	○			○
		15.7 動植物種の密猟及び違法取引の撲滅のため、違法な野生生物製品の需要と供給の両面に対処。		○	○	
	2020	15.8 外来種の侵入防止、これらによる影響の減少対策の導入、優先種の駆除または根絶。	○	○		
	2020	15.9 生態系と生物多様性の価値を、国や地方の計画策定、開発プロセス及び貧困削減のための戦略及び会計に組み込み。	○	○	○	○
		15.a 生物多様性と生態系の保全と持続的な利用のために、資金源からの資金の動員及び大幅な増額。	○	○		○
		15.b 持続可能な森林経営を推進するため、持続可能な森林経営のための資金の調達と開発途上国への十分なインセンティブ付与のための資源の動員。	○	○	○	
		15.c 地域コミュニティの能力向上、保護種の密猟及び違法な取引に対処するための努力への支援。		○	○	

出所：環境省の持続可能な開発のための 2030 アジェンダ /SDGs に関する web site URL: http://www.env.go.jp/eart sdgs/index.html（2020 年 7 月 9 日閲覧）に環境に関連するゴール（アンダーライン）が抽出されており、ここか 生物多様性に関連すると思われるゴール及びターゲットを選択し、その仮訳を外務省 https://www.mofa.go.j mofaj/files/000101402.pdf（2020 年 7 月 9 日閲覧）より抽出し、簡略化して筆者記載。Goal 1, 4, 5, 7, 8, 9, 10, 16, は生物多様性に関係が薄いものとして不掲載。○は愛知目標及び生物多様性条約目標に直接的に関連が高そなものを筆者が主観的に抽出。

4-5　ラムサール条約やその他の条約

　上述以外にも生物多様性に関連する国際的な取り組みは数多く行われており、各種の国際機関においても取り上げられています。例をあげると、例えば、水鳥の生息地として国際的に重要な湿地の保全やワイズユース (wise use) を進めるラムサール条約 (Convention on Wetlands of International Importance especially as Waterfowl Habitat)[23]、絶滅の恐れのある野生動植物の国際取引を規制するワシントン条約 (CITES: Convention on International Trade in Endangered Species of Wild Fauna and Flora)[24]、遺伝子組換え生物等 (LMO: Living Modified Organism) の使用に関する国際的な規制に関するカルタヘナ議定書 (Cartagena Protocol on Biosafety)[25] などがあります。

　ABS に関連するものとして、例えば、FAO (Food and Agriculture Organization) の IT (International Treaty on Plant Genetic Resources for Food and Agriculture)[26]、公衆衛生上の危機に対応するための WHO (World Health Organization) の国際保健規則 (International Health Regulations)[27] などがあります。

　生物多様性は、その他にも多数の条約や国際機関の活動と関連しているので、関心のある読者はさらに調べてみると、新たな発見が得られるでしょう。

4-6　国際協力における生物多様性

　世界の主とした先進国は、途上国の発展に国際協力という形で貢献しています。日本も戦後、各国や機関から援助を受けて、戦後の高度成長を達成しました。現在の日本では、多額の国際協力を手掛けており、その大きな担い手になっているのが JICA (国際協力機構)[28] です。JICA とは、ODA を実施する日本の独立行政法人であり、世界でも規模の大きな途上国支援を行っている機関の一つです。JICA の行う各種事業は、途上国の社会インフラの整備など自然環境へ影響を及ぼす事業が少なくありません。このため、JICA では、環境社会配慮ガイドラインを作成し、JICA の行う事業を環境面、社会面からチェックする仕組みを設けています。旧国際協力銀行の「環境社会配慮確認のための国際協力銀行ガイドライン」と「JICA 環境社会配慮ガイドライン」

表10-4　環境社会配慮ガイドラインの基本方針

重要事項	内容
1：幅広い影響を配慮の対象	環境及び社会面の幅広い影響を配慮項目と位置づけ。
2：早期段階からモニタリング段階まで、環境社会配慮の実施	マスタープラン等は戦略的環境アセスメントを適用。環境社会配慮が確実に実施されるよう相手国等に働きかけ。
3：協力事業の実施における説明責任	説明責任と透明性を確保。
4：ステークホルダーの参加	現場に即した環境社会配慮と、ステークホルダーの意味ある参加を確保し、ステークホルダーの意見を意思決定に反映。 ステークホルダーからの指摘には回答。 参加ステークホルダーは、真摯な発言を行う責任がある。
5：情報公開	相手国等の協力の下、環境社会配慮に関する情報公開を積極的に行う。
6：JICA の実施体制の強化	環境社会配慮の効果的な達成に留意し、組織体制と実施能力を強化。
7：迅速性に配慮	事業実施に向けた迅速化の要請に対処。

注：文言は、一部を筆者が簡略化して記載。
出所：国際協力機構 (JICA) (2010)

が、2008 年の組織の統合に伴い JICA 環境社会配慮ガイドライン (2010)（国際協力機構、2010）に一本化されて導入されています[29]。環境社会配慮ガイドラインの基本方針として重要事項 7 点があげられています（**表 10-4**）。

　JICA ガイドラインは、JICA が行うプロジェクトの環境面、社会面の配慮を行うものであり、環境社会配慮の項目の中に、大気、水、土壌、気候変動などとともに、生態系及び生物相が位置付けられており、人間の健康と安全及び自然環境に加えて、非自発的住民移転など人口移動や雇用、社会インフラ、社会的に脆弱なグループへの配慮などを含むものとされています（環境社会配慮ガイドライン 2.3）。また、相手国などへ求める要件の中において、生態系及び生物相に関する環境配慮として、対象プロジェクトが重要な自然生息地または重要な森林の著しい転換または著しい劣化を伴わないこと、森林の違法伐採の回避、プロジェクト実施主体者による森林認証の取得が奨励されるなどが求められています（環境社会配慮ガイドライン別紙 1）。

　対象となるプロジェクトは、JICA が行うプロジェクトの概要、規模、立

地などを勘案して、カテゴリ A、B、C と FI の 4 つに分類されています。カ
テゴリ A 案件は、環境や社会への重大で望ましくない影響の可能性がある
と想定されるものであり、またカテゴリ B 案件は、カテゴリ A よりは影響
が小さいものが分類されます。同ガイドライン別紙 3 には、一般的に影響を
及ぼしやすいと考えられるセクターとして、鉱山開発、パイプライン、工業
開発、火力発電 (地熱含む)、水力発電・ダム・貯水池、送変電・配電 (大規模
非自発的住民移転、大規模森林伐採、海底送電線)、河川・砂防、道路・鉄道・橋梁、
空港、港湾、上水道及び下水・廃水処理 (影響を及ぼしやすい構成要素または地
域)、廃棄物処理・処分、農業 (大規模開墾、灌漑) があげられています。影響
を受けやすい地域の例示として、国立公園、国指定の保護地域、国または地
域にとって慎重な配慮が必要な地域があげられています。慎重な配慮が必要
な地域としては、自然環境として、1) 原生林、熱帯の自然林、2) 生態学的
に重要な生息地 (珊瑚礁、マングローブ湿地、干潟など)、3) 国内法、国際条約
などにおいて保護が必要とされる貴重種の生息地、4) 大規模な塩類集積或
いは土壌侵食の発生する恐れのある地域、5) 砂漠化傾向の著しい地域、社
会環境として、1) 考古学的、歴史的、文化的に固有の価値を有する地域、2)
少数民族或いは先住民族、伝統的な生活様式を持つ遊牧民の人々の生活区域、
もしくは特別な社会的価値のある地域、などがリストされています。

　JICA の中には、外部専門家から構成される第三者的な機関として環境社
会配慮助言委員会が設けられており、カテゴリ A 及び B のうち必要な案件
について、環境社会配慮面の助言が行われます。助言委員会は毎月一度開
催され、JICA の行うプロジェクトの助言が取りまとめられ、その結果は公
開されています。助言委員会の取りまとめる個々のプロジェクトの助言には、
自然環境への配慮に関する助言が数多く含まれています。同助言委員会の第
4 期環境社会配慮助言委員会期末報告[30]によると、2016 年 8 月から 2018 年 7
月までの 2 年間で行われた 41 件の案件の助言の中で、生態系及び保護区に
関するものが 1 割 5 分程度、案件単位でみると 4 分の 3 程度の案件において
生態系や保護区に関する助言が行われており、自然環境を重要視する姿勢が
うかがわれます。

5 生物多様性を取り巻く制度

5-1 各種制度

日本では、2008年の生物多様性基本法[31]の施行を踏まえ、同法に基づく国家戦略として作成された生物多様性国家戦略2010[32]では、2050年を目標年次としている中期目標、2020年を目標年次とする短期目標を策定しています(**表10-5**)。短期目標は、今後その目標達成状況の評価が行われ、次の目標作成に生かされる必要があると思われます。2010年以降、様々な取り組みが進みつつありますが、短期目標に掲げられている生物多様性の損失を止めるには至っていないように思われます。

日本における生物多様性に関わる法制度は多岐にわたります。2008年に成立した生物多様性基本法に基づき、**表10-6**のような多分野に及ぶ法律が関連する制度として位置づけられています。このように生物多様性は、分野横断的な政策課題として位置づけられています。

生物多様性への取り組みを促進するための手法として生物多様性オフセット、生態系サービス支払い(PES: payment for ecosystem service)などの手法が世界的に注目されています。

表10-5 生物多様性国家戦略2010の目標の概要

目標	内容
中長期目標 (2050年)	・人と自然の共生を国土レベル、地域レベルで実現、生物多様性の状態を現状以上に豊かに ・生態系サービスの恩恵を持続的に拡大
短期目標 (2020年)	生物多様性の損失を止めるための2020年までの目標 ・生物多様性の状況を科学的知見に基づき分析・把握。生物多様性保全に向けた活動の拡大。地域固有の動植物や生態系を保全。生態系ネットワークを通じて国土レベルの生物多様性を維持・回復。絶滅のおそれが新たに生じないようにし、絶滅の危機に瀕した種の個体数や生息・生育環境を維持・回復。 ・生物多様性を減少させない方法の構築。世代を超えた国土や自然資源の持続可能な利用。 ・生態系サービス対する理解を社会に浸透。生物多様性の主流化。多様な主体による新たな活動の実践。

出所:生物多様性国家戦略2010を簡略化して筆者作成。

表10-6　生物多様性に関わる主な法律

項目	法律名称	主な法律の概要
本法	環境基本法 (H5)	環境政策の基本的な法律
	生物多様性基本法 (H20)	環境基本法の基本理念にのっとり、生物多様性の保全及び持続可能な利用の基本原則を定め、それらの施策の基本事項を定め、総合的かつ計画的に推進し、その恵沢を将来にわたり享受できる自然共生社会の実現を図り、地球環境保全に寄与
自然環境一般	自然公園法 (S32)	優れた自然の風景地を保護し、その利用の増進を図り、国民の保健、休養及び教化に資するとともに、生物多様性の確保に寄与
	自然環境保全法 (S47)	自然環境保全が特に必要な区域等の生物多様性の確保や自然環境の適正な保全を総合的に推進し、国民が自然環境の恵沢を享受し将来に継承できるようにし、国民の健康で文化的な生活の確保に寄与
	自然再生推進法 (H14)	自然再生の基本理念を定め、自然再生の施策を総合的に推進し、生物多様性の確保を通じて自然共生社会の実現を図り、地球環境保全に寄与
	景観法 (H16)	都市、農山漁村等の良好な景観形成を促進するために、関連施策を総合的に講じ、美しく風格のある国土形成、潤いのある豊かな生活の創造、個性的、活力のある地域社会の実現を図り、国民生活の向上や国民経済及び地域社会の健全な発展に寄与
生態系保全	森林・林業基本法 (S39)	森林及び林業に関する施策を総合的かつ計画的に推進し、国民生活の安定向上及び国民経済の健全な発展を図ることを目的とする。森林の多面的機能の発揮のために適正な整備及び保全を図る
	森林法 (S26)	森林の保続培養と森林生産力の増進を図り、国土の保全と国民経済の発展とに資すること
	鳥獣による農林水産業等に係る被害の防止のための特別措置に関する法律 (H19)	農山漁村地域における鳥獣被害に対処する課題に対して、基本指針、被害防止計画、被害防止施策等の総合的効果的な推進により農林水産業の発展、農山漁村地域の振興に寄与
	食料・農業・農村基本法 (H11)	食料、農業及び農村に関する施策を総合的かつ計画的に推進し、国民生活の安定向上及び国民経済の健全な発展を図ること、および第 3 条に農業の多面的機能の発揮を位置づけ
	河川法 (S39)	河川の洪水、津波、高潮等による災害の発生の防止、河川の適正利用、流水の正常な機能の維持、河川環境の整備・保全のための総合的管理により、国土の保全と開発に寄与し、公共の安全の保持、公共の福祉を増進すること
	海洋基本法 (H19)	海洋の持続可能な開発及び利用を実現するための国際的な取組の中で、海洋に関する基本理念を定め、海洋に関する施策を総合的・計画的に推進し、経済社会の健全な発展及び国民生活の安定向上、海洋と人類の共生に貢献すること

	都市公園法 (S31)	都市公園の健全な発達を図り、公共の福祉の増進に資ること
	都市緑地法 (S48)	良好な都市環境の形成を図り、健康で文化的な都市生の確保に寄与することを目的とし、対象は樹林地、草、水辺地、岩石地等
動植物	鳥獣の保護及び狩猟の適正化に関する法律 (H14)	鳥獣保護及び管理のための事業や猟具の使用による危の予防、鳥獣の保護及び管理、狩猟の適正化を図り、物多様性の確保、生活環境の保全、農林水産業の健全発展に寄与し、自然環境の恵沢を享受できる国民生活確保、地域社会の健全な発展に資する
	絶滅のおそれのある野生動植物の種の保存に関する法律 (H4)	絶滅の恐れのある野生動植物の種の保存を図り、生物様性を確保し、良好な自然環境を保全し、国民の健康文化的な生活の確保に寄与
	特定外来生物による生態系等に係る被害の防止に関する法律 (H16)	特定外来生物の飼養、栽培、保管又は運搬、輸入等の扱いを規制し、これらの防除等の措置を講じ、特定外生物による生態系等に係る被害を防止し、生物多様性確保、人の生命及び身体の保護、農林水産業の健全な展に寄与し、国民生活の安定向上に資する
その他	その他関連する法律としては、代表的なものは以下。詳細は、生物多様性国家戦2012-2020 を参照されたい。国土全般：土利用計画法、国土形成計画法等遺伝子組み換え生物：遺伝子組み換え生物等の使用等の規制による生物の多様性の確に関する法律環境全般：環境影響評価法、環境教育等による環境保全の取組の促進に関する法律、文化的な事項：エコツーリズム推進法、文化財保護法等多数のものがある。	

出所：関連法の抽出は生物多様性国家戦略 2010、2012-2020 より、また主な法律の概要は各法の総則や
概要などより簡略化して筆者作成。

5-2　生物多様性オフセット

　開発行為に伴う自然環境への影響を代償する措置の一つの手法として生物多様性オフセット（biodiversity offset）が着目されています。

　生物多様性オフセットとは、BBOP（Business and Biodiversity Offsets Programme）によると、開発行為等により生物多様性への影響をオフセットするための測定可能な保全の成果（measurable conservation outcomes）であるとされています[33]。生物多様性への影響を完全な意味でオフセットすることは困難なため、まず影響を避けること、影響がある場合にはその影響をできるだけ少なくすること、当該影響を修復、再生、回復する措置をとること、それでも残る影響に

ついてオフセットの措置を講じることが推奨されています。これは生物多様性オフセットの文脈においては、ミティゲーションヒエラルキー（Mitigation Hierarchy）と呼ばれます。BBOP では、これを avoidance（回避）、minimization（最小化）、rehabilitation/restoration（修復 / 回復）、offset（オフセット）の階層構造として整理しています[34]。

　生物多様性オフセットは、3 つのタイプがあります。First party offset（開発事業者自らオフセットを行う）、in-lieu fee プログラム（環境保全を行う活動に対する金銭的補償）、banking（バンキング：第 3 者によるオフセットサイトの事前整備とクレジット売買）です。

　これらの仕組みは、米国やオーストラリアなどをはじめ、多様な国々での導入が進んでいると報告されています（Madsen et al. 2011）。Madsen et al.（2011）によると、世界中で 45 の代償ミティゲーションプログラム（compensatory mitigation programs）が導入されており、最低 24-40 億 US$ ／年程度、面積 187,000 ヘクタール／年の保全・保護地域が整備されているものと推計されています。同報告書で述べられているとおり、情報入手の困難さから正確な推計は困難ですが、最低上記の規模のものが推定され、それらの多くは北米で導入されており、世界の市場規模の大半を占めます。

　日本では、環境省を中心に、生物多様性オフセットの導入可能性の検討が行われてきました。環境省総合環境政策局環境影響評価課（2014）では、生物多様性オフセットの制度化を環境影響評価制度の枠組みで考える場合の課題や問題点を整理しています。一方、地方に目を転じると生物多様性オフセットの類似の取り組みを導入しているところも出始めています。

　上述の第 3 者が行う生物多様性オフセットである生物多様性バンキングは、米国やオーストラリアで事例の蓄積が進んでいます。米国では、大きく 2 種類のバンキングシステムがあります。連邦水質浄化法（Clean Water Act）の section404 に基づく湿地を対象としたミティゲーションバンク[35]（Mitigation banks）と、絶滅危惧種法（Endangered Species Act）に基づくコンサベーションバンク（Conservation banks）[36] です（林・Gibbons 2017）。**写真 10-4** は、オーストラリア・キャンベラのオフセットの例です。

写真10-4　キャンベラ(豪)のオフセット地

　国内の政策措置として導入が進んだ生物多様性オフセットの取り組みですが、国際的なプロジェクトに対する知見の蓄積も進みつつあります。この中心的な役割を果たしてきたのがBBOPです。残念ながら、BBOPは2018年をもってその活動を終えることとなりましたが、各種の関連報告書やガイドラインを作成[37]し、多くの文献でも参照されています。

　生物多様性オフセットは、多様な国で導入されているとともに、BBOPによって、生物多様性オフセットの国際的な考え方のスタンダード構築への取り組みが行われてきました。

5-3　生態系サービス支払い (PES)

　もう一つ着目されている政策手法として、PESがあります。日本では、類似の取り組みとしてこれまでに各自治体で実施されてきている森林環境税などがありますが、平成30年度税制改正の大綱の中で、森林環境税の創設が盛り込まれました。

　諸外国においても、同様な政策は数多く導入されており、紙面の都合上詳

細は他書に譲りたいと思います。

6　まとめ

　生物多様性を取り巻く課題は、野生生物の保全だけではなく、その利用や応用分野が幅広いものです。このため、非常に多くの政策課題と連動しているとともに、ある地域内にとどまる問題ではなく、国際的な議論が必要な課題となっています。経済発展により自然資源の減少が続く中、人間生活の基礎的な物やサービスは自然に由来しているものが多くあることを鑑み、保全と持続可能な利用を進める努力が今後も一層必要とされています。

注

1　CBD Article 2. Use of Terms: "Biological diversity" means the variability among living organisms from all sources including, inter alia, terrestrial, marine and other aquatic ecosystems and the ecological complexes of which they are part; this includes diversity within species, between species and of ecosystems. (source: http://www.cbd.int/) 訳、環境省自然環境局、URL: http://www.biodic.go.jp/biolaw/jo_hon.html（2020 年 7 月 9 日閲覧）

2　生物多様性国家戦略 2012-2020―豊かな自然共生社会の実現に向けたロードマップ ―. URL: http://www.biodic.go.jp/biodiversity/about/initiatives/files/2012-2020/01_honbun.pdf（2020 年 7 月 9 日閲覧）

3　気象庁の過去の気象データ 歴代全国ランキングより、URL: https://www.data.jma.go.jp/obd/stats/etrn/view/rankall.php?prec_no=&block_no=（2019 年 3 月 6 日閲覧）

4　IPBES URL: https://www.ipbes.net/（2020 年 7 月 9 日閲覧）

5　スタンフォード大学等の研究チームで開発している生態系サービス統合評価モデル InVEST URL: https://naturalcapitalproject.stanford.edu/invest/（2020 年 7 月 9 日閲覧）

6　ARIES プロジェクト URL: http://aries.integratedmodelling.org/（2020 年 7 月 9 日閲覧）

7　EIC ネット環境用語集：「地球環境問題」URL:http://www.eic.or.jp/ecoterm/?act=view&serial=1733（2020 年 7 月 9 日閲覧）

8　CBD List of Parties URL: https://www.cbd.int/information/parties.shtml（2020 年 7 月 9 日閲覧）

9 CBD The Nagoya Protocol on Access and Benefit-sharing URL: https://www.cbd.int/abs/ (2020 年 7 月 9 日閲覧)

10 CBD web site URL: https://www.cbd.int/ (2020 年 7 月 9 日閲覧)

11 CBD Strategic Plan for Biodiversity 2011-2020 URL: https://www.cbd.int/sp/default.shtml (2020 年 7 月 9 日閲覧)

12 CBD COP 6 Decision VI/26 B. Mission para.11 "Parties commit themselves to a more effective and coherent implementation of the three objectives of the Convention, to achieve by 2010 a significant reduction of the current rate of biodiversity loss at the global, regional and national level as a contribution to poverty alleviation and to the benefit of all life on earth." URL: https://www.cbd.int/decision/cop/default.shtml?id=7200 (2020 年 7 月 9 日閲覧)

13 CBD Key Elements of the Strategic Plan 2011-2020, including Aichi Biodiversity Targets URL: https://www.cbd.int/sp/elements/ (2020 年 7 月 9 日閲覧)

14 CBD Decision X/2 II. VISION The vision of this Strategic Plan is a world of: "Living in Harmony with Nature" where "By 2050, biodiversity is valued, conserved, restored and wisely used, maintaining ecosystem services, sustaining a healthy planet and delivering benefits essential for all people." URL: https://www.cbd.int/decision/cop/default.shtml?id=12268 (2020 年 7 月 9 日閲覧)

15 CBD Decision X/2 III.THE MISSION OF THE STRATEGIC PLAN The mission of the Strategic Plan is to "take effective and urgent action to halt the loss of biodiversity in order to ensure that by 2020 ecosystems are resilient and continue to provide essential services, thereby securing the planets variety of life, and contributing to human well-being, and poverty eradication. To ensure this, pressures on biodiversity are reduced, ecosystems are restored, biological resources are sustainably used and benefits arising out of utilization of genetic resources are shared in a fair and equitable manner; adequate financial resources are provided, capacities are enhanced, biodiversity issues and values mainstreamed, appropriate policies are effectively implemented, and decision-making is based on sound science and the precautionary approach." URL: https://www.cbd.int/decision/cop/default.shtml?id=12268 (2020 年 7 月 9 日閲覧)

16 CBD Nagoya Protocol URL: https://www.cbd.int/abs/ (2020 年 7 月 9 日閲覧)

17 外務省 地球環境 名古屋議定書 URL: https://www.mofa.go.jp/mofaj/ic/ge/page22_002805.html (2020 年 7 月 9 日閲覧)

18 CBD Nagoya Protocol History URL: https://www.cbd.int/abs/background/default.shtml (2020 年 7 月 9 日閲覧)

19 CBD Bonn Guidelines URL: https://www.cbd.int/doc/publications/cbd-bonn-gdls-en.

pdf（2020 年 7 月 9 日閲覧）

20　CBD Nagoya Protocol History URL: https://www.cbd.int/abs/background/default. shtml（2020 年 7 月 9 日閲覧）

21　UN Sustainable Development Goals web site URL: https://sustainabledevelopment. un.org/sdgs（2020 年 7 月 9 日閲覧）

22　UN MDGs web site URL: http://www.un.org/millenniumgoals/（2020 年 7 月 9 日閲覧）

23　Ramsar convention URL: https://www.ramsar.org/（2020 年 7 月 9 日閲覧）

24　CITES web site URL: https://www.cites.org/eng（2020 年 7 月 9 日閲覧）

25　Cartagena Protocol URL: http://bch.cbd.int/protocol（2020 年 7 月 9 日閲覧）

26　FAO IT web site URL: http://www.fao.org/plant-treaty/en/（2020 年 7 月 9 日閲覧）

27　WHO IHR URL: http://www.who.int/topics/international_health_regulations/en/（2020 年 7 月 9 日閲覧）

28　JICA URL: https://www.jica.go.jp/index.html（2020 年 7 月 9 日閲覧）

29　JICA の 環 境 社 会 配 慮 ガ イ ド ラ イ ン URL: https://www.jica.go.jp/environment/ guideline.html（2020 年 7 月 9 日閲覧）

30　JICA 環境社会配慮助言委員会第 4 期環境社会配慮助言委員会　期末報告 URL: https://www.jica.go.jp/environment/advice/ku57pq00000nalsb-att/180705_shiryo.pdf （2020 年 7 月 9 日閲覧）

31　生物多様性基本法　URL: https://www.biodic.go.jp/biodiversity/about/kihonhou/ index.html（2020 年 7 月 9 日閲覧）

32　生物多様性国家戦略 2010　URL:　https://www.biodic.go.jp/biodiversity/about/ initiatives4/index.html（2020 年 7 月 9 日閲覧）

33　BBOP URL: https://www.forest-trends.org/bbop/（2020 年 7 月 9 日閲覧）

34　BBOP URL: https://www.forest-trends.org/bbop/（2020 年 7 月 9 日閲覧）

35　EPA Section 404 of the Clean Water Act URL: https://www.epa.gov/cwa-404/ compensatory-mitigation（2020 年 7 月 9 日閲覧）

36　California Department of Fish and Wildlife URL: https://www.wildlife.ca.gov/ Conservation/Planning/Banking（2020 年 7 月 9 日閲覧）

37　BBOP URL: https://www.forest-trends.org/bbop/（2020 年 7 月 9 日閲覧）

第 11 章　イスラム社会と市場

柳田辰雄

　イスラム教は単なる宗教ではなく、教徒の社会における生活を律する規範
です。地理的には、北アフリカのモロッコから中近東のアラブ諸国、そして
インドネシアのカリマンタン島を経てフィリピンのミンダナオ島に至るイス
ラム社会・共同体があります。この共同体にくらす人々は、クルアーンを書
き記したアラビア文字によって、宗教共同体を形作っています。クルアーン
とは、唯一神アッラーが預言者ムハンマドを通して啓示され、人に教えを授
けたとされる伝承であり、アラビア語で書かれています。しかしながら、ム
ハンマドの従兄弟アリーとその子孫のみがイスラム共同体を導く資格がある
とするイランを中心とするシーア派と、サウジアラビアを中心とするムハン
マド以来の慣習に従う者達のスンナ派へと、イスラム共同体は大きく別れて
います。

　現代になって金融市場の地球規模での統合が進むにつれて、イスラム銀行
も国際金融・資本市場に参入し、マレーシアと中東地域の金融市場での交流
も活発となっています。すでに、イスラム銀行は各国に広まり、ヨーロッパ
ではロンドンを中心とし、東アジアではマレーシアやインドネシアで設立さ
れています。イスラム銀行は、当初は国際金融システムの中で特異な金融機
関とみなされていましたが、すでに、国際通貨基金・IMF が公認する銀行シ
ステムのひとつとなっています。そして、2018 年 5 月末に、IMF の理事会は、
イスラム金融サービス委員会・IFSB が銀行監督に関するバーゼル委員会の

事務局の協力のもとに作成したイスラム金融規制のためのコア原則（CPIFR）を承認しました。このコア原則はイスラム銀行業界の規制と監督のための一連の規則を提供することを目的としており、イスラム銀行の特性をも考慮して設計されています。

1　クルアーンと市場

　クルアーン・イスラム教徒の聖書は、商取引に関連する言葉を使ったたとえ話に満ちています。世界中でイスラム教の布教に関わったのは商人でした。そして、シャリーアとはクルアーンと預言者ムハンマドの言行・スンナを法源とするイスラムの法のことです。

　社会主義とは対照的に、イスラム教は私有財産を神聖な信頼として祀っています。一人一人が、この素晴らしい信頼を忠実に行うことを、神に直接責任を負っています。それゆえに、私有財産の概念は、クルアーンによって与えられたものとみなされます。財産の概念を変更するのではなく、クルアーンはその健全で公正な喜びと雇用のための機会を用意します。それは無駄に使われて、正当に取得された財産を**他人**に奪われるような方法では使われません。例えば孤児から財産を信託されて運用しているとき、それを自分の利益に転用してはいけませんが、自分の財産を管理できない人に譲るべきではありません。孤児が成熟すると、彼らは彼ら自身の財産の支配権を与えられるべきです。相続権は尊重されるだけでなく、女性を含むように拡大されました。女性の財産権は他の場合にも男性のそれと同じくらい神聖です。

　クルアーンは、宗教的な信仰に関わらず、財産権の尊重をすべての人間に拡大することを命じています。

　イスラム教は貧困と苦しみを称賛する修道僧の禁欲主義と、その享受を犠牲にして富の蓄積を尊重するマックス・ウェーバーによって議論されたプロテスタントの労働のための禁欲主義の両方を拒絶します。貧困も富も、美徳の証明ではありません。むしろどちらも、より高い精神的な秩序への自分が果たさなければならない責任に関わっています。禁欲主義の拒絶は、快楽主

義的な消費への誘いではありません。信者は、虚栄心の中で自分の財産を自分かってに浪費してはいけません。

　イスラム社会思想にめぐり会うと、一部の人々は、イスラム法が義務的な慈善事業をもたらすとして感銘を受け、ムハンマドが富の平準化のために課税しようとしたと考えてしまいます。しかしながら、そのような信念の根拠はありません。それどころか、クルアーンは他人の富への嫉妬を非難しています。

　指令経済が社会における人々のさまざまな需要をよりよく満たすことができるという誤謬は、ソビエト連邦の崩壊に伴って深刻な反省を社会主義理論に促しました。ところで、指令経済は当初からイスラム教徒の経済学者たちには不評でした。ムハンマドが商品の公正な価格を決定するために市場に目を向けたことを示す多くの言行録があります。彼は、物々交換以上の市場価格での売買が物々交換に内在するリーバ (ribâ) の危険性を避けるべきだと同僚に助言しました。ムハンマドは、市場において価格が設定される機能に対して、この点から予想されるように、価格を管理することを嫌い、介入を限定しました。

　従来からアラブ人は、取引と交渉に強い関わりを持っていました。イスラム教が普及しても、取引と商業の中心性をアラブの生活様式にとって変えることはありませんでした。それどころか、商法の制定、女性の財産権の拡大、詐欺の禁止、明確な基準の設定、および妥協のない財産権の擁護が求められています。貧しい人々の窮状を和らげる責任は、イスラム文明を世界経済の最前線に押し上げ、8世紀以上にわたって、イスラム世界は国際貿易において主要な役割を果たしてきました。

2　イスラム金融

　金融市場における地球規模での統合が進むにつれて、イスラム銀行も国際金融・資本市場に本格的に参入し、マレーシアと中東地域の金融市場の交流も活発となっています。こうしてイスラム銀行は各国に広まり、ヨーロッパ

ではロンドンを中心とし、東アジアではマレーシアやインドネシアで設立されています。イスラム銀行は、当初は国際金融システムの中で特異な金融機関とみなされていましたが、すでに、国際通貨基金 IMF が公認する銀行システムのひとつとなっています。

ちなみに、2001 年後期にバーレーンの中央銀行が政府債券として物の賃貸借を応用したイスラム債権・スクークを発行しました。その後、マレーシアでは、会社の債務である社債がスクークの仕組みで盛んに発行されています。

3　シャリーア

イスラム社会とはイスラム教とそれを信仰し実践する人々であるイスラム教徒が活躍している社会を指し、イスラム法であるシャリーアの用語に言う「イスラムの家」とほぼ等しい概念を意味しています。

金融取引においては、将来の不確実性に対処するために、地域の歴史が異なることによりイスラム社会には固有の金融システムを発展させました。それは、英米流の金融システムに影響されつつも、イスラム社会では、シャリーアに基づいて独自の金融の安定性と効率性の確保を目指しています。

イスラムの宗教法シャリーアは、イスラム神学とともにイスラム教徒の生活に伝統的に入り込んでいます。イスラム法は当初クルアーンあるいは預言者ムハンマドの言行に基づいて作られました。しかしながら、経済的な相互依存の高まりによって、伝統的なイスラム法の新解釈による現実問題への適用が最大の課題になっています。

イスラム社会における基本的な概念は、以下の 3 つです。

1. ザカート（制度喜捨、救貧税 zakat）——、富の再分配に関わっており、税金に類似しますが社会規範ではなく儀礼規範に属し、貧困者への援助をはじめ使途を限定した支出に用いられます。基本的に、受領者となる資格のある自給自足レベルを超えた累積資産の数パーセントに設定され、取引の手段および現在の取引のための在庫は免除されます。したがって、それは所得税で

はなく、富に対する評価です。ただし、農民と鉱夫は、資本の割合ではなく
総生産の一部を支払います。それが所得に対する評価ではない限り、それは
生産性を低下させるのではなく、むしろ遊休資産を少なくします。さらに、
評価の基準はすべてを没収するためではなく、貧困層に生活における安全網
を提供する一方で、富を平準化して富に不利益をもたらすことはありません。
最後に、zakat という用語自体は、浄化するという意味の語句から来ています。
したがって、資産のごく一部を一般社会に返還することで、資産の初期の不
平等が示唆する可能性があるあらゆる汚染から残りの部分を浄化します。不
幸な人たちの必要は、恵まれた人々の生産性を損なうことなく満たされます。
2. ガラル (gharar) ── 契約の際いかなる不確実性をも除去することで、保険
のみならず金銭の貸借にも適用されます。3. リバー（riba）──「神は商売を
許すが、利子、リバー (riba) は許さない」とあり、売手と買手の間の公平で
ない不当な取引による利益、あるいは不労所得として得られる利益のすべて
に適用されます。現代のイスラム経済学者の間では利潤一般をさしています。

　それでは、私有財産に関してはどのような考え方をしているのでしょうか。
イスラム法学者の間では、イスラム教が個人の私的な所有権を認め擁護して
いるとの総意があります。クルアーンには課税、相続、窃盗の禁止、所有の
合法性、慈善事業の推奨、その他私的財産に関して広範囲にわたる規定があ
ります。私有財産の獲得については非随意的、契約的、そして非契約的とい
う 3 つの分類があります。非随意的手段は相続や遺贈、贈与全般を、契約的
獲得は商品の取引や買収、雇用などをそれぞれ指し、本来私有財産とされて
いなかった天然資源の開発を行う場合は非契約的となります。なお、公共の
福祉に反すると判断された場合、私的所有権は一定の制限を受けます。

　ところで、イスラム教には公有財産があり、それは、森林、牧草地、荒野、
水、鉱物や海洋資源など、全人類が利用権を等しく有する天然資源を指しま
す。このような資源は共同体の共有財産とされることから、イスラム諸国で
は公的管理の下に置かれ、他者の権利を侵害しない限りすべての国民が利用
することができます。

　イスラム私法における所有権の概念は、占有、所有、庇護関係です。イス

ラムの法学者は、物を観念的に、物自体と使用価値の2つの部分に分け、そのそれぞれについて独立に、1.処分およびそれと表裏をなすものとしての危険負担と、2.果実への回収権を内容とする所有、すなわち、物自体の所有と使用価値の所有が成立すると考えます。征服地の物自体の所有がイスラム共同体の総体に属するのに対して、その使用価値は、土地や家畜に課する租税であるハラージュの支払いを条件として個人に属すると考えるための概念的な前提と考えられています。また、他人の物を収奪した者は、収奪した物を返還する義務を負うとされています。その際、返還前にその物が滅失した場合には、収奪した者が損害賠償の責任を負うことになっています。

また、イスラム教は、市場が調整機能を有する機構として認めており、その教えにおいても、市場においては競争を通じて適切な値段で商品を売買することが可能であるとしています。ただし市場の運営に際しては、次の3つの条件が必要です。

1. 交換の自由——クルアーンは商品の取引に従事する信者が存在することを前提としているため、取引を禁じる主張とは距離を置いています。2. 契約の保証——クルアーンは契約の遂行と監視について規定しています。3. 契約は、2つの当事者を結びつけており、申し出と受諾の宣言です。

契約の法則はクルアーンによって定められた原則と預言者の言行に基づいて法学者の仕事を通して発展しました。クルアーンには多数の特定の契約が含まれており、幅広い関係の公理は契約関係の分野に含まれています。これらには、販売、雇用、保証、担保、および預金などのさまざまな商取引が含まれます。そのような契約が述べられているクルアーンでは、新しい契約の規則のための基礎が作られ、その他ではイスラム教が出現する前にすでに存在する慣習の追認が行われています。

イスラムの契約法には、 英米法または大陸法のどちらの法制度でも契約と見なされない処分が含まれるため、適用する範囲が広くなります。寄付はその一例です。

西洋の書物とは異なって、シャリーアは一般的な契約理論をもっており、記載されていない契約に対応するための機能があります。すなわち、公認さ

れた指名契約に該当しない契約を締結することが、シャリーアでは禁止されていません。さらに、取消が不可能な契約に付随する条件は、そのような契約の適用を拡大するためにイスラム教徒によって利用されてきました。さらに、意図と同意の宣言はシャリーアの契約法の中心です。同意なしの契約は拘束力を持ちません。また、契約を作成する意図は、シャリーアでは実際には契約の形式よりも重要です。これは、人々の要望に応えるためシャリーアは、その規則を理解する人々の能力によって制限されることを示しています。

　ところで、シャリーアには契約にいくつかの分類があります。契約が正当に締結されている場合、契約は確定します。申し出と受諾が保留されている場合、すなわち将来に関する制限事項がある場合、契約は保留となります。一部の契約は拘束力があり、両当事者の相互の同意がない限り失効させることはできませんが、どちらかの当事者によって、そして場合によっては与えられた当事者によって取り消すことができます。拘束力のある契約の例としては、売買契約、賃貸契約およびリース契約などがあります。許容される契約の例としては、代理店、預金、およびムダラバがあります。これらはいつでもどちらの当事者によっても取り消すことができます。担保契約はいつでも取り消すことができますが、これは受益者、すなわち債権者によってのみ行うことができます。

　いくつかの契約は条件付きで始まり、その後寄付のような拘束力のあるものに変わります。例えば、イスラム銀行におけるムダラバの契約は、契約期間中に限り拘束力を持ちます。他方の同意なしにいつでも取り消す権利を与えることは意味がありません。さらに、ほとんどの投資機会には時間がかかります。つまり、投資資産は満期まで清算することができません。

　ある契約が有効で、効果的でそして執行可能であるとき、契約は実行されます。契約が上記のいずれでもない場合、契約は不正であるとみなされ、無効な契約と呼ばれます。一部の契約は、破損したときでも修正可能です。例えば、汚職の理由が契約上の許されない条件である場合、そのような条件の削除はそれを修正します。例えば、代理人が担保のための資本を保証するという条件付きのムダラバの契約は不正です。この条件を削除するだけで再び

有効になります。酒類のような許されない商品の購入のように、腐敗した理由により契約が行われるならば、その契約は救済されません。

交換契約は、一方が価格を交換し、他方が商品またはサービスを交換するものです。販売、レンタルなどすべての交換契約の例です。無償の契約とは、シャリーアで契約と見なされている寄付などの慈善目的で行われるものです。この2つの区別は、契約の際いかなる不確実性をも禁じる場合には特に重要です。

契約の際いかなる不確実性をも禁じることには、特定の事前の設計契約が含まれています。これらは、基本的に、セールスレンタル、代理店、保証、寄付、パートナーシップおよびムダラバです。それにも関わらず、イスラムのシャリーアはそれ自身の契約理論を持っているので、契約がシャリーアの範囲内であるとすれば、承認された指名契約の分類に入らない契約を可能にします。新しい契約は完全に新しいものではないかもしれませんが、多数の指名された契約が組み合わされたものとなります。現代において、金融機関が顧客に代わって商品を購入し、金利相当の費用を上乗せして顧客に転売する仕組みであるムラバハ契約はその一例です。

また、ムダラバは、イスラム金融の仲介方法の1つで、集めた資金を事業家（企業等）が投資・運用し、その利潤を配当として出資者である金融機関や投資家に還流させる仕組みをいいます。この方法においては、事業家の運用方針、事業家と出資者との間での利潤の配分比率が予め定められ、事業家による運用で損失が生じた場合は出資者（資金提供者）も損失をこうむります。また、出資者が受け取る配当は投資・運用の結果生じたものであり、資金がそれだけで殖えたものではないため、シャリーアの禁じるリバー・利息ではないとされます。一般にムダラバは、利潤の配当が利子に相当する「損益分担型の仕組み」であり、イスラム預金に用いられます。また、普通の預金とは異なり、利率は銀行の運用結果次第となるため、変動金利になります。イスラム銀行では、過去の預金の利回り実績が示されるのが通例です。なお、配当が運用次第で大きく変動すると、安定性が求められる預金商品の性質を満たさないことから、金融機関では利益を均等化するための準備金という資

金プールの仕組みを設けて、配当水準をある程度安定させています。

4　インドネシアとイスラム教

　インドネシアは、国全体でイスラム教の信者数が世界で一番多い国です。インドネシアにくらす人々の9割近くがイスラム教のスンナ派における四大法学派の1つシャーフィイー派を信仰していると言われています。

　インドネシアは、赤道付近に5千数百キロに及ぶ広い範囲に、イリアンジャヤ、スラウェシ、カリマンタン、ジャワおよびスマトラ島などの大小1万以上の島々からなり、これらの島々に2018年末で約2億6,400万人がくらし、その約6割がジャワ島にくらしています。共通言語として、オランダ語の影響が色濃く感じられるインドネシア語がありますが、多言語、多民族の国家です。また、人口においては、数パーセントしか占めていないものの、商業や経済において重要な役割を果たしている華僑の人々がいます。

　さらに、宗教においては、9割程がイスラム教徒で、ヒンズー教徒、仏教徒さらにキリスト教徒もいます。インドネシア諸島には、雨季と乾季があり、多雨の南部と東部はゴム栽培に適する熱帯雨林気候のモンスーン地帯にあります。5月中旬から10月頃にかけては雨季で、11月から3月中旬までは比較的涼しい乾期です。

　13世紀末頃にスマトラ島北部アチェにおいてイスラム教の信仰が広まり、15世紀末に現在のベトナム中部沿海地方チャンパ王国出身の王子がイスラム教のアチェ王国を建国し、イスラム教がスマトラ島、ジャワ島およびマラヤ半島にイスラム教が広まる端緒となりました。

　これに先立って、すでに11世紀頃にはイスラム商人の往来がはじまっており、彼らは現地の支配者層と密接な関係を築いていました。

　ところで、15世紀にジャワ島の中東部を中心に栄えた最後のヒンズー教のマジャパヒト王国を訪れた中国明王朝の鄭和は雲南出身のイスラム教徒でした。これにより中国人の南海に関する知識が広がり、交易に従事するためや困窮した生活から抜け出すために、東南アジア各地に移住する中国人がふ

えていき、この人々が華僑のおこりであると考えられています。

　また、16 世紀前半には、マラッカ海峡に面するスマトラ東岸のほとんど
の港湾都市に住む人々はイスラム教に改宗していました。

　1602 年にオランダ東インド会社がジャワ島に進出し、オランダによる島
嶼地域の植民地化が始まりました。オランダ人たちはすでにこの地域で貿易
を行って主導権を握っていたポルトガル人や同じ頃この島にたどり着いたイ
ギリス人との競争に勝って、長い時間をかけて次第に支配地を現在のインド
ネシアの領域全体へと拡大して行きました。1619 年にその拠点としてオラ
ンダ人が侵攻したのが　バンテン王国の首都であったジャカルタであり、オ
ランダ人はこの町をバタヴィアと改名しました。その後、スマトラ島、ジャ
ワ島、カリマンタン島およびスラウェシ島などの島嶼地域はオランダの植民
地となり、第 2 次世界大戦後に宗主国オランダとの戦争を経て、これらの島
嶼地域はインドネシア共和国として 1949 年末に独立しました。

　インドネシア共和国の初代大統領スカルノは、民族主義、宗教、共産主
義の各勢力に支持を訴えて挙国一致により国難を乗り切ろうとしましたが、
1965 年 9 月にスハルト陸軍少将が首謀した軍事クーデター「9 月 30 日事件」
により失脚しました。スカルノ政権は共産党と国軍に支援されていたのです
が、1965 年 9 月 30 日に、共産党の指揮の元に、大統領の親衛隊を中心とす
る軍人によるクーデターが起こりました。このクーデターは陸軍のスハルト
少将によって鎮圧されましたが、それまで抑えられてきていたイスラム勢力
の不満が一挙に爆発して、反共産党、反華僑の暴動が国内の各地で頻発して、
犠牲者が 100 万人近くでたのではないかといわれています。この後、共産党
を支持していたスカルノ大統領は急速に人心を失い、失脚して、1968 年に
はスハルトが大統領に就任しました。

　その後、スハルト軍事政権は 32 年間続きましたが、スハルト大統領が
1998 年 5 月に辞任して、この軍事政権は幕を閉じました。この原因は、1997
年 6 月 1 日に 99 年間の租借地香港がイギリスから中国に返還されましたが、
その翌日からはじまったタイのバーツへの通貨攻撃から始まったアジア通貨
危機による経済の大混乱でした。

　ところで、1954 年にスカルノは国家を 1 つにまとめるため建国五原則を発表しました。これらは、唯一神への信仰、人道主義、インドネシアの統一、民主主義とインドネシア全国民の社会正義です。さらに 1950 年にはナショナリズム、宗教、共産主義という内容を含んでいましたが、「9 月 30 日事件」を契機にインドネシアは反共産主義国家となり、共産主義を否定しました。その後、原則の表現は変化しましたが、基本的な内容は 21 世紀の今日においても維持されています。現在、大統領は国民の直接選挙で選ばれており、任期は五年です。議会は二院制度の国民協議会です。下院の国民代表院と上院である地方代表院で構成されており、2001 年と翌年の憲法改正により、国民協議会は大統領選任権を国民に譲渡し、大統領と副大統領の直接選挙制度を導入しました。国民協議会を構成する国民代表院の議員がすべて選挙で選ばれるようになり、また、各州の直接選挙によって選ばれる議員で構成される地方代表院が新設されました。インドネシアは安定した民主主義社会を目指しており、2019 年 5 末にイスラム教徒のジョコ・ウィドド氏が、大統領に過半数の得票率で再選されました。

　このような政治状況の中で、インドネシアでは、社会正義の喪失が叫ばれて久しい状態が続いています。その主な要因は、腐敗、共謀および血縁・地縁です。これらはインドネシア語の単語の頭文字から 3K と呼ばれています。腐敗の中で最悪なのが政治家と大会社および大銀行の経営者との癒着です。1998 年アジア金融危機に端を発した経済危機の後には、経済危機に陥った大会社の経営者からの裁判官への賄賂が横行し、裁判所の判決の中立性に疑念が抱かれました。特に、カナダ系の保険会社の倒産をめぐっては、カナダ政府との外交問題に発展し、国際連合の事務局もこの問題に関連して専門家をインドネシアに派遣しました。この事件が象徴しているように株式会社の経営者に法令遵守の意識はかなり低いと思われます。

　また、インドネシアでは、従来熱帯雨林のために先進国から寄付された資金を、1998 年の経済危機後における国際通貨基金と世界銀行の構造調整政策により自動的に地方政府に移管することになりました。これは地方分権化の促進により、鉱山や石油の開発権が地方政府に移管されたために、乱開発

を危惧して熱帯雨林の破壊に歯止めをかけるためでした。しかしながら、世界銀行からの報告書によると、地方の森林管理の事務所長は、一方で森林保全の目的で基金からの交付を受け取り、他方で伐採したパルプを業者に売り飛ばして、懐に現金を溜め込んでいました。また、ある事務所長は、熱帯雨林のある山の鉱山開発のために、開発会社から賄賂を受け取っていました。

これらの事件はイスラム法にある、イスラム教には公有財産があり、それは、森林、牧草地、荒野、水、鉱物や海洋資源などであるという見方から相違しており、見過ごすことのできない問題です。

しかしながら、これら一部のインドネシア人の行為は、以下のように斟酌されます。長年、赤道直下において雨季と乾季がある地理的な環境にあり、乾期でも毎日夕立があるという風土にくらし、Tida apa apa. 大丈夫、問題ないという思考・習慣に人々が染まっていること、数百年にわたってオランダの過酷な統治下にあって、オランダ人の管理下にあった役人が権限を利用して経済的な利益をえていたこと、さらに、イスラム法の「喜捨」の考え方は、日々のくらしが過酷で極貧に喘ぐ人々とっては、富をもつ者からは少々の物品を盗んでもよいという曲解を生みやすいのではないかということです。

5 グラミン銀行とイスラム法

大多数の人々がイスラム教を信仰しているバングラデシュにおいて、イスラム銀行とマイクロクレジットのグラミン銀行では、その金融仲介機関としての貸付の誘因と融資を受けた人物が返済できなくなった際の対処にどのような違いがあるのでしょうか。そして、それらがどのようにして金融の安定性と効率性を確保するのに役立っているのかを考えてみましょう。

融資の返済を滞らせない抑制のメカニズムは、イスラム銀行の場合はイスラム法の下における契約の不履行へのイスラム教への信仰とシャリーアからの抑制であり、マイクロクレジットであるグラミン銀行の場合は、融資を受けたイスラム教を信じるグループ内での人間関係の軋みが生じます。このよ

うにして、2 つの金融機関において、イスラム法は金融契約の審査と執行において取引費用を削減していると考えられます。

　さらに、グラミン銀行は無担保の少額融資の機関で、グラミンという言葉は村、すなわち **gram** という単語に由来します。銀行は顧客に対し担保を求めない代わりに、顧客 5 人による互助グループをつくることが条件としています。これは、各人が他の 4 人の返済を助ける義務を負いますが、連帯責任や連帯保証ではなく、他のメンバーに本人に代わっての支払いの義務は生じない仕組みです。しかし、実際にはしばしばグループのメンバーが返済できないメンバーの肩代わりをしています。しかも、融資を受けている人の 9 割超が女性であり、イスラム村落共同体におけるこの女性たちの連帯責任感こそが、驚異的と言える 9 割超の融資された資金のグラミン銀行への返済を実現しています。

第12章　日本社会と移民
──共生に向けた挑戦

西舘　崇

1　はじめに

　テレビや新聞、インターネット上で「外国人」や「移民」といった言葉を聞かない日はほとんどなくなりました。街の中に一歩踏み出せば、肌の色が異なる人とすれ違ったり、コンビニの店員さんがカタカナの名前だったりと、身近な暮らしの中の多様性に気付きます。けれども私たち日本人は、肌の色や言葉、名前にしても、いわゆる'日本的なもの'と違う'何か'に対してとても敏感なような気がします。「外国人が増えると不安だなぁ」と感じる人もいるかもしれませんし、「何かが新しく始まりそうでワクワクする」と感じる人もいるでしょう。

　日本的なものを、身の回りの事物から具体的かつ大胆に探求した人に小説家の谷崎潤一郎がいます。彼はかつてその随筆『陰翳礼讃』にて、陰に美を見出す日本人と何でも明るくして陰を作らない西欧との違いについて次のように指摘しました。

　　昔から日本のお化けは脚がないが、西洋のお化けは脚がある代わりに全身が透きとおっていると云う。そんな些細な一事でも分かるように、われわれの空想には常に漆黒の闇があるが、彼等は幽霊をさえガラスのように明るくする。その他日用のあらゆる工藝品において、われわれの好む色が闇の堆積したものなら、彼等の好むのは太陽光線の重なり合っ

た色である。

谷崎潤一郎著『陰翳礼讃』より

日本人は曖昧で、物事をはっきりと言わない。これは、国際理解や異文化交流にかかわる様々な局面でよく耳にする言葉です。谷崎の発想を借りれば、細部まで明確に描かず、暗がりはそのまま残しておくことに美意識や奥ゆかしさを感じる日本人は、日本人同士で話したり、暮らしたりする上では、この姿勢を変える必要はなかったのでしょう。そんな私たち日本人は、日本語を国の言葉（国語）として用いながら、長い間「単一民族国家・日本」という幻想を抱き続けてきました（毛受・鈴木、2017）。この幻想が、自分たちとは異なるものへの反応の根底に潜んでいるのかもしれません。

　単一民族として同じ言葉を話し、同じ場所に暮らし続けてきたことはまた'私たち日本人'という意識を形成し、同時に私たちとは'異なる人々'を想定した「私たち」と「彼女たち・彼たち」の境界を作りました。境界の内側（私たちの世界）では、同じ場所に同じような人々と暮らし続けてきた経験が蓄積され、柳田が本書第1章で指摘しているように「時間と空間の履歴」を共有した共同体が生まれました。一方、境界の外側では「私たち」にとって難解で未知の者、余計な者、よそ者である「外人」が誕生しました。外人は、境界の内部から叩き出され、自分たちの居場所を求め続ける存在となりました（クリステヴァ、1990）。

　「私たち」と「外国人」の境界をめぐり、日本社会は今、大きく揺らいでいます。とりわけ、日本政府は2018年に、少子高齢化に伴う深刻な労働力不足を外国人材によって補う方針を明らかにし、2025年までに約50万人の外国人を日本に受け入れることを発表しました。この5、6年の間に「私たち」と「外国人」の境界はどうなるのでしょうか。外国人との共生や協働の重要性が叫ばれる中、私たちには何が求められているのでしょうか。

　以上のような諸点について考えるために、本章では様々なデータや歴史的出来事、最新の調査などから、日本に住む外国人の現状と課題を浮き彫りにします。その上で、課題解決に向けて何が必要かを模索します。2節では日

本社会における外国籍住民の現状を捉えることから始め、3 節では「私たち」と「外国人」の境界をめぐる問題を主に歴史的観点から提起します。4 節では共生にかかわる課題を具体例と共に明らかにし、5 節では中央省庁や地方自治体、NPO の取り組みについて考察します。

　なお、本章のタイトルにもある「日本社会」や「移民」といった言葉で関連図書を検索すると、実に多くの研究や評論、現場リポートがあることに気付くでしょう。この分野における最新の研究動向や主要な論点を知るには、移民政策学会が 2018 年に刊行した『移民政策のフロンティア─日本の歩みと課題を問い直す』が参考になると思います。本章は「日本社会と移民」というテーマのもと、様々な論点があり得ることを認識しつつも、私たちの暮らしに直結する課題である「共に生きること (共生)」を一つのキーワードに据えて書いています。

2　日本における外国籍住民の現在

2-1　外国籍住民数の推移

　日本には現在、どのくらいの外国人が暮らしているのでしょうか。まず統計データに着目して、その数や推移を捉えます。なお、ここで外国人とは、ひとまず「日本国籍を持たない人」と定義します。

　最新のデータによると、日本には現在、約 283 万人の外国人が暮らしています (2019 年 6 月時点)。**図 12-1** は、1980 年代頃から現在までの在留外国人の推移を表したものです。ほぼ右肩上がりに増えていることが確認できますが、より詳しく見ると二つの起点があることに気付きます。

　一つ目は、1989 年における「出入国管理及び難民認定法」(通称、入管法) の改正 (1989 年 12 月成立、1990 年 6 月施行) です。入管法とは、出入国の条件や手続きのほか、外国人の日本在留に関わる要件などを定めたものです。同法の改正により、日系三世までとその家族に対し「定住者」や「日本人の配偶者等」といった在留資格が認められることになりました。これにより、かつて日本からペルーやブラジルなどに渡った移民たち (日系一世) の血を引く日系

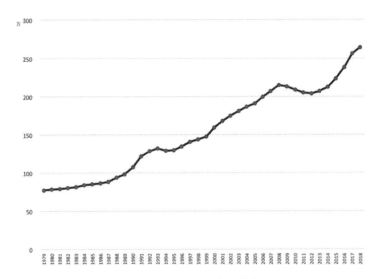

図12-1　在留外国人数の推移

出典：法務省入国管理局「在留外国人統計」などから著者作成。　注：1993年までは外国人登録者数を、1994年から2011年までは短期滞在などを除いた外国人登録者数を、2012年からは中長期在留者に特別永住者を加えた在留外国人数から作図している。なお2018年のみ2018年6月末時点の数である。

人（二世・三世）らが、今度は日本を出稼ぎ先として、日本で働くことを選択し始めました。その数は1990年からの数年間で数千人から20万人規模へと飛躍的に増加しました。

　二つ目は2008年のリーマン・ショックと2011年の東日本大震災による影響です。この二つの出来事により、多くの在留外国人が解雇されたり、被害にあったりしたため、帰国を余儀なくされる外国人住民が出てきました。例えば、90年代以降、出稼ぎなどを目的として日本にやってきた日系ブラジル人は2000年代後半には全国に約32万人いましたが、2008年からの数年間でその数は約半数まで減少しました。

　外国籍住民数を都道府県別で見ると、東京都がもっとも多く55万5,053人、次いで愛知県が25万1,823人、大阪府が23万3,713人と続きます。人口比率では、東京が3.82％、愛知が3.12％、群馬が2.90％となっています。東京では100人いればおよそ4人が、愛知や群馬では100人中およそ3人が外国人である計算になります。1989年の入管法改正後に、日系人らがその働き

先として注目し、多くが移り住んだのが愛知と群馬でした。とりわけ、豊田市（愛知）と太田市（群馬）、大泉町（群馬）では自動車関連産業などの重工業が盛んであった一方、深刻な労働力不足に悩んでいました。日系人たちの存在はいわば地域産業の救いとなっただけでなく、日本の自動車産業の一端を担う存在であったと言えるでしょう。

　外国人住民の国籍では、中国籍が 74 万 1,656 人でもっとも多く、次いで韓国・朝鮮（45 万 2,701 人）、ベトナム（29 万 1,494 人）、フィリピン（26 万 6,803 人）、ブラジル（19 万 6,781 人）となっています（2016 年のデータより）。**図 12-2** は、在留外国人数の多い上位 5 カ国・地域の推移を表したものです。

　図 12-2 からは、朝鮮半島にルーツを持つ人々が日本全国の在留外国人数の中で大きな割合を占めていることがわかります。2 節で改めて取り上げますが、その多くは特に韓国併合（1910 年）以降、日本へ連れてこられた人々でした。1944 年には 200 万人近くいましたが（森田、1996）、現在では約 50 万

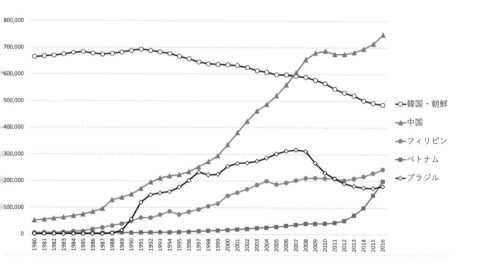

図12-2　国籍・地域別在留外国人数（上位5 カ国・地域）の推移

出典：国立社会保障・人口問題研究所（2016）「人口統計資料集」を参考に著者作成。

人となりました。その一方で、中国人の数はこの20年の間に急増しており、2000年に30万人規模であったその数は、2016年の時点で2倍以上となっています。近年においてはまた、フィリピン人やベトナム人の数が増えていることもわかります。図12-2には記されていませんが、最近ではネパール人も増えています。

2-2　入管法改正 (2018年12月) で変わったこと

2018年12月の入管法改正 (2019年4月施行) は、近年ではひときわ大きな社会的関心を集めました。なぜなら、少子高齢化に伴う労働力不足という問題に対して、政府が「外国人材の拡充」によりこれを補う方針を明確に打ち出したからです (内閣府2018)。受入人数の目標値は2025年までに50万人としました。

この方針を実現するための一つの方策として導入されたのが、2018年12月の改正入管法に盛り込まれた新たな在留資格です。在留資格とは、日本に滞在するために必要な条件や要件、基準などが示された、いわば日本滞在のための許可証です。在留資格には滞在して良いとする期間が定められており、15日以内、3ヶ月、6ヶ月、1年、3年、5年、無期限などがあります。VISA (ヴィザ) という言葉も聞いたことがあると思いますが、これは国に入ること、つまり入国のために必要な証明書であり、在留資格とは異なります。VISAは日本語では査証と呼ばれます。

この在留資格に、2019年4月から「特定技能 (1号・2号)」が追加されました。日本での就労が認められる在留資格は「高度専門職」や「教授」「技術・人文知識・国際業務」「介護」「技術」「技能実習」などが主要なものでしたが、「特定技能」の導入は、外国人が日本で働く機会をさらに拡充したと言えます。**表12-1** は、新たな特定技能 (1号・2号) の違いを在留期間や技能水準などから比較したものです。1号と2号とでは、非常に大きな違いがあることがわかります。

なお、新たな在留資格 (特定技能) の名称にある特定とは、この在留資格が「特定産業分野 (14分野)」を対象としていることを表します。この分野には、介

表12-1　特定技能1号・2号のポイント

	在留期間	技能水準	日本語能力水準	家族の帯同	受入機関等の支援体制
1号	1年、6ヶ月又は4ヶ月ごとの更新で、通算で上限5年まで	試験等で確認（技能実習2号を終了した外国人は試験等免除）	生活や業務に必要な日本語能力を試験等で確認	基本的には認めない	支援の対象
2号	3年、1年又は6ヶ月ごとの更新（通算上限は特に定められていない）	試験等で確認	試験等での確認は不要	要件を満たせば可能（配偶者・子）	支援の対象外

出典：出入国在留管理庁（2019）「新たな外国人材の受入れ及び共生社会実現に向けた取組」をもとに著者作成。

護やビルクリーニングなどのほか、建設や宿泊、農業、漁業などの専門的・技術的分野が含まれています。法務省はこのそれぞれの分野で、今後5年間の受入れ最大人数を設定しています。多いところでは介護分野が最大60,000人の受入れ見込みであるほか、外食業分野で53,000人、建設分野で40,000人、ビルクリーニング分野で37,000人、農業分野で36,500人などと設定されています（出入国在留管理庁、2019）。

3　揺らぐ「私たち」と「外国人」の境界

3-1　外国にルーツをもつ人々

　さて、本章ではこれまで外国人を「日本国籍を持たない人」と考えてきましたが、この捉え方はあくまでも法律上の区別であり、限定的なものであると認識しておく必要があるでしょう。

　たとえば、イ）両親がともに外国籍で、日本で生まれた子どもは、外国人となります。しかしその子は、生まれたときから日本に住んでおり、日本語も話します。その子は日本社会に溶け込んでいると考えても不思議ではありません。一方、ロ）両親のどちらかが日本籍で、どちらかが外国籍の場合は、外国人ではなく、日本人となります。私たちはそんな彼女・彼を、これまでは「ハーフ」などと呼んできましたが、現在では「二つの国のルーツをもつ子

ども」という意味で「ダブル」と呼んでいます。ハ）外国籍から日本国籍を取得した人々もいます。例えば、ソフトバンク会長の孫正義さんや、元参議院議員のツルネン・マルティさん、作家のＣ・Ｗ・ニコルさんらを挙げることができるでしょう。以上のような「外国にルーツをもつ人々」の中でも、特にロ）とハ）に含まれる人々については、一般的な外国人統計には含まれませんが、その数は 2016 年の時点で 160 万人近くいると言われています（外キ協、2018）。

3-2　旧植民地出身者——帝国臣民から準日本人へ

　「外国にルーツをもつ人々」という言葉を手がかりに、日本社会の多様性を歴史的観点からもう少し深堀してみたいと思います。近代以降の日本人にとって本格的な外国人との接触は、韓国併合（1910 年）以降、日本に連れてこられた朝鮮半島にルーツをもつ人々（本節では朝鮮人と呼ぶ）がはじめてでした。記録をたどると、その数は 1911 年の 2,527 人から、10 年後の 1921 年には 36,651 人となり、1931 年には 311,247 人、1941 年には 1,469,230 人と飛躍的に増加しています。最大時は終戦前の 1944 年でその数は 200 万人近くにのぼります（森田、1996）。彼らは主に日本国内の炭鉱や工場などで働いていました。足尾鉱毒問題で有名な足尾銅山でも働いていた記録が残されています。

　朝鮮人は、外国人というより、天皇陛下の下で同じ帝国臣民として、形式上は日本人と平等でした。「内鮮一体」（大日本帝国統治下の朝鮮とその人々を差別せず、内地（日本本土とその人々）と一体化しようという意味）が当時の日本政府の立場です。この背景のもと、日本は朝鮮人らに対し創氏改名などの皇民化政策を進めました。欧米諸国との戦争が激化する 1940 年代に入ると、徴用から徴兵の対象となっていきました。

　ところが彼らは日本の敗戦後、帝国臣民として享受していた諸権利を失い、また日本人でかつ外国人という、曖昧な身分となりました（田中、2013）。1947 年の「外国人登録令」（新憲法が施行される前日の 1947 年 5 月 2 日に出された天皇陛下による最後の勅令）では、彼らは「当分ノ間、之レヲ外国人トミナス」（第11 条）と定められました。その後、日本が 1952 年に独立を果たすと、彼らは

日本国籍を失い、その身分は新たに成立した「外国人登録法」のもとで外国人となりました。

　独立後の新たな日本政府は、日本に残った韓国籍、北朝鮮国籍住民らは将来的には朝鮮半島に帰るものと考えていました (朝鮮半島では、1948 年に、大韓民国と朝鮮民主主義人民共和国が誕生しました)。そのため、各自治体では彼らを住民とみなす発想に乏しく、様々な行政サービスの対象から排除してきました (山脇、2004)。この流れに変化の兆しがあらわれたのは、70 年代から 80 年代にかけてです。国際的な人権運動と並走する形で、旧植民地出身者らの人権の回復が実現されていきました。

　しかし、いくら旧植民地出身者の地位と権利が認められようと、一部の日本人たちの間には自民族中心的な発想が根強く残っています。外村 (2014) は、朝鮮半島にルーツをもつ人々への権利や保障の拡大は、あくまでも「準日本人」としての対応にすぎないとし、日本人は彼らをそもそも日本社会の一員として認めていないのではないか、と指摘しています。

3-3　二つの対立軸と移民大国フランスの決断

　旧植民地出身者に対する日本社会の対応は、私たちと他者、つまり「日本人」と「外国人」との境界をめぐる葛藤の歴史でもありました。

　この葛藤は、二つの具体的な政策課題として立ち現れます。一つ目は、同化主義か、多文化主義かのどちらの立場を採用するか、という課題です。「同化主義」は、外からやってくる人々 (少数者) やその文化を、受け入れ国の人々 (多数者) やその文化に同化させるという考え方です。一方の「多文化主義 (マルチカルチャリズム)」は、少数者も多数者も、またそれぞれの文化も、対等に扱うというものです。

　もう一つの政策課題は、受け入れる人々を「人」として見るか、「労働力」として見るか、という課題です。もっともどんな人であれ、社会で生きるためにはお金が必要です。ですから、人であるか、労働力として見るかは、一見すると建設的な対立軸とはなり得ないように思います。しかし、政策の対象となる人や事物をどう捉えるかは、どのような根拠で、何にどれだけの予

算を配分するか、という点で極めて重要です。

　二つの対立軸から見た場合、先述した朝鮮人に対する日本帝国の方針は、同化主義を背景とした日本人への同化政策であると考えることができます。戦前においてはまた朝鮮人を「人」ではなく「労働力」として見ていたように考えられます。戦後における差別撤回を求めた旧植民地出身者たちの運動は、人としての権利や自由を獲得する戦いでした。

　この対立軸をめぐるせめぎ合いは、世界有数の移民大国であるフランスにおいても起きています。フランスは第二次大戦後の「栄光の30年」と呼ばれるフランスの復興と経済成長期において、スペインやポルトガル、マグレブ地域(中でも特にアルジェリア)などから多くの移民を受け入れました。当時のフランスでは移民は「労働力」として明確に認識されていました。しかし同国は、1973年の第一次石油危機後、国境を閉鎖し、就労目的の移民受入れの停止に踏み切ります。その理由は、国内の経済事情の他、移民たちの暮らしにおける社会的・政治的問題であったと指摘されています(宮島、2006)。

　こうした中、フランスは徐々に「選択的移民制」と呼ばれる移民受入れ体制を整えていきます。これは、質の高い移民は寛大に受入れ、非合法移民に対しては取り締まりを強化するというものです。2007年に大統領に就任したサルコジ氏による選択的移民政策は、この体制の一つの代表例でした。彼は、フランスに利益をもたらす高度人材の優先的受入れと、それ以外の外国人の流入阻止を図るため、例えば家族の帯同についてはDNA鑑定を用いて血縁者か否かを判定するなど、徹底的な法整備を行いました。彼はまた、様々な文化的背景を持つ移民らを、フランス人へと統合する社会統合政策も進めました。移民に対し「受入れ・統合契約」を義務化することで、フランス語習得、フランス社会文化の共通原則の理解、そのための市民教育講座への出席を求めました(平出、2009)。

　2017年の大統領選では、移民の受入れをさらに厳しく制限しようとするマリーヌ・ル・ペン氏(国民戦線)が立候補しました。結果は敗北しましたが、2019年5月の欧州議会選挙では与党を下し、第一党になりました。

　なお、フランスを含む欧米諸国の移民政策については、理論的かつ実証

的な研究蓄積があります。例えば、小井土編(2017)『移民受入の国際社会学
―選別メカニズムの比較分析―』、宮島・佐藤編(2019)『包摂・共生の政治か、
排除の政治か―移民・難民と向き合うヨーロッパ』などが特に参考となるで
しょう。

4　共生をめぐる課題

4-1　「三つの壁」

　上述した政策課題は、日本社会全体の大きな方向性を示す上で継続した議
論が必要です。しかし、生活に根ざしたミクロな次元――「共に生きること」
をいかに実現するか――では、外国にルーツをもつ住民らの課題を具体的に
把握することが必要です。そこで本節ではまず、彼女ら・彼らが直面してい
る課題を「三つの壁」として捉えることを試みます。その上で、そうした課
題に対する行政側の取り組み、NPOらの取り組みを概観します(4節)。

　外国にルーツをもつ住民らは、三つの壁に直面していると言われます。そ
れらは、言葉の壁、制度の壁、心の壁です。言葉の壁とは、話す・聞く・見
る・書くなどにかかわる言葉の問題です。使われている言葉が難しかったり、
わからなかったりすると、地域住民との間で十分なコミュニケーションが取
れないだけでなく、重要な情報も伝わらないことが起こり得ます。こうした
場合において求められているのは「やさしい日本語」を用いる発想です。また、
生活に必要な基本情報の多言語化も必要であるとされています。

　制度の壁とは、一人一人の可能性や夢を実現する際にも、自分自身の権利
や生命を守る際にも重要な、制度や法律に関する問題です。言葉の問題がク
リアできたとしても、ここでつまづいてしまう場合は少なくありません。日
本特有の制度や法律は難解です。例えば、年金のしくみ、税金のしくみ、保
険にかかわる手続きなどは、日本人にとっても難しいでしょう。小・中・高
等学校や大学などへの就学方法や奨学金申請についても、正しい理解と手続
きが求められます。

　最後に、心の壁とはまさに「私たち」と「外国人」を隔てる、最大の障壁と

でもいうべきもので、特に差別や偏見、先入観などを指します。制度の壁や言葉の壁は、政策による対応が可能かもしれませんが、一人一人の心の中を変えることはできません。一つの先入観や偏見が、差別的行動（例えば、ヘイトスピーチ）や暴力（例えば、ヘイトクライム）に発展することで、さらに大きな問題につながる可能性もあります。

　これら三つの壁は、理念上は区別されていても、現実社会では重なり合い、互いに影響を及ぼし合っています。以下では、法務省によってなされた外国人住民を対象とした調査と、外国にルーツをもつ子どもたちの教育状況に関する調査の二つに注目して、三つの壁について具体的に考えてみたいと思います。

4-2　「外国人住民調査」に見る暮らしの実情

　日本に住む「外国人」たちは、日本での暮らしをどのように感じているのでしょうか。暮らしの実情に迫ることで、心の壁の実態を明らかにしたいと思います。

　最初に参照するデータは、法務省が 2016 年に日本に住む外国人を対象に行った暮らしの実態調査です。この調査は、法務省の委託を受けた公益財団法人人権教育啓発推進センターが行ったもので、全国 37 市区に住む 18 歳以上の外国人を対象に実施されました。この調査で外国人とは、日本国籍は持っていないが適法に一定期間以上、日本で生活している人を指します。調査は、1 市区あたり 500 人（住民基本台帳から単純無作為抽出）の計 18,500 人に対して、14 言語に対応した自記式調査票の郵送配布、郵送回収という形で行われました。調査期間は 2016 年 11 月 14 日から 12 月 5 日までで、有効回答数は 4,252 人（回収率 23.0%）でした。

　本調査が明らかにしたことは、暮らしに関わる様々な場面において外国人住民らが何らかの不利益や差別を受けていることです。例えば、過去 5 年間に住む家を探した経験のある 2,044 人（回答者の 48.1%）のうち、「外国人であることを理由に入居を断られた」ことがある、「日本人の保証人がいないことを理由に入居を断られた」ことがある人はそれぞれ 4 割近くいることが

わかりました。また、そもそも「『外国人お断り』と書かれた物件を見たので、あきらめた」経験がある人は 3 割弱いることがわかりました。これらの結果と、日本語での会話能力との間の相関については検証が必要です。しかし、以上を経験したことのある人のうちの約 6 割は、「日本人と同程度に会話できる」、「仕事、学業に差し支えない程度に会話できる」外国人でした。この結果を踏まえると、家探しに言葉の問題が直接影響しているとは考え難いと思われます。

　過去 5 年間に求職したり、働いたりしたことがある 2,788 人（回答者の65.6%）においても問題が浮き彫りになっています。求職の場面や職場では概ね 7 割が不利益や差別の経験がないと答えていますが、例えば「外国人であることを理由に就職を断られた」（25.0%）、「同じ仕事をしているのに、賃金が日本人より低かった」（19.6%）、「外国人であることを理由に、昇進できないという不利益を受けた」（17.1%）などの結果が明らかになっています。以上のように答えた外国人の多くも日本語にほとんど不自由を感じていない人々でした。

　調査はまた、過去 5 年間の間に、外国人であることを理由に侮辱されるなど差別的な経験をしたことがある外国人が約 3 割いることを明らかにしています。誰から言われたか、という質問については、見知らぬ人が半数以上で676 人（53.3%）、続いて職場の上司や同僚・部下、取引先が 482 人（38.0%）、近隣の住民が 245 人（19.3%）、店・レストランの従業員が 201 人（15.8%）などでした。一方、差別などを受けたときの相談に関しては、どこかに相談したことがあるが 483 人（11.4%）、ないが 1,289 人（30.3%）でした（差別など受けたことがないは 2,284 人で 53.7%）。全国の法務局・地方法務局にて、人権に関する相談を行っていることを「知らない」と答えた人は 3,637 人（85.2%）いることもわかりました。

4-3　見えにくい子どもたちの様子

　さて、法務省による調査は 18 歳以上のいわば成人を対象としたものでしたが、成人に満たない子どもたちの実情・実態はいかなるものなのでしょう

234

か。次に、外国籍の子どもたちに焦点を絞って考えてみたいと思います。

2018年6月に文部科学省から公表された「日本語指導が必要な児童生徒の受入状況等に関する調査（平成28年度）」によると、日本語指導が必要な児童生徒は、2016年の時点で公立学校に通う外国籍の児童生徒数80,119人のうち、約4割に上る34,335人いることが示されています。**図12-3**は、文部科学省の「学校基本調査」から作成されたグラフです。これによると、平成18年度から平成28年度までの10年間では、日本語指導が必要な児童生徒数は約1.5倍増えていることが読み取れます。この傾向は今後も続くものと思われます。

外国籍児童生徒が直面しているのは言葉の問題だけではありません。日本の学校と外国籍児童生徒が母国で通っていた学校とでは、様々な違いがあります。NPO法人「Jコミュニケーション」によれば、学校制度一つを見ても、日本とブラジルとペルー、フィリピンなどの国では制度が異なります（**表12-2**参照）。例えば、落第がないのは日本のみで、その他の国では当たり前のように落第があります。給食の有無や授業参観の有無まで異なります。日

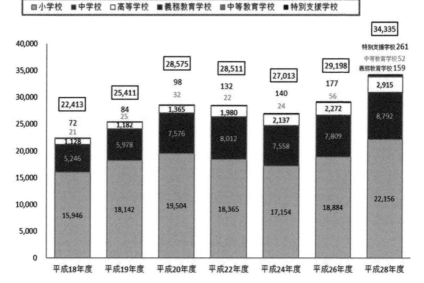

図12-3　日本語指導が必要な外国籍の児童生徒数

出典：文部科学省「日本語指導が必要な児童生徒の受入状況等に関する調査（平成28年度）」5頁より。

本の「当たり前」が、当たり前とならない状況があるのです。

　「家庭訪問」を例に、さらに具体的に考えてみましょう。日本では当たり前のように行われていますが、例えばブラジルで教師が家庭を訪問するときは、子どもが問題を起こしたときです。しかし日本では、問題がなくても、家庭訪問が行われています。そのため、ブラジル人家庭側からすると「問題がないのに、なぜ家にやってくるのかしら」と疑問に感じてしまうかもしれません。Jコミュニケーションは、こうした違いに対する「小さな気づき」を持つだけで、日本の制度について親にしっかりと説明する機会が生まれるので、違いに対する誤解が少なくなると指摘しています。

　統計やデータから見えにくい児童・生徒たちの存在も指摘しておきましょう。一つには、不就学の児童生徒たちです。先に取り上げた文部科学省による「学校基本調査」はあくまでも日本の公教育に通う児童生徒を対象としたものなので、不就学者等は含まれていません。また日本には、様々な歴史と特徴を持つ外国人学校がありますが、それらは日本の正式な教育機関として

表12-2　学校制度・学校生活の比較

国	学校制度[※1] 小・中・高	落第	学校年度	授業時間	部活動	運動会	給食	長期休業	授業参観	家庭訪問
日本	[6・3]・3	無	4月-3月	全日制	有	有	有	宿題有	有	有
ブラジル	[9][※2]・3	有	2月-12月	半日制	N/A	無	有	宿題・登校日無	無	無
ペルー	[6・5][※2]	有	4月-3月	半日制	N/A	有	無	N/A	無	無
フィリピン	[6・6][※2]	有	6月-3月	半日制	無	スポーツ大会	N/A	N/A	有/無	有/無
ベトナム	[5・4]・3	有	9月-5月	半日制	有	自由参加	有[※3]	宿題有/無[※4]	有	N/A
中国	[6・3]・3	有	9月-7月	全日制	無	有	有	N/A	無	無
韓国	[6・3]・3	有	3月-2月	全日制	有	有	有	宿題有	有	N/A

出典：特定非営利活動法人Jコミュニケーション（2015）『図解 外国につながりのある子どもたちの教育支援実践ガイダンス―小さな気づきからはじまります―』15・16頁の表などをもとに著者作成。
※1：[ ]部分は義務教育を表す。
※2：2区分は、初等学校に小学校、中学校を含む場合か、中等学校に中学校、高校を含む場合。
※3：小学校は学校食堂にて有。
※4：出すことも出さないこともある。

認められていないため、そこで学ぶ児童・生徒たちの数も含まれていません。彼女ら・彼らはまた、正式な日本の学校に通学しているわけではないため、助成などの対象ともなっていません。

1989年に国際連合総会で採択された「子どもの権利条約」は、子ども（18歳未満のすべての者）は人種や皮膚の色はもとより、宗教や政治的意見、社会的出身、出生といったあらゆる地位にかかわらず差別されてはいけないこと（第2条）を定めています。さらに、締約国は子どもたちの持つ教育を受ける権利を機会の平等を基礎として達成することが求められています（第28条）。日本はこの条約を1994年に批准しました。日本が守らなければいけないのは「日本国籍の子ども」だけではなく、日本で暮らす全ての子どもたちと言えるのではないでしょうか（荒牧他、2017; 大嶋、2019）。

5　共生へ向けた取り組み

5-1　中央省庁による取り組み

2019年4月から、新たな在留資格制度に基づく外国人材の受け入れが始まりましたが、日本政府はこれに対してどのような視点や観点から対策を講じようとしているのでしょうか。まずは2018年12月に閣議決定された「外国人材の受入れ・共生のための総合的対応策」を概観することにしましょう。幾つかの特徴が読み取れます。

まず、日本人と外国人の「声」を聴くことの大切さが施策の第1点目に挙げられていることが特徴として挙げられます。日本社会が外国人材との共生を実現するためには、日本人と外国人双方の意見に耳を傾ける必要性があります。そのため政府は「『国民の声』を聴く会議」や外国人住民に対する調査などを活用し、共生にかかわる実情や課題を的確に把握することに努めています。また、これと同時に、啓発活動を行うことで日本人の意識改善を行う必要性が指摘されていることも重要なポイントの一つと言えるでしょう。

次に、「生活者としての外国人」に支援するという姿勢です。もっともこれは、2006年以降、総務省が打ち出してきたものではありましたが、2018

年の閣議ではこの姿勢が明確な形で支援の中心に据えられた印象です。外国人を「生活者」として捉えることは、「労働者」として捉えることと異なります。彼らは単に働く人ではなく、日本社会に住み、生活する人です。ゆえに、掲げられた支援内容は「暮らしやすい地域社会づくり」「生活サービス環境の改善等」「円滑なコミュニケーションの実現」「外国人児童生徒の教育等の充実」「留学生の職業等の支援」など、生活に密着したものとなっています。

　最後に、生活者としての支援のみならず、外国人材の適正で円滑な受入れ促進と管理体制の構築が図られていることです。働くことは、生活費を得るにも、家族を養うにも、自分の夢を実現するためにも必要です。そのための施策として政府では、悪質な仲介業者等を排除することや、海外における日本語教育基盤の充実に取り組んでいます。また在留資格手続きの円滑化・迅速化を図ると共に、不法滞在者等への対策を強化する考えです。

　以上のような外国人の受入れ・共生に関する閣議決定をもとに、関係省庁では様々な取り組みや対策が行われています。もちろん、先の閣議決定以前にも各省庁での取り組みはなされてきましたが、省庁横断的で総合的な取り組みが始まるという点で、2019 年は新しい時代の幕開けと言えるかもしれません。

　もっとも早く外国人と地域における多文化共生政策を推進してきた総務省は、2006 年に「地域における多文化共生推進プラン」を策定し、次いで外国人労働者問題関係省庁連絡会議「『生活者としての外国人』に関する総合的対応策」をまとめました。2017 年には『多文化共生事例集 2017―共に拓く地域の未来』という膨大な実践事例集の作成を行いました。現在は「多文化共生にかかる優良な取組の共有手段」のあり方や JET プログラムの一層の活用に向けた検討を開始しています。

　他の関連省庁においても、それぞれの管轄分野・部門にて様々な取り組みがなされています。文部科学省は、外国人児童生徒等への教育の充実や、地域日本語教育の総合的な体制づくり推進事業の他、日本語教育機関の質の改善に向けた取り組みや、外国人留学生の国内就職支援などを行っています。厚生労働省は、定住外国人に対する就労支援や外国人就労・定着支援研修事

業などを行っています。文化庁は、日本語教室空白地域解消推進事業などの他、日本語教育の人材養成及び現職者研修カリキュラムの開発事業などを行っています。

　これら日本政府による様々な施策は、統一・統合性の観点から、あるいは策定の意思決定プロセスや予算配分にわたるまで、批判と検討の的となることが多いように見受けられます。しかし、入管法改正をもとに各省庁がそれぞれの方針を具体的に打ち出し始めたことについては、一定の評価を与えるべきではないでしょうか。とりわけ「制度の壁」に対しては、少しずつ風穴があいてきたように思われます。

　他のもう二つの壁——言葉と心——に対しては、必要とされる人々に寄り添った、きめ細やかな対策や施策が求められます。そこでは、地方自治体や関連 NPO 等の役割が期待されています（毛受、2016）。

5-2　地方自治体による取り組み（1）——愛知県・ライフサイクルに応じた支援

　東京に次いで、外国人の対日本人比率の高い愛知県（2018 年のデータでは外国人総数 251,623 人、対日本人比率 3.12%）では、外国籍住民たちのライフサイクルに応じた継続的な支援を含む「あいち多文化共生推進プラン 2022—あいちの多文化共生をデザインする—」を策定しました。このプランは、第 1 次（2008年 3 月策定）から第 2 次（2013 年 3 月策定）、第 3 次（2018 年 3 月）までは、その基本目標を「多文化共生社会の形成による豊かで活力ある地域づくり」としてきました。最新の計画ではその具体的な施策目標を「ライフサイクルに応じた継続的な支援」「互いに支え合う共生関係づくり」「外国人県民とともに暮らす地域への支援」と定めました。愛知県によると、これらは順に「支援のつながり」「人と人とのつながり」「地域とのつながり」の構築を目指すものとなっているようです。

　三つの施策目標の中でも、本項では「ライフサイクルに応じた継続的な支援」に着目します。外国人に対する支援策は多くの場合、年代別や分野別（教育、就労など）に分けて考えることが一般的です。しかし愛知県の計画では、乳幼児期から老年期までの人生の各ステージに沿った継続的な施策が提起さ

れていることに大きな特徴と意義があると思われます。

　図 12-4 は推進プランから抜粋したものです。継続的な支援内容が、各ステージで整理されていることが読み取れるでしょう。たとえば、乳幼児期（概ね 5 歳まで）では、多文化子育てサロンの設置といった支援の充実が図られ、子ども期（概ね 6 歳から 14 歳）と青年期（概ね 15 歳から 20 代前半）ではプレスクールの設置や不就学児童生徒への対応、学齢超過への対応といった教育の充実が図られていることがわかります。成人期（概ね 20 代後半から 64 歳）、老年期（概ね 65 歳以上）では、たとえば結婚・家族形成への支援や、終活への対応などの支援内容が検討されています。

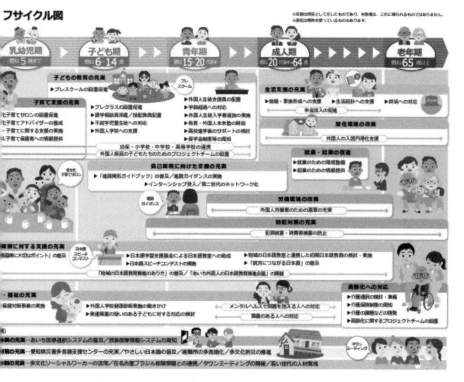

図12-4　「ライフサイクルに応じた継続的な支援」策の全体像（愛知県）

出典：「あいち多文化共生推進プラン 2022—あいちの多文化共生をデザインする」より。

5-3　地方自治体による取り組み (2) ── 群馬県・「多文化共生推進士」の育成

　国内有数の外国人住民数を誇る群馬県 (2018 年のデータでは外国人総数 56,597 人、対日本人比率 2.9%) にもユニークな実践があります。それは群馬県と群馬大学がパートナーシップを結び、多文化共生社会を地域レベルで実現するためのリーダーを育成する事業です。このリーダーが「多文化共生推進士」です。群馬大学による 3 年間の専門課程を修了した者に対し、県が推進士として認定します。事業期間中 (2010 年〜 2016 年) に、19 名の推進士が誕生しました。

　推進士それぞれの専門分野は多岐にわたっており、ざっと挙げるだけでも「運輸倉庫業における外国人受入れ」「災害時等における外国人支援」「防犯指導」「国際交流」「日本語指導」「留学生向けシェアハウスの運営」「情報提供ツール開発」「ライフプランニング支援」「介護」「外国人児童の教育支援」など様々です。

　推進士らはまた 2015 年に NPO 法人多文化共生ぐんまを設立し、群馬県との協力・連携のもと継続的かつ発展的な多文化共生事業を行っています。毎年 3 件から 5 件の活動を行っている同団体ですが、2018 年度は「みんなでつくる多文化の集い〜外国人住民が安心して暮らせる情報提供と情報発信する場〜」「外国人住民の人権について〜身近な外国人住民との関わり方を考える〜」「群馬県在住外国人と連携、地域観光商品を世界へ売り込む！〜グローバルビジネス台湾編〜」「外国にルーツを持つ児童のキャリア教育を考えるための実態調査〜散在地域の児童・ブラジル人学校の児童・日本人の児童〜」といった実践がなされました。推進士によるこれらの取り組みは、イ) 推進士らがそれぞれの専門分野から、地域の多文化共生社会づくりに向けた課題を発見し、その解決策を提示している点、そしてこれらの試みを、ロ) 群馬県からの協力・支援のもと継続して行っている点、ハ) 推進士らを中心としつつも、各事業には群馬県内の国公立・私立大学の教員・学生らや、地域企業・産業、地域自治体関係者ら、地域 NPO・NGO らが積極的に参画している点、で特徴的です。これは、大学発の推進士ユニットが中心となった、産官学民による多文化共生社会づくりの実践であると言えます。

5-4　地域 NPO による取り組み──外国人が教える日本語教室

　群馬県からもう一つ、ユニークな試みを紹介しましょう。それは「外国人が教える日本語教室」の実践です。外国人に日本語を教えることができるのは、日本人だけではありません。本事業を行う NPO の代表者である本堂は「外国人が外国人に教えるのであれば、勘所をおさえた効果的な指導ができる」と指摘します。この事業の中長期的な狙いは、この活動に参加する当人たちが一つの連結点となり、地域と外国人をつなぐ存在(コミュニティー・コーディネーター)へと成長することのようです。

　多文化共生社会の段階(**図 12-5**)をイメージしてみると、現在の日本はまだ「日本人から外国人に働きかけ」る段階であると言えるかもしれません。日本語を教えることができる外国人が増えるということは、まさにこの第 2 段階「外国人が地域の外国人を支援」するステージにあると言えそうです。最後は、外国人から日本人に働きかけが起きる段階です。私たちはよく、外国人と日本人が互いに支え合う社会、という言い方で多文化共生社会の理想を語りますが、その内実とは、外国人と日本人の関係が多様に発展しつつ、それが重複することで築かれていく社会、と言えるのではないでしょうか。

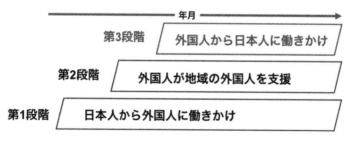

図12-5　多文化共生社会における三つの段階

出典：本堂晴生 (2019)「おわりに」西舘崇・大嶋果織・本堂晴生著『群馬で学ぶ多文化共生』上毛新聞社、68-69 頁より。

6 おわりに

　本章ではこれまで、様々なデータやアンケート調査などを参考にしながら、外国籍住民（より広くは外国にルーツをもつ人々）の暮らしの実情を浮き彫りにすることを試み、また彼女ら・彼らが抱える課題（三つの壁）をいかに解決するかという観点から、中央省庁と地方自治体、NPOによる取り組みの一部を紹介しながら、今後のあるべき社会像について考えてきました。

　さて、本章での記述を客観的に眺めてみると、本章は現在起きていることを網羅的に捉えようとしている一方、現状や様々な活動を単に整理して書いているだけではないか、と思う読者もいるかもしれません。それもそのはず、本章では今起きていることを、まずはできるだけわかりやすく、かつ総合的に捉えることを意識して書いてきました。

　この先に進みたいと考える読者には「理論」が必要です。現場で起こっていることや日本社会が経験してきたことに対して理論的な説明を与えること、さらには理論を持って現場を訪れ、理論の盲点と限界を突きながら、それを更新することが求められるでしょう。理論と現場を健全に行き来する中で、はじめて将来のあるべき具体像が見えてくるのではないかと思います。本書のテーマに関連して、著者にそのことを教えてくれたのは、小井土・上林(2018)や梶田・丹野・樋口(2005)、梶田・伊豫谷(1992)といった先駆者たちの研究でした。

　特に、梶田・丹野・樋口(2005)『顔の見えない定住化・日系ブラジル人と国家・市場・移民ネットワーク』には、二つの点でギクリとしました。一つは、外国人の受け入れに関して、現在の日本社会が混沌として見えるのは、イ）政策立案過程や現場が混乱・錯綜しているだけでなく、ロ）そもそも日本の実情を捉える理論がなかったからではないか、と気付かされたからです。このロ）に対し、真正面から取り組んだ梶田らの貢献は非常に大きいと思われます。

　二つには、タイトルにある「顔の見えない定住化」が、本書の出版から15年後の現在も、進行中であると思われるからです。梶田らはこの「定住化」

を「外国人労働者がそこに存在しつつも、社会生活を欠いているがゆえに地域社会から認知されない存在になること」と定義しています。この状況は、本章の冒頭に挙げた谷崎の指摘（足のない幽霊に美意識を感じる日本人）が今でも当てはまるのなら、深刻です。日本社会は、外国人労働者が仮に社会的な生活を送れるようになったとしても、彼らを意図的に認識しない可能性があるからです。そこにあるのは、外国人と共に生きる社会ではなく、日本人にとって居心地の良い「外国人と共に生きる社会」です。こんな発想が多くの日本人の心の中に、潜在的に渦巻いているとしたらどうでしょう。これを変えるには何が必要でしょうか。梶田らの理論とそこから導き出された諸提言を手がかりとしながら、現在の状況を改めて検討・考察することが求められていると思います。

引用参考文献

第1章

ウィトゲンシュタイン・L『哲学探究』丘沢静也訳・野家啓一解説、岩波書店、2013年

ウィトゲンシュタイン・L『確実性の問題』黒田亘訳『ウィトゲンシュタイン全集7』大修館書店、1975年

ウィンチ・P『社会科学の理念―ウィトゲンシュタイン哲学と社会研究』 森川規雄訳、新曜社、1977年

ケインズ・J. M.『雇用・利子および貨幣の一般理論』間宮陽介訳、岩波書店、2008年

小林秀雄『コモンセンスについて』筑摩書房、1966年

John Coates. 1996. *The claims of common sense-Moore, Wittgenstein, Keynes and the social sciences*, Cambridge University Press.

滝浦静雄『ウィトゲンシュテイン』岩波書店、1983年

デューイ・J『世界の名著　パース、ジェイムズ、デューイ』魚津郁夫訳、中央公論社、1968年

西部邁『ケインズ』岩波書店、1983年

西部邁『剥がされた仮面―東大駒場騒動記』文藝春秋、1988年

平山朝治「複雑性と言語ゲーム ―― 社会科学の当たり前パラダイム」『増補　社会科学を超えて ―― 超歴史的比較と総合の試み』中央経済社、2009年

メラニー・ミッチェル『ガイドツアー複雑系の世界 ―― サンタフェ研究所の講義ノートから』高橋洋訳、紀伊国屋書店、2011年

第2章

柴田寿子『スピノザの政治思想―デモクラシーのもう一つ可能性』未来社、2000年

バーリン・A『自由論』みすず書房、1971年

ハイエク・F『科学による反革命―理性の濫用』佐藤茂行訳、木鐸社、1979年

ハイエク・F『市場・知識・自由―自由主義の経済思想』ミルネヴァ書房、1986年

半澤孝麿『ヨーロッパ思想史の中の自由』創文社、2006年

第3章

"Reward work, not wealth"（www.oxfam.org　2018年1月28日閲覧）

岩井克人『ベニスの商人の資本論』筑摩書房、1992年

鬼塚雄丞・岩田一政・柳田辰雄『経済学入門』東京大学出版会、1990年
佐伯啓思『国家についての考察』飛鳥社、2001年
村上泰亮『反古典の政治経済学要項』中央公論社、1994年

第4章

Allison, G. 2017. *Destined for War: Can America and China Escape Thucydides's Trap?* Boston, MA: Houghton Mifflin Harcourt.

Boulding, K. 1962. *Conflict and defense: a general theory.* New York: Harper & Brothers.

Copeland, D. 2014. *Economic Interdependence and War.* Princeton: Princeton University Press.

Domke, W. 1988. *War and the Changing Global System.* London: Yale University Press.

Doyle, M. 1983. "Kant, Liberal Legacies, and Foreign Affairs." *Philosophy and Public Affairs* 12 (3): 205-235.

Gartzke, E., Li, Q., & Boehmer, C. 2001. "Investing in the peace: Economic interdependence and international conflict." *International Organization* 55: 391-438.

Gilpin, R. 1987. *The political economy of international relations.* Princeton, NJ: Princeton University Press.

Hirschman, A. 1977. *The passions and the interests: Political arguments for capitalism before its triumph.* Princeton, NJ: Princeton University Press.

Keohane, R. & Nye, J. 1977. *Peace and Interdependence: World Politics in Transition.* Boston, MA: Little Brown and Company.

Luce, D. & Raiffa, H. 1957. *Games and Decisions: Introduction and Critical Survey.* New York, NY: Wiley.

Polachek, S. 1980. "Conflict and trade." *Journal of Conflict Resolution* 24: 55-78.

Rosecrance, R. 1986. *The rise of the trading state: Commerce and conquest in the modern world.* New York: Free Press.

Russett, B. 1993. *Grasping the Democratic Peace: Principle for a Post-Cold War World.* Princeton, NJ: Princeton University Press.

Russett, B., and Oneal, J. 2001. *Triangulating peace: Democracy, interdependence, and international organizations.* New York: Norton.

Sekiyama, T. 2019. "An Outlook for the US-China Trade War: What makes the two economically interdependent superpowers confront each other?" *Security Studies* 1(1): 38-49.

———. 2017. Economic Interdependence Not Encourage Collaboration? Thinking Japan-China Relations from an Economic Perspective. Discussion paper, Society of Security and Diplomatic Policy Studies, August 2017.

———. 2014. *Coordination and Compromise: Regimes Where Countries Agree in General but Disagree in Details.* Lambert Academic Publishing.

———. 2013. "Thinking the Tokyo-Washington-Beijing Triangle from an Economic Perspective." *Japan Perspective* 5: 21-36.

Stein, A. 1993. Governments, economic interdependence, and international cooperation. In *Behavior, society, and nuclear war*, vol. 3, edited by Tetlock, P. E., et al. New York: Oxford University Press.

Viner, J. 1951. *International economics.* Glencoe, IL: Free Press.

Waltz, K. 1970. The myth of national interdependence. In *The international corporation*, edited by Kindleberger, C. Cambridge, MA: MIT Press.

第 5 章

Alford Roger P. 2011. "The Self-Judging WTO Security Exception" Notre Dame Law School.

小寺彰『WTO 体制の法構造』東京大学出版会、2000 年

柳田辰雄『国際政治経済システム学』東信堂、2008 年

柳田辰雄編著『揺らぐ国際システムの中の国家』東信堂、2018 年

第 6 章

絵所秀紀『開発の政治経済学』日本評論社、1997 年

高木保興編著『国際協力学』東京大学出版会、2004 年

第 7 章

Berkowitz, D., Pistor, K. & Moenius, J. 2004. "Legal Institutions and International Trade Flows." *Michigan Journal of International Law* 163: 166-168.

Hardin, G. 1968. "The Tragedy of the Commons." *Science* 162 (3859): 1243-1248.

North, D. C. 1990. *Institutions, Institutional Change and Economic Performance.* Cambridge: Cambridge University Press.

Raz, J. 1980. *The Concept of a Legal System: An Introduction to the Theory of a Legal System.* New York: Oxford University Press.

Sen, A. 1999. *Development as freedom.* Oxford: Oxford University Press.

Skidelsky, R. & Skidelsky, E. 2012. *How Much is Enough? Money and the Good Life.* New York: Other Press LLC.

Trebilcock, M. J. & Prado, M. M. 2014. *Advanced Introduction to Law and Development.* Cheltenham: Edward Elgar.

第 8 章

アビジット・V・バナジー、エステル・デュフロ『貧乏人の経済学―もういちど貧困問題を根っこから考える―』山形浩生訳、みすず書房、2012 年

Abhijit Banerjee, Esther Duflo, Rachel Glennerster, and Cynthia Kinnan. 2015. "The Miracle of Microfinance? Evidence from a Randomized Evaluation." *American Economic Journal:*

Applied Economics 7(1): 22-53.

Bank of England. 2017. *A blueprint for a new RTGS service for the United Kingdom.* 2017 (https://www.bankofengland.co.uk/-/media/boe/files/payments/a-blueprint-for-a-new-rtgs-service-for-the-uk.pdf?la=en&hash=56424C6BC6D9E056F05476A96B-482D4779377E45, 2019 年 1 月 4 日閲覧)

Jonathan Bauchet and Jonathan Morduch. 2013. "Is Micro too Small? Microcredit vs. SME Finance." *World Development* 43: 288-297.

CGAP (Consultative Group to Assist the Poor) (http://www.cgap.org/topics/financial-inclusion, 2018 年 8 月 16 日閲覧)

Robert Cull, Asli Demirgüç-Kunt, and Jonathan Morduch eds. 2013. *Banking the World: Empirical Foundations of Financial Inclusion.* Massachusetts: The MIT Press.

布田朝子『ミャンマー農村とマイクロファイナンス―貧困層により添う金融プロジェクト―』風響社、2010 年

Dean Karlan. 2014. "The Next Stage of Financial Inclusion." *Stanford SOCIAL INNOVATION Review,* Fall (https://ssir.org/articles/entry/the_next_stage_of_financial_inclusion, 2018 年 8 月 27 日閲覧)

ディーン・カーラン、ジェイコブ・アペル『善意で貧困はなくせるのか？―貧乏人の行動経済学』みすず書房、2013 年

Dean Karlan and Jonathan Morduch. 2009. "Chapter 2: Access to Finance" in Dani Rodrik and Mark Rosenzweig, eds., *Handbook of Development Economics,* Volume 5.

Dean Karlan, Beniamino Savonitto, Bram Thuysbaert, and Christopher Udry. 2017. "Impact of savings groups on the lives of the poor." *Proceedings of the National Academy of Sciences* 7: 20161152.

ジョナサン・モーダック、スチュアート・ラザフォード、ダリル・コリンズ、オーランダ・ラトフェン『最底辺のポートフォリオ―1 日 2 ドルで暮らすということ―』野上裕生監修・大川修二訳、みすず書房、2011 年

日本銀行金融研究所『わが国の金融制度』、1986 年

Christopher Udry. 1990. "Credit Markets in Northern Nigeria: Credit as Insurance in a Rural Economy." *The World Bank Economic Review* 4 (3): 251-269.

United Nations, Economic and Social Council, Report of the Secretary-General, "Progress towards the Sustainable Development Goals." May 2017. (http://www.un.org/ga/search/view_doc.asp?symbol=E/2017/66&Lang=E, 2018 年 8 月 14 日閲覧)

the World Bank. *World Development Report 2016: Digital Dividend.* 2016

the World Bank (https://www.worldbank.org/en/topic/financialinclusion, 2018 年 8 月 21 日閲覧)

World Health Organization (WHO) (http://www.who.int/universal_health_coverage/en/, 2018 年 8 月 24 日閲覧)

第9章

UNFCC. The Paris Agreement（https://unfccc.int/process-and...paris.../what-is-the-paris-agreement, 閲覧日）

IPCC. 2014. *Climate Change 2014: Mitigation of Climate Change: Contribution of Working Group III to the IPCC Fifth Assessment Report.* Cambridge: Cambridge University Press.

FAO. 2015. Global Forest Resources Assessment 2015: Desk reference. Rome: Food and Agriculture Organization of the United Nations.

第10章

CBD. 2002. Bonn Guidelines on Access to Genetic Resources and Fair and Equitable Sharing of the Benefits Arising out of their Utilization. CBD.

Dhakal A., Ooba M., Hayashi K. 2014. Assessing Impacts of Forest Conversion on Terrestrial Vertebrates Combining Forestry Cost with HSI and InVEST: Case of Toyota City, Japan, International Journal of Biodiversity Science, Ecosystem Services & Management. Vol.10, 3: 198-225.

環境省生物多様性及び生態系サービスの総合評価に関する検討会（2016）生物多様性及び生態系サービスの総合評価報告書. （環境省, http://www.env.go.jp/nature/biodic/jbo2.html, 2020 年 7 月 9 日閲覧）

環境省生物多様性総合評価検討委員会（2010）生物多様性総合評価報告書. （環境省, http://www.biodic.go.jp/biodiversity/activity/policy/jbo/jbo/index.html, 2020 年 7 月 9 日閲覧）

環境省総合環境政策局環境影響評価課（2014）「日本の環境影響評価における生物多様性オフセットの実施に向けて（案）」（環境省, http://www.env.go.jp/policy/assess/4-1report/file/h26_01-09.pdf）

環境省（2011）平成 24 年版環境・循環型社会・生物多様性白書. （http://www.env.go.jp/policy/hakusyo/h24/pdf.html, 2020 年 7 月 9 日閲覧）

林希一郎・Philip Gibbons「生物多様性オフセットとバンキング」町村尚・惣田訓・露崎史朗・西田修三・大場真・岸本亨・齊藤修・吉田謙太郎・林希一郎・Philip Gibbons・松井孝典『工学生のための基礎生態学』理工図書、2017 年、139-147 頁

国際協力機構（JICA）「国際協力機構環境社会配慮ガイドライン」国際協力機構、2010 年、36 頁

MA（Millennium Ecosystem Assessment）. 2005. *Ecosystems and human well-being: synthesis.* a report of the millennium ecosystem assessment. Washington D.C.: Island Press.

Millennium Ecosystem Assessment 編『国連ミレニアムエコシステム評価　生態系サービスと人類の将来』横浜国立大学 21 世紀 COE 翻訳委員会監訳、オーム社、2007 年

Madsen, B., Nathaniel C., Daniel K. and Genevieve B. 2011. Update: State of Biodiversity Markets. Washington, DC: Forest Trends (https://www.forest-trends.org/publications/2011-update-state-of-biodiversity-markets/, 2020 年 7 月 9 日閲覧)

Ooba, M., Fujii, M and Hayashi, K. 2016. "Geospatial Distribution of Ecosystem Services and Biomass Energy Potential in Eastern Japan." *Journal of Cleaner Production*. 130: 35-44.

Tallis, H. and Polasky, S. 2009. "Mapping and valuing ecosystem services as an approach for conservation and natural-resource management." *Annals of the New York Academy of Sciences* 1162: 265-283. doi:10.1111/j.1749-6632.2009.04152.x.

Villa, F., Bagstad, K.J., Voigt, B., Johnson, G.W., Portela, R., Honza, K, M. and Batker, D. 2014. "Amethodology for adaptable and robust ecosystem services assessment." *PLOS ONE* 9(3), e91001. doi:10.1371/journal.pone.0091001.

.

第 11 章

Mufti Muhammad Taqi Usmani. 1991. "An Introduction to Islamic Finance".

Bank Negara Malaysia. 2018. "Islamic Finance in Asia:Reaching New Height".

加納啓良『インドネシア繚乱』文藝春秋社、2001 年

柳田辰雄「学融合の対象としてのインドネシア―持続可能な社会開発戦略への提言をめざして」『国際環境協力』東京大学大学院新領域創成科学研究科環境学専攻国際協力大講座刊、2002 年度版

第 12 章

愛知県県民生活部社会活動推進課多文化共生推進室「あいち多文化共生推進プラン 2022―あいちの多文化共生をデザインする―」県民生活部社会活動推進課多文化共生推進室、2018 年

荒牧重人・江原裕美・志水宏吉・他編著『外国人の子ども白書：権利・貧困・教育・文化・国籍と共生の視点から』明石書店、2017 年

移民政策学会設立 10 周年記念論集刊行委員会編『移民政策のフロンティア―日本の歩みと課題を問い直す』明石書店、2018 年

大嶋果織「『異なること』はなぜ良いの？」西舘崇・大嶋果織・本堂晴生著『群馬で学ぶ多文化共生』上毛新聞社、2019 年、13-23 頁

外国人住民基本法の制定を求める全国キリスト教連絡協議会（外キ協）・日本キリスト教協議会在日外国人の人権委員会・マイノリティ宣教センター編『からふるな仲間たち I―外国にルーツを持つ人々とともに』マイノリティ宣教センター、2018 年

梶田孝道・伊豫谷登士翁編『外国人労働者論―現状から理論へ』弘文堂、1992 年

梶田孝道・丹野清人・樋口直人『顔の見えない定住化―日系ブラジル人と国家・市場・移民ネットワーク』名古屋大学出版会、2005 年

クリスティヴァ『外国人―我らの内なるもの』池田和子訳、法政大学出版局、1990 年

小井土彰広編『移民受入の国際社会学―選別メカニズムの比較分析』名古屋大学出版会、2017 年

小井土彰広・上林千恵子「特集『日本社会と国際移民―受け入れ論争 30 年後の現実』によせて」『社会学評論』68 (4)、2018 年、468-478 頁

公益財団法人人権教育啓発推進センター『外国人住民調査報告書―訂正版―』(平成 28 年度 法務省委託調査研究事業) 公益財団法人人権教育啓発推進センター、2017 年

出入国在留管理庁「新たな外国人材の受入れ及び共生社会実現に向けた取組」、2019 年

外村大「日本人は『在日朝鮮人問題』をどう考えてきたか？」『European Studies』Vol.14、2014 年、55-59 頁

田中宏『在日外国人 第三版―法の壁、心の溝』岩波書店、2013 年

特定非営利活動法人 J コミュニケーション『図解 外国につながりのある子どもたちの教育支援実践ガイダンス―小さな気づきからはじまります―』特定非営利活動法人 J コミュニケーション、2015 年

内閣府「経済財政運営と改革の基本方針 2018―少子高齢化の克服による持続的な成長経路の実現―」、2018 年

平出重保「フランスの移民政策の現状と課題」『立法と調査』No.293、2009 年、3-11 頁

本堂晴生「おわりに」西舘崇・大嶋果織・本堂晴生編著『群馬で学ぶ多文化共生』上毛新聞社、2019 年、68-69 頁

宮島喬『移民社会フランスの危機』岩波書店、2006 年

宮島喬・佐藤成基編『包摂・共生の政治か、排除の政治か―移民・難民と向き合うヨーロッパ』明石書店、2019 年

毛受敏浩編『自治体がひらく日本の移民政策―人口減少時代の多文化共生への挑戦』明石書店、2016 年

毛受敏浩・鈴木江理子編著『「多文化パワー」社会―多文化共生を超えて』明石書店、2009 年

森田芳夫『数字が語る在日韓国・朝鮮人の歴史』明石書店、1996 年

文部科学省「日本語指導が必要な児童生徒の受入状況等に関する調査 (平成 28 年度)」、2017 年

山脇啓造「現代日本における地方自治体の外国人施策―人権・国際化・多文化共生」内海愛子・山脇啓造編『歴史の壁を超えて―和解と共生の平和学』法律文化社、2004 年

あとがきにかえて

柳田辰雄

　東京大学大学院新領域創成科学研究科の国際協力学専攻は、2006 年 4 月の組織変更によって設立され、以前は国際環境基盤学大講座と称していました。国際環境基盤学大講座は、学融合を基本理念とし、工学系、農学系および社会科学系の教員で構成することになっていました。その社会科学系の理念・カリキュラムの作成及び人事の責任者（アカデミックプランナー）が、故鬼塚雄丞教授でした。鬼塚先生は、いわゆる駒場騒動で東京大学を辞職された西部 邁教授から学融合による教育・研究の方針を受け継がれ、その確立のために尽力されました。

　学融合（transdisciplinary）を社会科学の超越科学として、1978 年に著作において紹介されたのは西部 邁東大教養学部助教授でした。そして、1983 年には、この東大教養学部を礎として大学院総合文化研究科が設立されています。この学融合（transdisciplinary）という社会科学方法論は、当時の教養学部の社会科学科で提唱されていた法学、政治学、経済学および社会学分野の学際的（interdisciplinary）な方法論を超えて、類似の社会科学的な方法論により社会全体の動きを捉えられない限り、社会科学の社会における存在意義は限定的なものになるという着想によるものでした。

　このように西部 邁先生や鬼塚雄丞先生が、学融合 transdisciplinary な研究に辿り着かれたのは 1960 年の安保闘争における社会思想の実践とその挫折があると私は考えます。1960 年の安保闘争の当時、西部 邁氏は東京大学教養学部の自治会委員長で全日本学生自治会総連合の副委員長であり、鬼塚雄丞氏は東京都学生自治会連合の委員長でした。ちなみに、大学で同僚には、後に「比較制度分析」を提唱された青木昌彦氏がおられます。

　日本は第二次世界大戦に敗北し、アメリカとソビエト連邦の冷戦が勃発していた最中に、日米安全保障条約を 1952 年 4 月に発効させましたが、この条約を日米対等の立場に立つものに改定することがその後の政府の政治的な課題となりました。

　岸内閣は 1954 年に成立し、アイゼンハワーアメリカ大統領との会談により、「安保条約を両国の国民の必要および願望に適合するように調整する」旨の共同コミュニケを発表しました。

　全日本学生自治会総連合は、当初、安保改定阻止国民会議のもとで統一的な行動を取っており、1958 年年末に開催した第 13 回全国大会において、伝えられていた条約の改定の動きに対し反対の態度を明らかにしていました。1960 年年頭に、当時の岸信介首相が、改定した新安保条約に調印しました。血気盛んな学生活動家達は、反権力的な志向や行動力により、国民会議の比較的穏健な行動方針をあきたりなく思って逸脱した行動をとり始めました。彼らは、1960 年 1 月末には岸首相の渡米阻止を目的としたいわゆる羽田空港事件を、4 月末には国会に突入しようとして警察との衝突事件を起こしました。

　この国会突入事件に関連して、西部 邁氏と鬼塚雄丞氏は、執行猶予付きの有罪判決を受けています。

　この後、鬼塚先生はアメリカのシカゴ大学に留学されることになりますが、この犯罪歴のために、就学ビザを取得するのに大変苦労されたそうです。そして、鬼塚先生は、シカゴ大学で故宇沢弘文教授のもとで博士号を取得されますが、シカゴ学派の重鎮フリードリッヒ・ハイエクからも多大の影響を受けておられます。ちなみに、私が、ハイエクの『科学としての反革命』を輪読したのは、西部先生の東京大学大学院経済学研究科の演習においてでした。

　カール・マルクスからフリードリッヒ・ハイエク、それから学際的を超えて「学融合」的で実践的な社会科学という弁証法的な展開が、西部 邁教授と鬼塚雄丞教授が辿られた学問の道であったのではないかと私は思います。

　東京大学において新領域創成科学研究科が設立される1年前に、鬼塚教授が逝去されましたので、アカデミックプランナーの業務は、その2年前に京都の同志社大学から転職されていた高木保興教授と私が引き継ぎました。

　このような東京大学における社会科学の方法論に関する歴史的な経緯から、国際協力学専攻の制度設計講座は、社会科学の学融合により全体論的な方法論から、総合的および包括的に人類の国際社会の問題を理解し、その解決の糸口を捉えようとしていました。特に、制度設計講座の国際政策協調学は、国際法、国際経済学および国際政治学に基づいて、これら学問の学融合のうえに全体論的に、グローバルガバナンス、すなわち国際システムの「国際共治」を研究する分野として企画・構想されています。

　話は少し前後しますが、鬼塚先生が、当時私が住んでいた山梨県山中湖村に電話されてきて、東京大学教養学部への転職を勧めてくださったのが、1993年の春頃でした。その頃、山中湖村に住んで、東京都立大学の八王子キャンパスに車で通うのに満足していた私は、この申し出をお断りしました。いまから考えると、たぶん、東京大学の教養学部で何を研究するかの考えもまとまっていなかったからでしょう。

　この人事は、候補者の採用に至らなかったために、翌年の同じ頃にまた、鬼塚先生からのお話があり、私は、1995年4月に東京大学に転職することになりました。

　この時に同時に奉職することになったのが高木保興先生でした。またもや、夜9時過ぎに鬼塚先生から、経済発展論に関して優れた研究者を知らないかという電話があり、論文でしか存じ上げなかった同志社大学の教授、高木保興先生を推薦させていただきました。その後、とんとん拍子に人事の話が進んで、高木先生と私は同時期に東京大学に奉職することになりました。

　ところで、人生とは不思議なものです。鬼塚雄丞教授が逝去されることがなければ、国際協力学専攻は、どのような専攻になっていたのか計り知れません。なぜなら、当初、鬼塚先生が新しい研究科に転籍され、私には転籍の

予定がなかったのです。

　この度、国際協力学の博士を有する若手研究者の論文をこの本でまとめて公開することによって、鬼塚雄丞教授と西部 邁教授が構想された学融合研究の実践をある程度は社会に提示できたと、編者としては自負しています。

　最後に、この本の出版に尽力された東信堂の下田勝司氏に、心から感謝を申し上げます。

執筆者紹介 ○印編著者

○柳田辰雄(やなぎた　たつお)(第 1 章、第 2 章、第 3 章、第 5 章、第 6 章、第 9 章、第 11 章)
　奥付参照。

　関山　健(せきやま　たかし)(第 4 章、第 7 章)
　　1975 年生まれ。京都大学大学院総合生存学館准教授、博士(国際協力学)、博士(国際政治学)。財務省、外務省で政策実務に従事後、東京大学、北京大学、ハーバード大学の各大学院を修了し、東京財団、笹川平和財団、明治大学、東洋大学を経て現職。
　　主要業績：近著に『技術覇権 米中激突の深層』(日本経済新聞出版社：共著)、『揺らぐ国際システムの中の日本』(東信堂：共著)、『The Economics of Waste Manage-ment in East Asia』(Routledge：共著)など。

　布田朝子(ふだ　ともこ)(第 8 章)
　　1977 年生まれ。群馬県立女子大学国際コミュニケーション学部　准教授。2000 年、早稲田大学政治経済学部経済学科を卒業し、2004 年、東京大学大学院新領域創成科学研究科環境学専攻国際環境協力コース修士課程修了。2007 年、同　国際協力学専攻博士課程修了。博士号(国際協力学)(東京大学)。ミャンマー連邦農業灌漑省農業研究局にて客員研究員を経て、2008 年に群馬県立女子大学国際コミュニケーション学部専任講師、2015 年より現職。
　　主要業績：主な著書に布田朝子『ミャンマー農村とマイクロファイナンス—貧困層によりそう金融プロジェクト—』風響社、2010 年。Fuda, T. "Examining the (In)Flexibilities of Savings Groups with Flexible Loan Arrangements: Myanmar's Self-Reliance Groups", *Bulletin of Gunma Prefectural Women's University*, forthcoming など。

　林希一郎(はやし　きいちろう)(第 10 章)
　　名古屋大学未来材料・システム研究所　教授。東京大学博士課程修了　博士(国際協力学)、1992 年三菱総合研究所、2006 年名古屋大学。現在に至る。
　　主要業績：小林航・林希一郎・大場真(2019)1955 年と現在の生態系サービス供給ポテンシャルの比較分析—愛知県西部の事例—. 環境共生 vol.35, 5-17, 2019. 林希一郎 , Philip Gibbons, 生物多様性オフセットとバンキング , 139-147, in 町村尚、惣田訓、露崎史朗、西田修三、大場真、岸本亨、齊藤修、吉田謙太郎、林希一郎、Philip Gibbons、松井孝典(2017)工学生のための基礎生態学 , pp.163, 理工図書。 P. Gibbons, A. Macintosh, A. L. Constable, K. Hayashi(2017)Outcomes from 10 years of biodiversity offsetting, Global Change Biology, 2017, 1-12.

　西舘　崇(にしたて　たかし)(第 12 章)
　　1978 年生まれ。共愛学園前橋国際大学国際社会学部准教授。東京大学大学院新領域創成科学研究科国際協力学専攻博士課程修了。博士(国際協力学)。外務省広報文化交流部研究調査員、公益財団法人日本国際フォーラム主任研究員を経て、2016 年 4 月に共愛学園前橋国際大学に着任。2019 年 4 月より現職。
　　主要業績：『群馬で学ぶ多文化共生』(共著、上毛新聞社、2019 年)、『国際政治の数理・計量分析入門』(分担執筆、東京大学出版会、2012 年)。

事項索引

人名索引

編著者

柳田　辰雄（やなぎた　たつお）

1952 年生まれ。東京大学経済学博士。職歴：東京都立大学経済学部挙教授、東京大学大学院総合文化研究科教授、東京大学大学院新領域創成科学研究科教授、2018 年 3 月退職。
主要業績：
『経済学入門』（東京大学出版会、鬼塚雄丞、岩田一政共著、2000 年）
『相対覇権国際システム安定化論』（東信堂、2008 年）
『国際政治経済システム学―共生への俯瞰』（東信堂、2008 年）
『貨幣ゲームの政治経済学』（東信堂、2015 年）
『揺らぐ国際システムの中の日本』（東信堂、2017 年）

現代国際協力論──学融合による社会科学の試み

2021 年 1 月 20 日　　初　版第 1 刷発行　　　　　　　　〔検印省略〕
定価はカバーに表示してあります。

編著者Ⓒ柳田辰雄／発行者 下田勝司　　　　　　　　印刷・製本／中央精版印刷

東京都文京区向丘 1-20-6　　郵便振替 00110-6-37828　　　　発 行 所
〒 113-0023　TEL (03) 3818-5521　FAX (03) 3818-5514　　株式 東信堂
Published by TOSHINDO PUBLISHING CO., LTD.
1-20-6, Mukougaoka, Bunkyo-ku, Tokyo, 113-0023, Japan
E-mail : tk203444@fsinet.or.jp　http://www.toshindo-pub.com

ISBN978-4-7989-1675-0　C3030　Ⓒ YANAGITA Tatsuo

東信堂

〒 113-0023　東京都文京区向丘 1-20-6　　TEL 03-3818-5521　FAX03-3818-5514　振替 00110-6-37828
Email tk203444@fsinet.or.jp　URL:http://www.toshindo-pub.com/

※定価：表示価格（本体）＋税

東信堂

東信堂

〒113-0023　東京都文京区向丘1-20-6　TEL 03-3818-5521　FAX 03-3818-5514　振替 00110-6-37828
Email tk203444@fsinet.or.jp　URL:http://www.toshindo-pub.com/

※定価：表示価格（本体）＋税

東信堂

〒113-0023　東京都文京区向丘1-20-6
TEL 03-3818-5521　FAX03-3818-5514　振替 00110-6-37828
Email tk203444@fsinet.or.jp　URL:http://www.toshindo-pub.com/
※定価：表示価格（本体）＋税

東信堂

〒113-0023　東京都文京区向丘1-20-6　　TEL 03-3818-5521　FAX03-3818-5514　振替 00110-6-37828
Email tk203444@fsinet.or.jp　URL:http://www.toshindo-pub.com/

※定価：表示価格（本体）＋税

東信堂

生命の神聖性説批判 H・クーゼ著 飯田・石川・小野谷・片桐・水野訳 四六〇〇円

生命科学とバイオセキュリティ——デュアルユース・ジレンマとその対応 河原直人編著 四ノ宮成祥 二四〇〇円

医学の歴史 石渡隆司監訳 四六〇〇円

安楽死法：ベネルクス3国の比較と資料 盛永審一郎監修 二七〇〇円

死の質——エンド・オブ・ライフケア世界ランキング 丸祐一・小野谷・飯田・水野訳 加藤・小野谷訳 二〇〇〇円

バイオエシックスの展望 松坂・飯田・昭・悦子編著 三二〇〇円

死生学入門 浦昭悦子編著 一二〇〇円

生命の問い——小さな死・性・ユマニチュード 大林雅之 二〇〇〇円

生命の淵——バイオシックスの歴史・哲学・課題 大林雅之 二〇〇〇円

今問い直す脳死と臓器移植【第2版】 大林雅之 二〇〇〇円

キリスト教から見た生命と死の医療倫理 澤田愛子 四〇〇〇円

動物実験の生命倫理——個体倫理から分子倫理へ 浜口吉隆 二三八一円

医療・看護倫理の要点 大上泰弘 二〇〇〇円

テクノシステム時代の人間の責任と良心 水野俊誠 二〇〇〇円

原子力と倫理——原子力時代の自己理解 山本・盛永訳 H・レンク 三五〇〇円

科学の公的責任——科学者と私たちに問われていること 小笠原・野平編 H・リット 一八〇〇円

歴史と責任——科学者は歴史にどう責任をとるか 小笠原・野平訳 Th・リット 一八〇〇円

（ジョルダーノ・ブルーノ著作集）より 小笠原・野平編訳 Th・リット 一八〇〇円

カンデライオ 加藤守通訳 三五〇〇円

原因・原理・一者について 加藤守通訳 三二〇〇円

傲れる野獣の追放 加藤守通訳 四八〇〇円

英雄的狂気 加藤守通訳 三六〇〇円

ロバのカバラ——におけるジョルダーノ・ブルーノ文学と哲学 N・オルディネ 加藤守通監訳 三六〇〇円

倫理学と法学の架橋——ファインバーグ論文選 嶋津・飯田編/監訳 J・ファインバーグ 六八〇〇円

責任という原理——科学技術文明のための倫理学の試み（新装版） 加藤尚武監訳 H・ヨナス 四八〇〇円

主観性の復権——心身問題から『責任という原理』へ 宇佐美・滝口訳 H・ヨナス 二〇〇〇円

ハンス・ヨナス「回想記」 盛永・木下・馬渕・山本訳 H・ヨナス著 四八〇〇円

〒113-0023 東京都文京区向丘1-20-6　TEL 03-3818-5521　FAX03-3818-5514　振替 00110-6-37828
Email tk203444@fsinet.or.jp　URL:http://www.toshindo-pub.com/

※定価：表示価格（本体）＋税

東信堂

〒113-0023　東京都文京区向丘1-20-6　TEL 03-3818-5521　FAX 03-3818-5514　振替 00110-6-37828
Email tk203444@fsinet.or.jp　URL:http://www.toshindo-pub.com/

※定価：表示価格（本体）＋税